Otto Schmid, dipl. Ing.-Agr. ETH
Silvia Henggeler

Biologischer Pflanzenschutz im Garten

Mit 65 Zeichnungen
von Yvonne Escher-Vuilleumier
und 90 Farbbildern

4., neubearbeitete und erweiterte Auflage

Herausgeber:

Schweiz. Stiftung zur Förderung
des biologischen Landbaus

Schweiz. Gesellschaft für
biologischen Landbau

Verlag Wirz Aarau

Autoren:

Otto Schmid, dipl. Ing.-Agr. ETH
Landwirtschaftlicher Betriebsberater am Forschungsinstitut für biologischen Landbau, Oberwil BL
Mitglied verschiedener Organisationen für biologischen Landbau

Silvia Henggeler
Kursleiterin der Arbeitsgruppe für biologischen Gartenbau
Mitglied verschiedener Organisationen für biologischen Landbau

Umschlaggestaltung: Y. Escher-Vuilleumier
Druck: Keller AG Aarau Buchdruck + Offset

Alle Rechte, auch die der fotomechanischen Vervielfältigung und des auszugsweisen Nachdrucks, vorbehalten.

© 1979, 1981 Verlag Wirz AG, Aarau
ISBN 3-85983-023-6

Vorwort

Schon immer hat sich die Menschheit mit der Frage des Tötens und der Vernichtung nicht nur von menschlichem, sondern auch tierischem und pflanzlichem Leben beschäftigt. Und immer wieder kam sie zum Schluss, nach Möglichkeit Leben zu schonen und zu schützen. In fast allen Religionen ist deshalb «die Ehrfurcht vor dem Leben» (Albert Schweitzer) als einer der höchsten Kulturwerte verankert.

Die Bewegung des alternativen, biologischen Land- und Gartenbaus hat diesen Gedanken seit Jahrzehnten zur Grundlage ihres Denkens und Arbeitens gemacht. Dabei ging es ihr nicht primär um die Aufstellung wissenschaftlicher Lehrmeinungen, sondern um das einfache Ziel, mit natürlichen Mitteln unter grösstmöglicher Schonung allen Lebens gesunde Nahrungsmittel aufzuziehen. So wird nicht wider die Natur, sondern mit ihr gearbeitet!

Das Interesse am naturgemässen und lebensgesetzlichen Landbau erfasst immer breitere Menschenkreise. Neue Freude und Begeisterung für ungezwungenes Wachstum, für Hegen und Fördern brechen überall durch. Alle erfreuen sich mit ihrem Handeln des giftfreien Genusses selbstgezogener Pflanzen und Früchte. Leider sind da aber auch andere Lebewesen, Pilze und Kleintiere, die «Freude» an unseren Pflanzen haben. Wir bezeichnen sie als Schädlinge. So gehört es mit zur biologischen Arbeit, ihrer Herr zu werden und in jedem Falle giftfreie Mittel und Wege zu finden, um sie von unseren Kulturen fernzuhalten.

Aus alter Tradition und aus neuer Erkenntnis haben Pioniere und Praktiker viele giftfreie Abwehrmöglichkeiten entwickelt, die nun erstmals auf systematische und umfassende Weise in diesem Buche zusammengetragen wurden.

Die Verfasser haben es verstanden, einerseits wissenschaftliche Erkenntnisse dem Praktiker auf leichtverständliche Art darzustellen und anderseits dem Ratsuchenden eine Fülle von Ratschlägen samt Anweisung anzubieten.

Das Wichtigste bei all diesem Tun ist unsere grundsätzliche Einstellung zu aller Kreatur. Abwehr wird dann zur Notwehr, die biologische Schädlingsabwehr zu einer Kunst produktiver Findigkeit! Jeder kann sich da etwas einfallen lassen. Und deshalb sind wir auch mit diesem reichhaltigen Angebot von Ratschlägen noch lange nicht am Endziel angekommen! Tragen Sie selbst, lieber Leser, durch Ihre Ideen mit zur noch besseren «gedeihlichen Behandlung» unserer «Garten-Unholde» bei.

Wir alle wachsen, zeitlebens,
denn die Natur wächst auch, zeitlos!

Dr. Heinz Bertschinger,
Schweiz. Gesellschaft für biologischen Landbau

Vorwort

«Der Vielzahl von Veröffentlichungen über Pestizide und der Verschiedenheit der geäusserten Ansichten stehen die wenigen wissenschaftlichen Dokumente gegenüber, die toxikologische Schlüsse für den Menschen zulassen.» Diese Aussagen von Prof. Dr. Fournier anlässlich der wissenschaftlichen Tagung der Deutschen Gesellschaft für Qualitätsforschung im April 1970 haben auch heute noch nicht an Aktualität verloren und seine Feststellung, dass die Situation riskiert unentwirrbar zu werden, ist brennender denn je. Neuere Ergebnisse zeigen nämlich (Wellenstein, 1977) auf eindrückliche Art und Weise, dass schwerwiegende toxische Auswirkungen selbst kleinster analytisch nicht mehr erfassbarer Rückstandsmengen auf die Potenz der Tiere und den Gesundheitszustand ihrer Nachkommen feststellbar sind. Gottschewski (1976) folgerte aufgrund seiner langjährigen Versuchserfahrung, dass man selbst im Bereich kleinster Rückstandsmengen nicht von einem sogenannten «no effect level» sprechen darf. Die Anreicherung von chlorierten Kohlenwasserstoffen in der Muttermilch (Aubert 1976; Schüpbach 1979) auf Werte, die bis zum vielfachen des von der Welt-Gesundheits-Organisation tolerierten Gehaltes betragen, ist immer noch alarmierend. Das Vorhandensein anderer problematischer, noch unzureichend untersuchter Wirkstoffe ist ebenfalls beunruhigend.

Ein Ausweg aus diesem Dilemma kann sicherlich nicht durch den Einsatz stets neuer Pestizide gefunden werden. Es bleibt eigentlich nur die Alternative einer ganzheitlichen Betrachtung, d.h. des Einbezugs aller Faktoren, also auch von Nützlingen und Schädlingen gemeinsam. Die Erhaltung und Schaffung von Gleichgewichten im Agro-Öko-System bietet hier eine Möglichkeit. Allerdings klafft auf diesem Gebiet in der wissenschaftlichen Forschung eine grosse Lücke, die nun nachträglich z.T. durch private Initiativen wie die der Schweiz. Stiftung zur Förderung des biologischen Landbaus mit dem Forschungsinstitut für biologischen Landbau ausgefüllt werden muss. Es bedarf einer solchen Forschung, um die in dieser Broschüre zusammenfassend wiedergegebenen Erfahrungen und Beobachtungen zu erhärten und eventuell verbesserte Massnahmen für die praktische Anwendung zu entwickeln.

Dr. H. Vogtmann,
Forschungsinstitut für biologischen Landbau,
Oberwil BL

Inhaltsverzeichnis

Vorwort 3

Einleitung 11

1. **Grundsätzliche Überlegungen** 13
1.1 Kennzeichen eines biologischen Gleichgewichts . . 13
1.2 Problematik des chemischen Pflanzenschutzes . . 13
1.3 Allgemeine Massnahmen zur Förderung der Pflanzengesundheit 14

2. **Zur Biologie der für unseren Garten wichtigen Lebewesen** 17
2.1 Höhere Tiere, Weichtiere 17
2.2 Insekten 17
2.3 Spinnentiere 19
2.4 Nematoden (Älchen, Fadenwürmer) 20
2.5 Pilze 20
2.6 Bakterien 21
2.7 Viren 21

3. **Die wichtigsten Nützlinge** 22

3.1 Säugetiere 22
    Fledermäuse 22
    Igel 23
    Maulwurf 24
    Spitzmäuse 24
    Wiesel 25
3.2 Vögel im Garten 25
    Hausrotschwanz 26
    Meisen 27
    Rotkehlchen 28
    Spechte 28
    Vögel, die Schaden verursachen 29
    Amsel 29
    Haussperling 29
    Rabenkrähe 29
    Star 30
    Wacholderdrossel 30
3.3 Reptilien 31
    Blindschleiche 31
    Zauneidechse 31

3.4	**Amphibien**	32
	Bergmolch	32
	Erdkröte	32
	Gelbbauchunke	33
	Grasfrosch	33
3.5	**Insekten**	34
	Florfliegen	34
	Laufkäfer	35
	Marienkäfer	36
	Ohrwurm	37
	Schlupfwespen	37
	Schwebfliegen	38
	Waldameisen	39
	Wanzen	40
3.6	**Spinnentiere**	40
	Spinnen	40
	Raubmilben	40
3.7	**Nützliche Mikroorganismen**	41
3.8	**Bodenorganismen**	41
	Regenwürmer	42

4.	**Schädlinge und Krankheiten**	44
4.1	**Mangelerscheinungen**	44
4.2	**Pflanzenschäden durch chemische Stoffe**	45
4.3	**Klimaeinflüsse**	46
4.4	**Allgemeine Schädlinge und Krankheiten**	47
	Ameisen	47
	Blattläuse	48
	Dickmaulrüssler	49
	Drahtwürmer	50
	Erdraupen	51
	Maikäfer	52
	Maulwurfsgrille	53
	Nematoden	53
	Schnaken	54
	Schnecken	55
	Spinnmilben	57
	Thripse	59
	Weisse Fliege	59
	Wühlmäuse	60
	Wurzelläuse	61
	Grauschimmel	62
	Echter Mehltau	63
	Falscher Mehltau	63

	Schwarzbeinigkeit, Keimlingskrankheiten	64
	Viruskrankheiten, Mykoplasmen	65
4.5	**Schädlinge und Krankheiten an Gemüse**	66
	Bohne	66
	Erbse	70
	Gurke, Kürbis, Melone, Zucchetti	74
	Karotte (Möhre)	75
	Kartoffel	77
	Kohlgewächse	81
	Lauch, Zwiebel, Knoblauch	87
	Radies, Rettich	90
	Salat, Spinat, Endivie	91
	Sellerie	92
	Tomate, Peperoni	94
4.6	**Schädlinge und Krankheiten an Obst**	95
	Kernobst – Apfel, Birne, Quitte	95
	Steinobst – Kirsche	112
	Steinobst – Pflaume, Zwetschge	116
	Steinobst – Pfirsich, Aprikose	120
4.7	**Schädlinge und Krankheiten an Beeren**	122
	Erdbeere	122
	Himbeere, Brombeere	125
	Johannisbeere, Stachelbeere	128
4.8	**Schädlinge und Krankheiten an der Rebe**	131
4.9	**Schädlinge und Krankheiten an Zierpflanzen**	135
	Rose	135
	Weitere Zierpflanzen	138
5.	**Mittel und Massnahmen**	139
5.1	**Beachtung von Nachbarschaftswirkungen bei Pflanzen**	139
	Günstige Mischkulturen zur Schädlingsabwehr	140
	Abwehr durch Repellentpflanzen	140
5.2	**Pflanzliche und mineralische Pflanzenpflegemittel**	141
	Ackerschachtelhalm	141
	Brennessel	142
	Gesteinsmehle	142
	Tonerdemehle und Lehm	143
	Algenextrakte	143
	Kalkalgenmehl	143
	Weitere Mittel	144
5.3	**Verfahren der biologisch-dynamischen Wirtschaftsweise**	144
5.4	**Mechanische Abwehrmittel**	146
	Gitter und Zäune gegen Wildschäden	146
	Mäusefallen	146

Vogelabwehrnetze und Vogelabwehrbänder 146
Schneckenzäune 146
Schneckenfallen 147
Einsammeln von Schädlingen 147
Entfernen befallener Pflanzenteile 147
Fanggürtel 147
Leimringe 147
Kalt- oder Heisswasserspritzungen gegen schädliche Insekten 148
5.5 **Verfahren der biotechnischen Schädlingsbekämpfung** 148
Bacillus thuringiensis 149
Kirschenfliegenfalle 149
5.6 **Pilzbekämpfungsmittel** 150
Ledax-san (Bio-S) 150
Schwefel (S) 150
Wasserglas (Natriumsilikat) 151
Kupfer (Cu) 151
Kaliumpermanganat (KPM) 151
5.7 **Schädlingsbekämpfungsmittel** 152
Rainfarn 152
Wermut 153
Pyrethrum 153
Rotenon (Derris) 154
Quassia 154
Mineralische und pflanzliche Öle 154
Schmierseife und Brennsprit 155
5.8 **Integrierter Pflanzenschutz – Ein Weg zur biologischen Schädlingsregulierung** 155
5.9 **Amtliche Vorschriften über Pflanzenschutzmittel** . . 156
5.10 **Vorsichtsmassregeln im Umgang mit Pflanzenschutzmitteln** 157

6. **Herstellung und Anwendung von Mitteln** . . . 158
6.1 **Kräutermittel** 158
Sammeln von Kräutern 158
Kräuterjauchen 158
Tees, Brühen, Auszüge und Extrakte 158
Saatbäder (Saatbeize) 159
Wurzelbad 159
6.2 **Baumanstrich** 159
6.3 **Wundverschlussmittel** 160
6.4 **Anwendungstabellen** 161
Rezepte, Anwendung und Wirkung von pflanzlichen Mitteln 161
Rezepte, Anwendung und Wirkung von nicht-pflanzlichen Mitteln 166

6.5 Spritz- und Pflegepläne für den Obstbau	168
6.6 Spritz-, Sprüh- und Stäubemethoden	170
7. Farbbilder	172
Literaturverzeichnis	185
Benützte Literatur für den Beschrieb der Nützlinge, Schädlinge und Mittel	185
Literatur über biologischen Land- und Gartenbau	186
Zeitschriften für den biologischen Land- und Gartenbau	187
Organisationen für den biologischen Land- und Gartenbau	187
Auskunftsstellen	188
Bodenanalysen	189
Definitionen von Fachausdrücken	190
Verzeichnis der lateinischen Namen	193
Sachregister	196

Einleitung

Es ist das *Anliegen der Verfasser,* auf einige der komplizierten und faszinierenden Zusammenhänge in der Natur hinzuweisen und die verschiedensten Erfahrungen und Kenntnisse im biologischen Pflanzenschutz aus Praxis und Forschung zusammenzutragen. Viele dieser Erfahrungen sind noch nicht wissenschaftlich geprüft und wurden unter ganz verschiedenartigen Bedingungen (Boden, Klima, Fruchtfolge) gemacht. Das vorliegende Handbuch möchte den Praktiker anregen, durch eigene Beobachtungen und Versuche die für seinen Garten geeignetsten Massnahmen zu treffen. Es will keine Anleitung für biologischen Gartenbau sein. Der biologische Anbau aber ist Grundlage und Ziel unserer Arbeit. Wir empfehlen dem Leser auf jeden Fall, sich die dazu notwendigen Kenntnisse anzueignen. Literatur und Informationsstellen hiezu finden sich am Schluss des Buches.

Die Erfahrung zeigt, dass sich im biologischen Anbau nach einer gewissen Zeit eine Art neues Gleichgewicht einstellt und viele der hier aufgeführten direkten Abwehrmittel sich erübrigen. Das Buch soll eine Hilfe sein, Schadursachen zu erkennen und zu bestimmen, und zeigen wie im Garten die natürlichen Regulationsvorgänge aufgebaut und verstärkt werden können. Biologischer Pflanzenschutz wird damit zu einer interessanten und befriedigenden Tätigkeit.

Um die *Handhabung* zu erleichtern, sind die Kapitel mit einführenden Texten, in denen auch die jeweilige Gliederung erklärt wird, versehen. Das Sachregister am Ende des Buches enthält alle verwendeten Namen und Fachwörter. Ausdrücke, die im Text nicht erklärt werden, sind im Verzeichnis «Definitionen von Fachausdrücken» erläutert. Die lateinischen Namen sind in einem eigenen Verzeichnis zu finden. Das Literaturverzeichnis führt die zu dieser Arbeit verwendeten Unterlagen an.

Beim vorliegenden Buch handelt es sich um die *vierte, überarbeitete Auflage.* Da unsere Arbeit erfreuliches Interesse gefunden hat, konnten in kurzer Folge drei Auflagen erscheinen. Dies hat uns dazu ermuntert, eine Überarbeitung vorzunehmen, verschiedene Kapitel zu erweitern und vorhandene Lücken zu schliessen. Die Forschung hat sich in den letzten Jahren vermehrt dem biologischen Anbau und Pflanzenschutz zugewandt. Ihre Erkenntnisse haben wir, ohne Anspruch auf Vollständigkeit erheben zu wollen, berücksichtigt. Auch wurde die Zahl der Farbbilder wesentlich erhöht. Zusätzlich zu den bisher für die Schweiz gemachten Angaben sind jetzt auch die in Deutschland und Österreich zuständigen Auskunftsstellen und Organisationen für biologischen Landbau sowie die dort verwendeten Bezeichnungen für Handelsmittel angeführt.

Für die freundliche Unterstützung und hilfsbereite Beratung, die wir von den verschiedensten Seiten erfahren durften, möchten wir an dieser Stelle herzlich danken.

Otto Schmid, Silvia Henggeler

1. Grundsätzliche Überlegungen

1.1 Kennzeichen eines biologischen Gleichgewichts

In der Natur hat jedes Lebewesen seine Funktion und ist Glied einer langen Kette. Schädling und Nützling sind daher willkürliche Bezeichnungen. *Bio-logisch* heisst *lebens-gesetzlich*. In einem biologischen Gleichgewicht kann sich das Gesunde, Lebensfähige entwickeln, weil jene Organismen, die wir Schädlinge nennen, oder die Krankheiten verursachen, die Aufgabe haben, das Schwache, seinen Lebensbedingungen schlecht Angepasste oder Alternde, abzubauen. Dieses Gleichgewicht ist um so stabiler, je vielfältiger es zusammengesetzt ist, d.h. je mehr verschiedene Organismen (Viren, Bakterien, Pflanzen und Tiere) sich direkt oder indirekt beeinflussen. Wo diese Abbauvorgänge unsere Anbauziele stören, dürfen wir von *Schädlingen* sprechen. Den Ausdruck *Nützlinge* wenden wir dort an, wo Lebewesen durch ihr Verhalten oder durch ihre Ernährungsweise das massenhafte Auftreten anderer Lebewesen, welche unsere Kulturpflanzen schädigen, verhindern.

1.2 Problematik des chemischen Pflanzenschutzes

Das Schädlingsproblem ist in den letzten Jahren immer bedeutender geworden. Im Anbau stellen wir an die Pflanzen Ansprüche, die über ihre ursprünglichen Eigenschaften hinausgehen. Die Früchte müssen grösser, die Blumen schöner sein. Durch jahrhundertelanges Züchten und durch den Einsatz zahlreicher Hilfsstoffe wurde in den letzten Jahrzehnten eine enorme Steigerung der Erträge erreicht. Damit ist aber oft auch die Anfälligkeit der Kulturpflanzen gegenüber Krankheiten und Schädlingen gewachsen. Die Frage muss gestellt werden, wie sinnvoll die modernen Ansprüche in bezug auf Grösse und Aussehen unseres Obstes und Gemüses sind. Diese können nur durch den massiven Einsatz chemischer Mittel erreicht werden. Dass schön und gross mit gesund und geschmackvoll oft nicht übereinstimmen, kann an einzelnen modernen Apfelsorten eindrücklich gezeigt werden. Es ist Sache des Konsumenten, sich dieser Zusammenhänge bewusst zu werden und seine Ansprüche entsprechend zu ändern.

In den letzten Jahren wurden von der Schweizer Landwirtschaft trotz höherem Wirkstoffgehalt der Produkte jährlich durchschnittlich 130 Tonnen Insektizide, über 1000 Tonnen Fungizide und über 800 Tonnen Herbizide eingesetzt.

Der chemische Pflanzenschutz hat eine Reihe von Problemen geschaffen, welche auf längere Sicht noch weitgehend ungelöst sind:

— Die Gefahr, dass chemische Pestizide die menschliche Gesundheit beeinträchtigen, besteht trotz einer schärferen staatlichen Kontrolle weiterhin. Insbesondere ist kaum bekannt, wie sich die Rückstände solcher Mittel auf längere Dauer auswirken, vor allem wenn sie in Verbindung mit den zahlreichen nichtlandwirtschaftlichen Umweltgiften auftreten. Verschiedene Pestizide bauen sich nur langsam ab.

Grundsätzliches Massnahmen zur Förderung der Pflanzengesundheit

- Obwohl chemische Spritzmittel Schädlinge und Krankheiten vernichten, bilden sich oft widerstandsfähige Formen oder Rassen. Diese Resistenz zwingt zum Einsatz stärkerer Mittel. Beispiele dafür sind der Kartoffelkäfer und die Spinnmilbe.
- Zahlreiche Nützlinge verlieren durch den Einsatz der meisten Pflanzenschutzmittel, und auch der Unkrautbekämpfungsmittel, ihre Nahrungsgrundlage oder werden mitvernichtet.
- Verschiedene Pestizide haben einen schädigenden Einfluss auf das Bodenleben.

Wir erkennen, dass wir mit solchen Massnahmen der Natur entgegenarbeiten und deshalb nach anderen Mitteln und Wegen suchen müssen. Das Problem besteht weniger darin, dass Schädlinge an unseren Kulturpflanzen auftreten, sondern dass wir sie durch die Art unserer Produktionsweise und infolge unserer mangelhaften ökologischen Kenntnisse und Anstrengungen nicht mehr meistern können.

Das grosse Angebot an chemisch-synthetischen Mitteln und Düngern hat dazu geführt, dass viel Kenntnis der natürlichen Zusammenhänge und viel Erfahrung verloren gegangen ist. In unserem Hausgarten, wo wir im Gegensatz zum Landwirt oder Handelsgärtner nicht unter wirtschaftlichem Druck stehen, können wir leichter aus diesem Teufelskreis ausbrechen.

1.3 Allgemeine Massnahmen zur Förderung der Pflanzengesundheit

Wie ziehen wir Pflanzen heran, die aus eigener Kraft Krankheiten und Schädlingen widerstehen können? Hier liegt die Bedeutung der biologischen Anbauweise. Das Ziel ist, durch die Berücksichtigung der natürlichen Gegebenheiten, durch Anbaumassnahmen und durch die Förderung der Nützlinge optimale Verhältnisse zu schaffen, so dass eine direkte Abwehr von Schädlingen und Krankheiten nur in Ausnahmefällen nötig wird. Auf Massnahmen, die zu einem möglichst naturgemässen Zustand führen, möchten wir im folgenden eingehen.

a) Geeignete Anbau- und Kulturmethoden

Die durch den Grossanbau bedingte Einseitigkeit sollten wir im Garten vermeiden und das Zusammenleben möglichst vieler Tier- und Pflanzenarten fördern. Bekannt ist, dass einseitige Fruchtfolgen Krankheiten begünstigen. Auch zu enge Pflanzabstände können dem Befall durch Schädlinge und Krankheiten förderlich sein. Durch Mischkulturen und Gründüngung sorgen wir für einen vielseitigen Pflanzenbestand.

Die Pflege des Bodens ist von zentraler Bedeutung. Schonende Bodenbearbeitung, Bodenbedeckung (Mulchen) mit organischem Material und eine ausgeglichene organische Düngung fördern das Bodenleben. Dieses ist nicht nur für optimale Durchlüftung und Wasserversorgung, sondern auch für reibungslosen Ablauf der Stoffwechselvorgänge verantwortlich. Ziel der Düngung im biologischen Anbau ist nicht allein die direkte Ernährung der Pflanzen, sondern vor-

Grundsätzliches   Massnahmen zur Förderung der Pflanzengesundheit

wiegend der Bodenlebewesen. Es werden daher hauptsächlich Dünger verwendet, die erst durch die Tätigkeit der Bodenorganismen den Pflanzen verfügbar gemacht werden. Verschiedene wissenschaftliche Arbeiten haben gezeigt, dass Pflanzen hochkomplizierte Stoffe wie Aminosäuren (Eiweissbausteine) und Antibiotika, die zur Bildung von Abwehrstoffen beitragen, direkt aus organischen Düngemitteln aufnehmen können.
Als wichtigste Düngemittel werden deshalb Kompost, Mist und organische Handelsdünger eingesetzt. Gesteinsmehl und Algenkalk regen die Tätigkeit der Mikroorganismen an und führen dem Boden wichtige Spurenelemente zu.
Im Gegensatz dazu werden leichtlösliche Mineraldünger direkt von der Pflanze aufgenommen. Dadurch steigt die Gefahr einer Qualitätsverminderung durch Überdüngung. Die Nährstoffauswaschung ins Grundwasser und die Beeinträchtigung des Bodenlebens nehmen zu. Eine zu triebige Düngung, vor allem mit leichtlöslichen Stickstoffdüngern, führt zu einer Schwächung des Zellgewebes und zur Veränderung des Pflanzensaftes. Dies hat in vielen Fällen eine erhöhte Anfälligkeit für bestimmte Pilzkrankheiten und Schädlinge zur Folge (z.B. Mehltau, Spinnmilben). Es ist wichtig, durch Beobachtungen (Zeigerpflanzen) und durch Bodenproben den Zustand des Bodens regelmässig zu überprüfen.

b) Richtige Standortwahl
Dem Standort, ob sonnig oder schattig, geschützt oder exponiert, ist Rechnung zu tragen. Beim Kauf von Pflanzen und Samen sollte man sich nach deren Standortsansprüchen erkundigen.

c) Geeignete Sortenwahl
Der Gärtner sollte sich jene Gemüse- und Obstsorten merken, die sich in seinem Garten, d.h. in seinen Boden- und Klimaverhältnissen, sowie für den biologischen Anbau bewähren. Gewisse Sortenzüchtungen sind auf leichtlösliche Mineraldünger angewiesen und entwickeln sich bei Kompostdüngung schlechter. Zu berücksichtigen ist auch, dass die Krankheitsanfälligkeit bei Obst-, Gemüse- und Rosensorten sehr unterschiedlich ist. Es ist Aufgabe der Pflanzenzucht, widerstandsfähige Sorten zu entwickeln. Ein Beispiel für solche Züchtungen ist die Mehltauresistenz bestimmter Salat-, Gurken-, Apfel- und Rosensorten.

d) Fruchtfolge
Wichtig ist das Einhalten eines Fruchtwechsels, um die Übertragungsgefahr von Krankheiten und Schädlingen zu vermindern. Es ist zu berücksichtigen, dass Schädlinge und Krankheiten verschiedene Wirte haben können. Siehe Hinweise im Text (Vorkommen). Auch können gewisse Arten jahrelang im Boden überdauern. Insbesondere ist der Fruchtwechsel bei Kohlgewächsen, Lauch und Zwiebeln, Karotten, Erbsen und Kartoffeln wichtig. Dies gilt auch, wenn mit Mischkulturen gearbeitet wird.

e) Die Beachtung von Saatzeiten
Die Angaben über die Saattermine auf Samenbrieflein und in Katalogen sind zu beachten.

Grundsätzliches   Massnahmen zur Förderung der Pflanzengesundheit

Schon in den alten Bauernkalendern waren die für die Saat und Bearbeitung günstigen Stellungen des Mondes zur Erde und zu den Tierkreisen (Konstellationen) angeführt. In Deutschland hat man durch jahrelange Anbauversuche diese Einflüsse nachweisen können.

f) Richtige Erntezeit und Lagerung
Für die Qualität und Lagerfähigkeit unserer Erzeugnisse sind der Reifegrad und das schonende Ernten bei trockener Witterung sowie geeignete saubere Lagermöglichkeiten wichtig.

Im Rahmen dieses Buches sind nur Hinweise auf diese verschiedenen Kulturmassnahmen möglich. Die Kenntnis der Grundlagen des biologischen Gartenbaus wird vorausgesetzt (siehe Literaturhinweise).*

Biologischer Pflanzenschutz bedingt ein ständiges Beobachten der Natur als Ganzes.

Das Auftreten von Krankheiten und Schädlingen an unseren Pflanzen zeigt uns Anbaufehler oder ungünstige Wachstumsbedingungen an.

Ein Ziel der biologischen Anbauweise ist der Aufbau pflanzeneigener Abwehrkräfte und natürlicher Regulationsvorgänge.

---

* Literatur:
Arbeitsgruppe für biologischen Gartenbau: Wegleitung zum biologischen Gartenbau für Anfänger/für Fortgeschrittene
Howard, M.: Naturgemässer Gartenbau
Pfeiffer, E./Riese, E.: Der erfreuliche Pflanzgarten (Biologisch-dynamischer Gartenbau)
Weitere Literatur siehe Verzeichnis

Biologie   Höhere Tiere, Weichtiere / Insekten

2. Zur Biologie der für unseren Garten wichtigen Lebewesen*

Nebst guter Beobachtungsgabe braucht es eine minimale Kenntnis der Lebensweise und Entwicklung der in unseren Gärten vorkommenden Lebewesen. Es sind dies: *Höhere Tiere, Weichtiere, Insekten, Spinnentiere, Nematoden, Pilze, Bakterien, Viren.*

2.1 Höhere Tiere, Weichtiere

Für den Gartenbau wichtige Vertreter dieser Tiergruppen werden sowohl im Kapitel «Nützlinge» als auch im Kapitel «Schädlinge und Krankheiten» beschrieben. Auf ihre sehr verschiedene Lebensweise möchten wir hier nicht eingehen.

2.2 Insekten

Insekten zeichnen sich durch grosse Artenvielfalt aus. Die Fähigkeit zu rascher Vermehrung erlaubt ein plötzliches örtliches Massenauftreten. Bei einzelnen Arten sind mehrere Generationen pro Jahr üblich. Die Vermehrung der Insekten wird stark durch Witterung, Nahrungsangebot und Vorhandensein natürlicher Feinde bestimmt. Wärme fördert ihre Entwicklung, während grosse Feuchtigkeit sie stark hemmt.
Typische gemeinsame Merkmale der Insekten sind vor allem die Dreiteilung des Körperbaus in Kopf mit Fühlern, Brust mit drei Beinpaaren und Hinterleib. Je nach Insektenart sind die Mundgliedmassen zum Lecken, Saugen oder Beissen ausgebildet. Die meisten Insekten vermehren sich durch Eierablage. In zahlreichen Fällen entwickelt sich aus dem Ei noch nicht das fertige Insekt, sondern es folgen sich verschiedene Stadien der Entwicklung mit charakteristischen Formen und Umwandlungen in der sogenannten Metamorphose.
Bei Insekten mit einer vollständigen Metamorphose, z. B. beim Kartoffelkäfer, entwickelt sich aus dem Ei zuerst eine Larve. Diese ist nicht vermehrungsfähig und sieht meistens anders aus als das eigentliche Insekt. Die Larve wächst nach reichlichem Frass heran und häutet sich mehrmals aus ihrem jeweiligen Panzer. Im Unterschied zu den Käfern bezeichnen wir bei den Schmetterlingen und Faltern im allgemeinen die Larven als Raupen und bei den Fliegen und Mücken als Maden. Die ausgewachsene Larve verpuppt sich, vorwiegend im Boden, in eine kaum bewegungsfähige Puppe; aus dieser schlüpft dann das Vollinsekt.

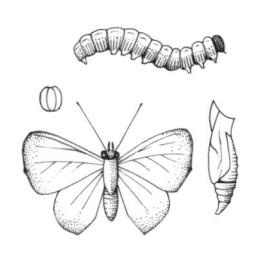

* Literatur:
 Keller, E.: Einführung in den Pflanzenschutz, Zollikofen 1976
 Zahradnik, J.: Der Kosmos-Insektenführer

Biologie   Insekten

Bei Insekten mit unvollständiger Metamorphose ähneln oft die Larvenstadien schon dem ausgewachsenen Tier (z.B. Heuschrecken).
Bedeutung: Es sind keineswegs alle Insekten für unsere Kulturen schädlich. Sie spielen in der Befruchtung der Blüten eine sehr wichtige Rolle. Am bekanntesten sind dafür die Bienen. Viele Insekten sind auch Nahrungsgrundlage für andere Lebewesen.

Insektenbestimmung

Das Bestimmen von Insekten ist recht schwierig. Viele sind winzig klein und Verwechslungen sind leicht möglich. Ohne Lupe ist die Bestimmung meistens unmöglich. Eine Pinzette leistet guten Dienst.
Ertappt man ein Insekt auf frischer Tat, so ist die Bestimmung anhand von Ort und Zeit des Auftretens und mit Hilfe der Beschreibung am einfachsten. Hat man nur ein Schadbild, so ist dieses, sowie Ort und Zeit des Vorkommens festzuhalten. Es lassen sich zwei Gruppen von Schäden durch Insekten unterscheiden:
a) Frassschäden durch beissende oder kauende Mundwerkzeuge (Engerlinge, Raupen, Käfer) als Loch-, Fenster-, Skelettier- oder Minierfrass an Blättern, Trieben, Früchten u.a.
b) Saugschäden durch stechend-saugende Mundwerkzeuge (Blattläuse, Wanzen, Zikaden), welche meist zu Verkrüppelungen, Verkräuselungen, Verformungen und Wachstumshemmungen führen.

Das Einfangen zur Bestimmung

Das Ablesen von den Pflanzen und das Einsammeln der unter Brettern oder Steinen und in der Erde versteckten Insekten kann durch verschiedene Hilfsmittel ergänzt werden. Aus der Vielfalt der Methoden seien hier einige kurz beschrieben:
Schmetterlingsnetz: Fliegende, ausgewachsene Insekten fliegen meistens nur bei warmer, trockener Witterung. Bei extremen Temperaturen, bei Nässe und Wind halten sie sich verborgen. Gewisse Arten fliegen nur in der Dämmerung oder nachts.
Um mit dem Schmetterlingsnetz Erfolg zu haben, wählt man einen schönen Tag, eventuell auch den frühen Morgen. Man streicht mit dem senkrecht gehaltenen Netz mehrmals durch die befallenen Pflanzen.
Lichtfallen: Für Insekten, die in der Dämmerung fliegen, stellt man blau, violett oder weiss scheinende Lichter auf. Viele Insekten sind blind für die Farben rot und orange. Auch diese Insekten fliegen meistens an warmen Abenden.
Die einfachste Vorrichtung ist eine Gaslampe, die in einer Schüssel mit Seifenwasser oder Öl steht. Die Falter fallen hinein und können nicht wieder fort.
Lockfallen für fliegende Insekten: Gefässe mit süsser Flüssigkeit (Honigwasser, Sirup, Most), in der frische Hefe aufgelöst wird, aufstellen; Baumstämme, Äste oder Brettchen kann man mit zähflüssigem Fruchtbrei, Melasse oder Honig bestreichen.
Pheromonfallen: Verschiedene Schmetterlings- und Falterweibchen locken ihre Männchen mit Sexualduftstoffen an. Bei einigen wichtigen Schädlingsarten, z.B.

Apfelwickler, können diese Duftstoffe synthetisiert werden. Es werden Fallen konstruiert, die diese Lockstoffe enthalten. Sie dienen vor allem zur Bestimmung der Stärke des Auftretens eines Schädlingsfluges.

Nichtfliegende Insekten oder solche in flügellosen Stadien (Larven, Raupen) sind zu jeder Zeit und oft über Monate zu finden.

Abschütteln: Man breite unter befallenen Büschen und Bäumen helle Tücher aus und schüttle mit kurzen, festen Stössen.

Lockfallen für Bodeninsekten: Glattwandige Behälter werden ebenerdig eingegraben und Bier, faulende Früchte, Melasse usw. als Köder hineingegeben. Darf das Insekt nicht durch die Flüssigkeit verschmutzt werden, so kann diese in einem kleineren, hohen Glas oder Becher in der Mitte des Gefässes aufgestellt werden. Das Ganze eventuell gegen den Regen schützen.
Man sollte Lockfallen, die zur Bestimmung der Insekten dienen, nicht länger als nötig stehen lassen, da diese ebenfalls harmlosen Tieren und Nützlingen zum Verhängnis werden können.

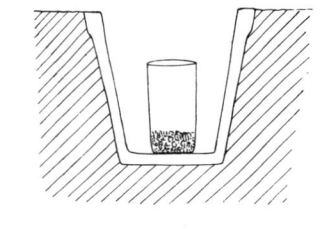

Will man Insekten zu näherem Studium töten, so verwendet man z. B. Äthyl-Acetat (Essigäther). Man befeuchtet ein Streifchen Löschpapier mit einigen Tropfen der Flüssigkeit und gibt sie mit dem Insekt in einen gut verschliessbaren, kleinen Glasbehälter. Eine ungefährliche Methode besteht darin, das Insekt in einer kleinen, gut verschliessbaren Kapsel oder in einem Glasröhrchen in sehr heisses Wasser zu tauchen. Die Hitze tötet das Insekt schnell, ohne es zu beschädigen.

2.3 Spinnentiere

Für den Gartenbau sind neben den grossen Spinnen vor allem die Milben von Bedeutung.

Im Unterschied zu den Insekten haben Spinnentiere keine Körperdreiteilung, keine Fühler, keine Flügel und meistens vier Beinpaare. Sie machen in ihrer Entwicklung verschiedene Stadien durch, die aber weniger deutlich als bei den Insekten erkennbar sind.

Die Milben sind kleiner als 1 mm und deshalb praktisch nur mit der Lupe zu erkennen.

Bedeutung: Die grösseren Spinnenarten sind als räuberische Insektenfresser ein wichtiger Teil des natürlichen Gleichgewichtes im Garten. Milben zerkleinern im Boden organische Substanz. Sie fressen Pilzmyzel. Ihr Kot ist eine Humusvorstufe.

Die schädlichen Milbenarten lassen sich in zwei Gruppen unterteilen: die Spinnmilben (Rote Spinne, Gemeine Spinnmilbe) und die Weichhautmilben (Pocken-, Kräusel- und Gallmilben). Nebst diesen Arten gibt es Raubmilben, die sich von den obenerwähnten Milben ernähren und deshalb geschont werden sollten.

2.4 Nematoden (Älchen, Fadenwürmer)

Nematoden gehören zu den zahlenmässig am meisten verbreiteten Tieren im Boden. Sie sind ungegliedert, ohne Skelett und spindelförmig. Ohne Lupe sind sie nicht zu erkennen. Ihre Larven können über Jahrzehnte lebensfähig bleiben. Die Dichte der Nematoden im Boden oder in Pflanzen kann sehr gross werden, vor allem wenn genügend Feuchtigkeit vorhanden ist.

Bedeutung: Nematoden leben von Restprodukten organischer Substanz, d.h. sie wirken auch an der Humusbildung mit. Gewisse Arten befallen Pflanzen und verursachen Gewebsveränderungen.

2.5 Pilze

Der angestammte Lebensbereich der Pilze befindet sich im Boden, wo sie in verschiedenartigsten Formen und in grosser Zahl anzutreffen sind.

Pilze sind niedrige Pflanzen. Da sie kein Chlorophyll (Blattgrün) haben, sind sie von lebender oder toter organischer Substanz als Nahrungsquelle abhängig. Die eigentlichen Vegetationskörper, die meist nur unter dem Mikroskop sichtbar sind, bestehen aus ein- oder mehrzelligen Fäden, die als Hyphen bezeichnet werden. Alle Hyphen zusammen bilden das Pilzmyzel. Diese Pilzfäden haben die Fähigkeit, in totes oder lebendes Gewebe hineinzuwachsen und Nährstoffe daraus zu entziehen. Da dabei in der Regel giftige Substanzen ausgeschieden werden, kann dies zum Absterben des Gewebes führen. Um sich zu vermehren, bilden viele Pilze spezielle Vermehrungskörper, sogenannte Sporen, ähnlich den Samen der übrigen Pflanzen. Die Form dieser Sporen und ihrer Sporenträger bzw. Sporenkapseln kann ausserordentlich unterschiedlich aussehen, je nach Pilzart oder Jahreszeit (Sommer- und Wintersporen). Die Verbreitung der Pilze erfolgt passiv, vor allem durch Wind und Wasser. Zur Keimung und Infektion benötigen die meisten Pilze viel Feuchtigkeit und Wärme.

Bedeutung: Die Bedeutung der höheren Pilze für die Lebensgemeinschaft des Waldes ist bekannt. Im Boden sind die Pilze ausserordentlich wichtig zur Ingangsetzung und Erhaltung der Abbauprozesse und zur Humusbildung (s. Kap. 3.8 Bodenorganismen). Unter den Pilzen existieren auch Arten, welche als Erreger von Krankheiten bei Insekten und Nematoden bekannt sind. So gibt es z.B. Pilze aus der Gattung Entomophthora, die auf Blattläuse spezialisiert sind. Ein starker Blattlausbefall kann durch diesen Pilz vor allem bei warmfeuchter Witterung innert einigen Tagen zusammenbrechen. Zurück bleiben bräunliche, tote Blattläuse. (Farbbild 12.)

Schäden durch Pilzkrankheiten sehen je nach Pilzart und Pflanzen ganz unterschiedlich aus. Meist lassen sich zuerst fleckenartige Verfärbungen auf den Pflanzenorganen erkennen, danach kommt es oft zum Absterben oder Verfaulen der befallenen Teile. Auf jeden Fall führen Pilzkrankheiten zu einer Schwächung der Pflanze und damit letztlich zu einer Ertrags- und Qualitätseinbusse.

Pilze können an allen Pflanzenarten und -teilen auftreten. Einzelne Pflanzen weisen eine stärkere Widerstandsfähigkeit gegen Pilzkrankheiten auf, da sie sich

z. B. durch anatomische Besonderheiten (wie behaarte Haut, Wachsschicht) oder durch spezielle Abwehrstoffe gegen Infektionen schützen können.
Gewisse schädliche Pilze treten immer auf Pflanzen derselben Art auf, andere wiederum haben einen Haupt- und einen Zwischenwirt, d. h. sie wechseln im Verlauf eines Jahres die Pflanzenart.

2.6 Bakterien

Bakterien gehören zu den einfachsten Lebewesen. Sie treten in der Natur in fast unvorstellbar grosser Zahl auf. Sie sind Einzeller, die infolge ihrer geringen Grösse von tausendstel Millimetern nur mit dem Mikroskop sichtbar sind. Die Vermehrung geschieht durch einfache Zellteilung. Bei grosser Hitze oder Kälte können widerstandsfähigere Dauerformen, sogenannte Sporen, gebildet werden. Bakterien kommen in unterschiedlichen Formen vor: kugelig als sogenannte Kokken, stäbchenförmig als Bazillen und spiralförmig als Spirillen.

Bedeutung: Vor allem im Boden ist die Tätigkeit der zahllosen Bodenbakterien von enormer Bedeutung für die Erhaltung der Bodenfruchtbarkeit. Sie nehmen an den meisten chemischen Umsetzungen im Boden teil. Die Bedeutung der stickstoffbindenden Bakterienarten ist besonders bekannt und wichtig.
Auch für die Lebensmittelveredlung spielen Bakterien eine wichtige Rolle (Milchprodukte, Fruchtsäfte usw.).
Bei Mensch und Tier sind sie häufig Verursacher von Krankheiten und Epidemien, bei Pflanzen aber von geringerer Bedeutung. Gewisse Bakterienarten werden in der biotechnischen bzw. mikrobiologischen Schädlingsbekämpfung vermehrt und gezielt eingesetzt (s. Kap. 5.5 Biotechnische Schädlingsbekämpfung).

2.7 Viren

Viren sind allerkleinste Lebewesen, die nur unter dem Elektronenmikroskop sichtbar sind. Sie können sich nur in lebenden Zellen entwickeln.
Bedeutung: Viren treten als Krankheitserreger bei Menschen, Tieren und Pflanzen auf und verursachen die unterschiedlichsten Schäden.
Es laufen Versuche, sie in der biotechnischen Schädlingsbekämpfung gegen Insekten und Nematoden einzusetzen.

3. Die wichtigsten Nützlinge

Immer wieder dürfen wir erleben, wie die Natur regulierend wirkt. Ein eindrückliches Beispiel war das massenhafte Auftreten des Marienkäfers im Blattlausjahr 1976. Das trockene Wetter hatte die Blattlausentwicklung begünstigt; dieses grosse Nahrungsangebot wiederum förderte die Vermehrung der Marienkäfer. Meistens sind die Zusammenhänge aber sehr vielschichtig.
Je kleiner in der Regel die Nützlinge sind, umso rascher ist ihre Vermehrungsfähigkeit und umso wichtiger ist ihre Bedeutung für die Schädlingsregulierung. Viele für das biologische Gleichgewicht eines Gartens und einer Landschaft wichtige Tier- und Pflanzenarten sind ganz besonders gefährdet. Durch Meliorationen oder das Abholzen von Hecken und durch Überbauungen wird ihnen der Lebensraum entzogen. Viele werden durch chemisch-synthetische Pflanzenschutz- und Düngemittel, den Strassenverkehr und die schweren landwirtschaftlichen Maschinen vernichtet oder in der Entwicklung gehemmt.
Dieser Verarmung unserer Landschaft an Tieren und Pflanzen entgegenzuwirken ist eine wichtige Aufgabe. Auch die Rolle der Wildpflanzen (Unkräuter) im Gleichgewicht einer Landschaft, und dies nicht nur als Wirtspflanzen für verschiedene Insektenarten, darf nicht unterschätzt werden (s. Kap. 5.1 Nachbarschaftswirkungen bei Pflanzen). Im eigenen Garten, noch besser in ganzen Wohnquartieren, im öffentlichen Gemeindegebiet, vor allem aber in der Forst- und Landwirtschaft bieten sich viele Möglichkeiten, Brutplätze und Unterschlupf zu schaffen. Teiche, Sumpfland, Hecken, Magerwiesen und Böschungen müssen erhalten und vor Eingriffen aller Art geschützt werden.
In der Schädlingsbekämpfungsforschung sind Versuche über den gezielten Einsatz von Nützlingen im Gange. Diese haben schon interessante Erfolge ergeben (s. Kap. 5.5 Biotechnische Schädlingsbekämpfung).
Die folgende Aufzählung von Nützlingen ist nach abnehmender Grösse, also nach *Säugetieren, Vögeln, Reptilien, Amphibien, Insekten, Spinnentieren und Bodenorganismen* geordnet. Innerhalb der einzelnen Gruppierungen ist die Reihenfolge alphabetisch.

3.1 Säugetiere

Es gibt eine Anzahl Säugetiere, die ausgesprochene Insektenfresser und deshalb für die Schädlingsbekämpfung wichtig sind. Andere sind wiederum gegen Mäuse und Schnecken eine Hilfe.

Fledermäuse *(Chiropterae)*
Fledermäuse, von denen es in Europa verschiedene Arten gibt, sind die einzigen fliegenden Säugetiere. Sie haben zwischen dem Rumpf, den Vorder- und Hintergliedmassen und dem Schwanz eine Flughaut. Mit den Daumen und Füssen klettern sie an Bäumen und Mauern hoch. Der Körper ist gedrungen. Die Augen sind klein und zurückgebildet. Fledermäuse, die in der Dämmerung und nachts

fliegen, orientieren sich mittels ihrer Echoloteinrichtung, d.h. sie stossen Schreie in sehr hoher Frequenz (Ultraschall) aus, die von der Umgebung reflektiert, d.h. zurückgesendet, werden. So spüren sie jedes auch kleinste Hindernis und finden ihre Beute. Obwohl sie vollständig harmlos sind, werden sie ihres Aussehens und Verhaltens wegen oft gefürchtet. Die Fledermäuse paaren sich meistens schon im Herbst. Erst nach dem Winterschlaf, den sie kopfabwärts hängend in Scheunen und Höhlen verbringen, kommen ein bis zwei Junge zur Welt. Die Jungen saugen sich an den Zitzen der Muttertiere fest, welche sie auf diese Art mit sich tragen. Der Flug ist flatternd mit schnellen Wendungen.

Nutzen: Fledermäuse sind besonders nützlich, weil sie in der Dämmerung und nachts jagen. So fressen sie Insekten wie Wickler, Spanner, Eulenschmetterlinge, Schnaken, Maikäfer usw., die von anderen Insektenfressern (z.B. Vögel) nicht erwischt werden.

Förderung: An ihren Tages- und Winterschlafplätzen, v.a. aber an den Setzplätzen, darf die empfindliche Fledermaus nicht gestört werden. Das Erhalten und Wiederzugänglichmachen von Fledermausplätzen (Scheunen, Estriche, Kirchtürme) ist wichtig. Im Handel sind Fledermauskästen zum Aufhängen an Hauswänden erhältlich.

Igel *(Erinaceus europaeus)*
Der Igel wird 25–30 cm gross. Seine erdfarbenen Stacheln sind Tarnung und Schutz zugleich. Bei Gefahr schützt er die verletzlichen Teile (Kopf, Beine und Unterseite) durch Einrollen. Nach dem Winterschlaf im warmen Nest kommt es im März zur Paarung. Nach 7 Wochen Tragzeit wirft das Weibchen 3–6 Junge, die anfangs weiss und weich sind. Der Igel hält sich tagsüber versteckt und geht in der Dämmerung auf Nahrungssuche. Dabei nimmt er die Jungen mit. Diese werden erst im Herbst selbständig und im 2. Lebensjahr geschlechtsreif.

Nutzen: Der Igel ist im Garten besonders nützlich. Er sucht ihn nach Schnecken, Raupen, Mäusen und anderem ab. Dass er gelegentlich Erdbeeren nascht und junge Vögel oder Vogeleier frisst, muss ihm verziehen werden.

Förderung: Die natürlichen Feinde des Igels sind der Fuchs, der Uhu und der Hund. Besonders gefährdet wird er aber durch den Strassenverkehr, Insektizide und Schneckengift. Dem Igel bietet man durch Liegenlassen von Reisighaufen, mit dichtem Gebüsch und anderen Verstecken Unterschlupf. Während des Winterschlafs darf er nicht gestört werden.

Nützlinge　　　　　　　　　　　　　　　　　　　　Säugetiere

Maulwurf *(Talpa europaea)*

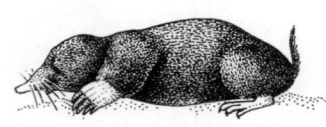

Der Maulwurf wird bis zu 15 cm lang. Er ist schwarz bis graubraun und glänzend und hat starke Grabbeine. Der Maulwurf ist Insektenfresser und findet seine Nahrung mit dem Geruch- und Tastsinn. Er lebt einzeln oder als Paar in unterirdischen Gängen. Die ausgegrabene Erde wird durch einen kurzen Gang nach oben zu einem grossen Haufen ausgestossen. Bei Gängen, die dicht unter der Oberfläche verlaufen, wird der Boden nach oben abgehoben. Die Gänge werden manchmal auch von Wühlmäusen benützt. Der Maulwurf paart sich im frühen Frühling. Das Weibchen trägt 40 Tage und wirft 4–5 Junge, die nach 5–6 Wochen selbständig werden. Der Maulwurf hält keinen Winterschlaf.

Nutzen: Der Maulwurf frisst Würmer, Insekten, Larven und Puppen. Wo Bodenschädlinge auftreten, ist er auf alle Fälle zu schonen. Nur seine Wühlarbeit ist schädlich. Er reisst dabei Pflanzen ab oder unterwühlt sie. Die Auswurflöcher sind auf Weiden eine Gefahr für das Vieh und eine Behinderung beim Mähen.
In vielen Staaten ist der Maulwurf geschützt. Er darf nur gefangen und getötet werden, wo er grossen Schaden anrichtet.
Man vertreibt ihn, indem man Lappen, die mit stark riechenden Substanzen (Petrol, Terpentin usw.) getränkt wurden, oder Knoblauch in seine Gänge stopft.

Spitzmäuse *(Soricidae)*

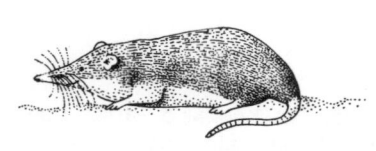

Es gibt viele Spitzmausarten. Die kleinste Art ist mit 4 cm Länge das kleinste Säugetier Europas. Die etwa 7,5 cm grosse, kurzschnauzige **Feldspitzmaus** *(Crocidura leucodon)* und die **Hausspitzmaus** *(Crocidura russula)* kommen in Scheunen, im Garten und auf Feldern am häufigsten vor. Diese Insektenjäger sind Mäusen ähnlich. Sie haben aber eine lange, mit Tasthaaren dicht besetzte Rüsselschnauze mit sehr scharfen, spitzen Zähnchen. Die Weibchen werfen 5–10 Junge, die nach 5 Wochen schon auf die Jagd gehen. Die sehr lebhaften Spitzmäuse gehen abends und während der Nacht auf Nahrungssuche. Tagsüber verbergen sie sich in Erdlöchern und anderen Verstecken.

Nutzen: Spitzmäuse vertilgen pro Tag ihr Eigengewicht an Insekten, Larven und Schnecken. Sie fressen aber auch Mäuse.

Förderung: Als ausgesprochener Nützling sind Spitzmäuse in einigen Kantonen der Schweiz geschützt. Hunde und Füchse meiden sie wegen ihres aufdringlichen Moschus-Geruchs. Katzen fangen, aber fressen sie nicht. Ihre natürlichen Feinde sind Eulen. Wir fördern Spitzmäuse durch Liegenlassen von Ast- und Laubhaufen, mit Hecken und Gebüschen.

Nützlinge | Vögel

Wiesel *(Mustelidae)*
Das **Kleine Wiesel** oder **Mauswiesel** *(Mustela nivalis)* wird, ohne Schwanz gemessen, etwa 20 cm gross. Der Übergang der braunen Rückenseite zur weissen Unterseite ist gezackt. Der kurze Schwanz und die Pfötchen sind braun. Nur im Hochgebirge verfärbt sich das Mauswiesel im Winter. Es bringt in 1–2 Würfen 3–7 Junge, manchmal auch mehr, zur Welt. Sein Verhalten ist dem des **Grosswiesels** oder **Hermelins** *(Mustela erminea)* ähnlich. Dieses bis 30 cm gross werdende Wiesel ist im Sommer oberseits braunrot, der weisse Bauch ist in gerader Linie abgegrenzt. Das Hermelin wechselt 2mal im Jahr das Fell. Im Winter ist es schneeweiss, nur die Schwanzspitze bleibt schwarz.
Die scheuen, überaus flinken Wiesel jagen nachts, werden aber auch öfters am Tag gesehen. Sie leben ungesellig in Wäldern, Parks, an Ufern, auch in der Nähe von Häusern.
Nutzen: Da Wiesel besonders Mäuse und Ratten jagen, sind sie sehr nützlich. Obschon sie auch Vögel, Eier, Junghasen und Hühner nicht verschonen, sollte man sie nicht verfolgen. Sie sind selten geworden.
Förderung: Steinhaufen und Reisighaufen bieten ihnen Unterschlupf.

3.2 Vögel im Garten

Bei den Vögeln sind in ganz besonderem Masse die Begriffe Schädling und Nützling problematisch. Der Star z.B. frisst im Frühjahr hauptsächlich Insekten, die meisten davon sind Schädlinge. Wenn die Kirschen und die Trauben reifen, so sind aber die Stare, und dann meist in grossen Schwärmen, die ersten bei der Ernte.
Nutzen: Vögel sind die Zierde eines jeden Gartens und erfreuen uns mit ihrem Gesang. Sie sind eine wichtige Hilfe in der Bekämpfung bzw. Regulierung schädlicher Insekten. Zahlreiche Singvögel sind zur Ernährung der Jungtiere auf Raupen, Larven oder Maden angewiesen. Andere Vögel wiederum fressen Unkrautsämereien.
Die vollständige Verhinderung eines Schädlingsbefalls, besonders bei einem plötzlichen, starken Auftreten, ist durch Vögel kaum möglich. Sie können aber z.B. im Obstgarten den Befall durch Frostspanner und Gespinstmotten niedrig halten.
Förderung: Richtig durchgeführter Vogelschutz ist heute eine wichtige Aufgabe. Allzusehr wurden in den letzten Jahren die Lebensräume, Fortpflanzungs- und Ernährungsmöglichkeiten zahlreicher Vogelarten eingeschränkt. Ebensosehr wurden aus Unkenntnis Vogelarten gefördert, die bereits selber eine grosse Anpassungsfähigkeit entwickelt haben (Stare, Amseln, Spatzen).
Zu den wichtigsten Förderungsmassnahmen gehört die Anlegung von Nist- und Aufenthaltsgelegenheiten, z.B. Nistkästen, Hecken, Astquirlen, Sitzstangen für Greifvögel. Dabei sind einige wenige Punkte zu beachten:

Nützlinge   Vögel

a) Zahlreiche insektenfressende *Höhlenbrüter* wie die Meisen, Fliegenschnäpper, Schwalben, Baumläufer, Kleiber und Rotschwänze lassen sich durch das Aufhängen von Nistkästen in ihrem Bestand vermehren. Ein Überangebot von Nistkästen ist dabei durchaus sinnvoll, da damit zusätzliche Schlafplätze geschaffen werden. Eine genaue Beachtung der Fluglochgrösse und der Form der Kästen für die jeweilige Vogelart ist wichtig. Im Herbst oder Winter sollten die Höhlen gereinigt werden, um die Parasitenherde im Nistmaterial zu entfernen. Die beste Zeit für das Anbringen von Nistkästen ist der Herbst, damit sich die Vögel daran gewöhnen können. Die Fluglöcher sind gegen Südosten auszurichten.

b) Auch für *freibrütende Vogelarten* wie Rotkehlchen, Grasmücken, Finken, Laubsänger, Zaunkönig, können durch das Pflanzen von Hecken, den Quirlschnitt von Büschen und durch aufeinandergeschichtetes Reisig Nistgelegenheiten geschaffen werden. Die Ansiedlung von Boden-, Busch- und Baumbrütern ist ebenso wichtig für die Schädlingsabwehr wie die Förderung der Höhlenbrüter.

c) Die *Greifvögel* wie Mäusebussard, Turmfalke und Schleiereule gehören zu den gelegentlichen Gästen im Garten. Mit Hilfe von Pfosten und mindestens 2 m hohen Sitzkrücken können ihnen Landeplätze für die Jagd geboten werden.

Eine Winterfütterung der Vögel ist nur bei sehr harten Witterungsbedingungen (geschlossene Schneedecke, tiefe Temperaturen) angezeigt und sollte sehr zurückhaltend betrieben werden.

Schäden: Insbesondere im Obst- und Weinbau ist der Früchtefrass durch Vögel ein sehr grosses Problem. Schäden durch Krähen in auflaufendem, keimendem Getreide und Körnerfrass durch Spatzen in reifem Getreide können sehr bedeutend werden.

Abwehr von Vogelschäden: Bei der Abwehr von Vogelschäden wird versucht, durch mechanische und andere Mittel Vögel vom Frass an Kulturpflanzen abzuhalten und die Überbevölkerung einzelner Vogelarten zu vermindern.

Im folgenden wird auf die Lebensweise und Bedeutung einzelner, für den Gartenbau besonders wichtiger Vögel noch genauer eingegangen.

Hausrotschwanz *(Phoenicurus ochruros)*
Beim Männchen sind Kopf und Rumpf russschwarz, beim Weibchen gräulichbraun gefärbt. Schwanz und Bürzel sind bei beiden Geschlechtern ziegelrot. Charakteristisch ist der ständig wippende Schwanz. Der Rotschwanz sitzt gerne auf Dächern oder andern freien Warten, von wo aus er Insekten jagt. Er zieht im Oktober weg und überwintert im Mittelmeergebiet.

Stimme: Hartes «Hid-teck-teck». Gesang rauher, aber melodischer Triller mit gepresstem Kratzen.

Nest: In Mauerlöchern, am Boden unter Steinen, in und an Gebäuden (Nischenbrüter).

Nützlinge Vögel

Förderung: Der Hausrötel benützt künstliche Nistgeräte wie Halbhöhlen und auch oben offene Kästchen im Format 14×12×10 cm oder Rauchschwalbennester, die man ca. 5 cm unter Dachvorsprünge und Balken montiert.

Meisen

Kohlmeise *(Parus major)*
Sie ist mit 14 cm die grösste der in Europa allgemein verbreiteten Meisen. Kopf und Hals sind glänzend blauschwarz mit weissen Wangen. Die Unterseite ist gelb mit schwarzem Längsband in der Mitte. Der Rücken ist grünlich, die Flügel und der Schwanz sind blaugrau. Die Kohlmeise turnt bei der Nahrungssuche flink in den Zweigen von Bäumen und Sträuchern umher. Sie macht 2 Gelege mit bis zu 12 Eiern. Die Kohlmeise ist ein Insektenfresser. Man schätzt, dass ein Meisenpaar mit Jungen bis 30 kg Raupen zur Fütterung einträgt. Ausserhalb der Brutzeit (anfangs April bis Mitte August) frisst sie auch Sämereien, Obst und Beeren.

Stimme: Im Frühling typischer Ruf «Zizibäh-zizibäh», auch «Pink-pink-pink» oder Schelten. Meisen ahmen manchmal andere Vogelstimmen nach.

Nest: In Höhlen aller Art, besonders in künstlichen Nistkästen (Flugloch 30 mm ⌀). (Farbbild 14.)

Blaumeise *(Parus caeruleus)*
Sie ist 11 cm lang. Der Scheitel, die Flügel und der Schwanz sind glänzend kobaltblau. Die Unterseite ist gelb, die Wangen sind weiss mit schwarzem Augenstrich und schwarzer Begrenzung gegen das blauschwarze Kinn. Der Scheitel ist weiss eingefasst, der Rücken grünlich. Das Verhalten ist demjenigen der Kohlmeise gleich.

Stimme: Verschiedene Lockrufe «Tsi-tsi-tsi», auch rauh schimpfend. Der Gesang beginnt mit «Tsi-tsi», dann folgt ein langer perlender Triller.

Nest: Wie Kohlmeise. Das Flugloch kann bis auf 26 mm Durchmesser reduziert werden.

Förderung: Da die Nahrungsgrundlage in unserer Kulturlandschaft genügend vorhanden ist, können die Meisenbestände durch das Angebot von Nisthöhlen erhöht werden. Spatzen, die gleich gross sind wie die Kohlmeisen, können deren Nisthöhlen erobern. Hängt man die Nistkästen tiefer als 2 m, so werden sie von den Spatzen weniger gern besetzt. Da die Blaumeise weniger häufig ist als die Kohlmeise, benötigt man 30er und 26er Nisthöhlen im Verhältnis von etwa 3:1. Anzahl Kästen pro ha: ca. 20.

Rotkehlchen *(Erithacus rubecula)*
Es ist ein 14 cm grosses, rundliches Vögelchen mit kurzem Hals. Brust und Stirne sind orangerot, die Oberseite braunoliv. Die Geschlechter unterscheiden sich nicht. Die Jungvögel haben keine rote Brust. Sie sind dunkelbraun und rahmfarben gefleckt. Rotkehlchen sind besonders im Winter sehr zutraulich. Die Wintervögel sind zum grössten Teil Gäste aus dem hohen Norden (Teilzieher). Das Rotkehlchen badet gerne. Es lebt gerne in der Nähe von Wasser und ernährt sich von Insekten und Spinnen, im Winter auch von Sämereien und Beeren. Es macht oft 2 Gelege im Jahr.

Stimme: Ein oft wiederholtes «Tick-tick-tick» oder «Zip-zipsip» und ein ziehender Gesang abwechselnd schwermütig und flötend. Es singt noch spät abends.

Nest: Das Rotkehlchen nistet allgemein am Boden in Mulden, gedeckt unter Stauden und Wurzeln, in Wohngebieten oft erhöht in Mauerlöchern und anderen Nischen oder im Efeu, gelegentlich in Nisthöhlen.

Förderung: Nisthöhlen mit grossem Flugloch (50 mm) oder Halbhöhlen (ca. 16x14x14 cm, obere Hälfte der Vorderfront offen) an Häusern und Scheunen anbringen.

Spechte
Die verschiedenen Spechte, die in unseren Wäldern und Gärten vorkommen, sind die einzigen Vögel, die mit ihren spitzen Schnäbeln jene Insekten und Larven, die unter der Rinde leben, hervorholen können. Allerdings beschädigen sie die Rinde durch ihr Hämmern. Obschon sie stark befallene Bäume nicht mehr retten können, wirken sie der starken Vermehrung von Borkenkäfern sowie anderer Schädlinge entgegen. Nebst Insekten fressen sie auch gerne Beeren und Samen. Waldameisenhaufen sind vor dem Grünspecht zu schützen!

Buntspecht *(Dendrocopos major)*
Dieser 23 cm grosse Specht hat einen schwarzen Rücken und unterscheidet sich vom Kleinspecht durch grosse weisse Schulterflecken und rote Unterschwanzdecken. Die Unterseite ist weiss. Die Männchen haben einen roten Genickfleck, die Jungvögel einen ganz roten Scheitel.

Stimme: Lautes, häufiges «Kick», trommelt sehr schnell.

Nest: In Baumhöhlen.

Grünspecht *(Picus viridis)*
Der olivgrüne Specht wird 32 cm gross. Seine Unterseite ist graugrün, der Scheitel rot und der Bürzel auffallend gelb.

Stimme: Sehr lautes «Lachen», trommelt selten.

Nest: In Baumhöhlen.

Förderung: Die Ansiedlung von Spechten ist durch geeignete Nistkästen zu fördern. Brutbäume und alte Obstbäume sollten nicht gefällt werden.

Vögel, die Schaden verursachen

Amsel *(Turdus merula)*
Sie ist 25,5 cm gross. Das Männchen ist ganz schwarz mit leuchtend orangegelbem Schnabel und Augenringen. Das Weibchen ist oben einfarbig dunkelbraun und unten heller braun. Die Amsel brütet 2–3mal jährlich, ihr Gelege beträgt jeweils 4–5 Eier.

Stimme: Schrilles Zetern wenn erschreckt, sonst melodischer Gesang ohne Wiederholung der Motive.

Nest: In Hecken, Holzstössen, Schuppen, niedrig und in mässiger Höhe auf Bäumen und Spalieren.

Bedeutung und Abwehr: Die Amsel ernährt sich von Würmern, Insekten und deren Larven (Raupen), Spinnen und Tausendfüsslern; im Herbst und Winter von Beeren, Früchten und Sämereien sowie von verschiedenen Abfällen. Unangenehm wird die Amsel im Garten dadurch, dass sie den Boden bei der Nahrungssuche durchwühlt, Beeren frisst und Obst beschädigt. Da sie vor Plastikbändern und andern Schreckmitteln wenig Respekt hat, ist der beste Schutz der Kulturen das Überdecken mit Folie, Drahtgeflecht oder mit Netzen.

Haussperling *(Passer domesticus)*
Hausspatz
Das Männchen ist durch den grauen Scheitel, den braunen Nacken, die schwarze Kehle und die weissen Wangen gekennzeichnet. Die Weibchen und Jungvögel sind unauffällig gräulich und bräunlich gefärbt. Der Spatz brütet 3mal im Jahr und macht Gelege von 4–6 Eiern. Die Jungen werden in den ersten Tagen mit Insekten gefüttert, dann mit Körnern.

Stimme: Geschwätzig, verschiedene Rufe, Tschilpen.

Nest: In Nischen und Spalten von Gebäuden, im Efeu, selten in Bäumen.

Bedeutung und Abwehr: Wie bei der Amsel dürfen nicht nur die Schäden gesehen werden, die die Spatzen im Garten anrichten. Der Spatz ist sehr vielseitig in seiner Ernährung und räumt allerhand Unkrautsämereien und Abfälle ab. Maikäfer werden von ihm in grossen Mengen vertilgt. Von Kulturen ist der Spatz nur durch Netze und Maschendraht mit höchstens 26 mm Maschenweite oder durch Folien wirksam abzuhalten. Nischen und Löcher, in denen die Spatzen nisten, sind zu stopfen.

Rabenkrähe *(Corvus corone)*
Sie ist 47 cm gross und ganz schwarz glänzend. Sie hat einen kräftigen schwarzen Schnabel und, im Gegensatz zum grösseren Kolkraben der Berggebiete, einen gerade abgeschnittenen Schwanz. Der Flug ist geradlinig mit ruhigen regelmässigen Flügelschlägen.

Stimme: Meist ein 3–4mal wiederholtes, krächzendes «Krah».

Nest: Gewöhnlich auf Bäumen, manchmal in Felsspalten.

Nützlinge   Vögel, die Schaden verursachen

Bedeutung und Abwehr: Krähen gehören zu den wenigen Schneckenfressern unter den Vögeln. Daneben werden auch Würmer, Insekten und deren Larven (z.B. Engerlinge) gefressen. Als Allesfresser räumt die Krähe auch mit Abfällen aller Art auf. Sie frisst aber auch gerne zarte Setzlinge. Will man Krähen vom Gartenbeet fernhalten, so spannt man Plastikbänder im Zick-Zack darüber. Man verdreht diese als Spirale, so dass sie im Wind «hin und her» laufen. Auf diese Weise können auch Bäume geschützt werden. Eine weitere Möglichkeit der Abschreckung ist das Aufhängen toter Krähen oder schwarzer Stofflappen, die ähnlich aussehen. Das Problem ist auch hier die rasche Gewöhnung der Vögel an die Abschreckmittel. Die Krähe ist jagdbar und darf von Jagdberechtigten geschossen werden.

Star *(Sturnus vulgaris)*

Er ist 22 cm gross, schwärzlich, bronzegrün und purpurfarben glänzend, im Winterkleid dicht weiss getüpfelt. Er hat einen kurzen Schwanz und spitze Flügel und einen langen, scharfen Schnabel. Er ist Zugvogel und kehrt schon im Februar aus dem Süden zurück.

Stimme: Rauh, verwebt aber ein Gemisch von klangreinen Pfiffen, Schmatzern und Knacklauten zu einem Gesang. Er ahmt oft und gut andere Vogelstimmen nach.

Nest: In Höhlen und Nistkästen mit mehr als 45 mm Lochdurchmesser und einer Innenfläche von 15x15 cm.

Bedeutung und Abwehr: Der Star ist ein lustiger und interessanter Vogel und wurde als grosser Nützling bis vor einiger Zeit überall geschätzt und gefördert. Mit seiner Vermehrung nahmen aber auch die Schäden, die er in der Landwirtschaft verursacht, stark zu. Heute verzichtet man allgemein auf das Aufhängen von Starenkästen. Die Abwehr wird mit Plastikbändern und Knallapparaten versucht. Wegen der Gewöhnung müssen die Methoden und Mittel häufig geändert werden. Netze sind wie überall das sicherste Mittel. Die Maschenweite kann bis zu 7 cm betragen.

Wacholderdrossel *(Turdus pilaris)*

Diese 25,5 cm grosse Drossel hat einen grauen Kopf und Bürzel, der Rücken ist kastanienbraun und der Schwanz schwarz. Beim Flug scheint die Unterseite hell. Der Schnabel ist gelb mit schwarzer Spitze.

Stimme: Ein rauhes «Schack-schack-schack», sanftes «Zieh», der Gesang ist schwätzend und zwitschernd.

Nest: In offenem mit Baumgruppen bestandenem Gelände, an Waldrändern, besonders gern auf Birken oder anderen lichten Bäumen.

Nützlinge	Reptilien

Bedeutung und Abwehr: Die Wacholderdrossel hat sich in den letzten Jahren stark vermehrt und kann bedeutende Schäden an Kernobst verursachen. Abwehr: siehe Amsel.*

3.3 Reptilien

In der Schweiz sind sämtliche Reptilien seit 1966 geschützt. Für die Schädlingsabwehr ist besonders auf die Blindschleiche und die Eidechse hinzuweisen.

Blindschleiche *(Anguis fragilis)*
Die bis zu 50 cm lang werdende Blindschleiche ist keine Schlange, sondern gehört zu den Echsen. Sie ist langgestreckt und hat keine Beine. Der Schwanz ist länger als der Körper und endet in einem Stumpf. Die Oberseite ist graubraun bis bronzefarben mit schwarzen Streifen. Die Unterseite ist dunkel. Die Paarung findet von April bis Mai statt. Nach 3 Monaten werden 5–26 Junge abgesetzt. Die Blindschleiche ist ein Dämmerungstier. Sie lebt versteckt in feuchten Wiesen, an Waldrändern und in Gärten.
Nutzen: Die Blindschleiche lebt von Insekten, Nacktschnecken und Würmern.
Förderung: Sie ist vor Hunden und Katzen zu schützen. Ihr Unterschlupf ist zu schonen.

Zauneidechse *(Lacerta agilis)*
Diese ziemlich plumpe Eidechse wird gegen 20 cm lang. Sie hat auf der Rückenmitte ein braunes Band mit hellen Flecken. Die Unterseite ist beim Männchen grünlich, beim Weibchen weiss bis gelblich mit schwarzen Punkten. Im Frühling sind die Flanken der Männchen leuchtend grün. Vor der Paarung, im April bis Juni, kämpfen die Männchen miteinander. Die 5–14 weissen, pergament-schaligen Eier werden in feuchte, lockere Erde gelegt. Die Jungen schlüpfen nach 5–9 Wochen. Eidechsen sind Tagtiere und leben in Trockenmauern, Schiesswällen und an Bahndämmen.
Nutzen: Die Zauneidechsen ernähren sich von Insekten, Nacktschnecken, Raupen, Würmern und jungen Artgenossen.
Förderung: Katzen, Marder, Falken, Bussarde und Krähen sind ihre natürlichen Feinde. Es ist darauf zu achten, dass die Eier nicht zerstört und die Tiere geschont werden. Steinhaufen bieten Unterschlupf.

---

* Literatur:
Zimmerli, E.: Wohnungsnot auch bei Gefiederten. Eine Anleitung zum Schaffen von Nisthilfen für Vögel
Peterson, u. a.: Die Vögel Europas
Auskunftsstellen siehe Verzeichnis.

3.4 Amphibien

Amphibien (Lurche) sollten im Garten willkommen sein. Nachteiliges ist über sie nicht bekannt. Sie fressen ausschliesslich lebende Kleintiere. Die Eier und Larven der Amphibien dienen Fischen und die erwachsenen Tiere gewissen Kriechtieren und Vögeln als Futter. Gefährdet werden sie durch den Strassenverkehr, die chemischen Dünge- und Pflanzenschutzmittel der Landwirtschaft und durch die Zerstörung der Laichgewässer. Wer auf seinem Lande Gifte verwendet, sollte keine Amphibien ansiedeln. Zu ihrem Schutz verbietet in der Schweiz das Bundesgesetz von 1966 das Einsammeln und Gefangenhalten von Lurchen oder deren Eiern und Larven ohne eine kantonale Bewilligung. Wer also Lurche in seinem Teich einsetzen will, ersuche beim Kantonalen Amt für Naturschutz um eine Bewilligung. Sind die Bedingungen erfüllt, wird diese auch gewährt. Auf keinen Fall setze man verwandelte Tiere, sondern nur wenige Eier oder Larven ein. Vor dem zweiten oder dritten Jahr darf man keine Rückkehrer erwarten.

Die ganzjährig standorttreuen Arten wie Wasserfrosch, Unke, Geburtshelferkröte, Bergmolch und Fadenmolch können durch die Schaffung eines geeigneten Teiches angesiedelt werden. Die laichplatztreuen Arten wie Grasfrosch und Erdkröte kehren zum Laichen wohl immer wieder zurück, wandern aber in der Zwischenzeit in einem Umkreis von bis zu drei Kilometern ab. Ein guter Amphibienteich kann deshalb eine ganze Gemeinde versorgen. Besonders interessant ist zu beobachten, wie ein Teich in kurzer Zeit von selbst besiedelt wird. (Farbbild 15.)

Bergmolch *(Triturus alpestris)*

Diese häufigste Molchart ist anspruchslos und kann in jedem Weiher, wo keine Fische sind, angesiedelt werden. Das Männchen wird 8 cm, das Weibchen 11 cm gross. Der Körper ist gedrungen, der Schwanz seitlich zusammengedrückt. Die Unterseite ist orange und die Oberseite sehr dunkel. Das Hochzeitskleid des Männchens ist sehr bunt. Der Molch lebt während der Fortpflanzung in Tümpeln, sonst am Land. Er geht nachts auf Nahrungssuche.

Nutzen: Der Bergmolch lebt von Würmern, Nacktschnecken, Larven und Froschlaich.

Erdkröte *(Bufo bufo)*

Das Männchen wird bis 8 cm, das Weibchen bis 13 cm gross. Der Körper ist gedrungen. Der breite Kopf hat eine gerundete Schnauze. Die Pupillen sind waagrecht, die Iris ist gold- bis kupferrot. Die Oberseite ist braun, manchmal oliv und mit Warzen bedeckt. Die Erdkröte überwintert in Erdhöhlen und erscheint im März. Eine künstliche Ansiedlung ist nicht einfach, anderseits stellen sich Erdkröten oft von selbst ein.

Nutzen: Die Erdkröte lebt vorwiegend von Würmern und Nacktschnecken.

Gelbbauchunke *(Bombina variegata)*

Sie ist bis 5 cm gross. Die graubraune Oberseite ist voll von Warzen mit spitzen Hornhöckern. Die Unterseite ist gelb mit grau- bis schwarz-blauen Flecken. Finger- und Zehenspitzen sind gelb. Typisch ist das melodische Rufen der Unke. Sie überwintert im Boden, lebt aber im Wasser. Berührt man eine Unke oder Kröte, müssen die Hände gewaschen werden, da ihr giftiges Hautsekret besonders an Lippen und Augen unangenehme Entzündungen verursacht.

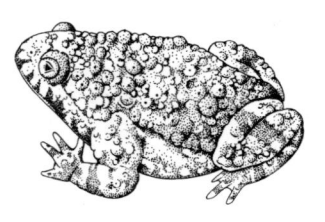

Nutzen: Sie lebt hauptsächlich von fliegenden Insekten.

Grasfrosch *(Rana temporaria)*

Dies ist unser häufigster Froschlurch. Er wird bis 10 cm gross und ist braungefärbt mit dunklen Flecken. Die Unterseite ist hell, meist gefleckt. Der Grasfrosch laicht schon ab Anfang März. Die grossen Laichballen liegen in seichtem Wasser an der Oberfläche. Die kleinen Frösche verlassen die Tümpel in grossen Scharen. Früher glaubte man, es hätte Frösche geregnet!

Nutzen: Der Grasfrosch frisst Nacktschnecken, Insekten aller Art und ihre Larven, Würmer usw.

Notizen:

Literatur:
Stemmler, O.: Die Reptilien der Schweiz
Bühler, W.: Amphibien und Reptilien
Brodmann, P.: Die Amphibien der Schweiz
  Für Anleitungen zur Gestaltung von Teichen siehe Verzeichnisse von Literatur und Auskunftsstellen.

3.5 Insekten

Verschiedenen Insektenarten kommt in der Schädlingsabwehr grosse Bedeutung zu. Man unterscheidet zwischen jenen Arten, die andere Insekten als *Räuber* jagen und denen, die als *Schmarotzer* (Parasiten) wirken.
Was können wir zur Förderung der uns nützlichen Insekten tun? Die erste Voraussetzung ist, dass wir sie sowie ihre Puppen und Larven erkennen. Stellen wir einen Schädlingsbefall fest, so müssen wir beobachten, ob Nützlinge nicht schon am Werk sind.
Durch den Einsatz von Insektiziden, Fungiziden und Herbiziden werden viele dieser Insekten vernichtet. Man setze auch die pflanzlichen Bekämpfungsmittel wie Pyrethrum und Derris nur gezielt und erst dann ein, wenn andere Massnahmen versagt haben und die Schadensschwelle den Einsatz rechtfertigt (s. Kap. 5.8 Integrierter Pflanzenschutz). Durch unüberlegtes Eingreifen zerstören wir oft, was sich an natürlicher Abwehr entwickelt hat.
Zur Förderung dieser nützlichen Insekten sind Überwinterungsorte, die nicht mit Pestiziden behandelt wurden, wichtig. Windschutzhecken und allerlei Gebüsch, besonders Holunder und Efeu, müssen in der Nähe von Obstanlagen und in der Landschaft erhalten bleiben. Zu vermeiden sind diejenigen Büsche, die gewissen Blattlausarten als Winterwirt dienen. Wichtig sind auch Magerwiesen mit ihren vielen Blütenarten. Doldenblütler wie Wiesenkerbel, Schafgarbe, Wilde Möhre, aber auch Phacelia und Ringelblume ziehen viele uns nützliche Insekten an.
Versuche, nützliche Insekten, z. B. Marienkäfer, Florfliegen, Schlupfwespen (Trichogramma) zu züchten und in Kulturen freizulassen, haben vor allem in Gewächshäusern, wo kontrollierte Klimabedingungen sind, und im Maisanbau interessante Ergebnisse gezeitigt (s. Kap. 5.5 Biotechnische Schädlingsbekämpfung).

Florfliegen *(Chrysopa sp.)*

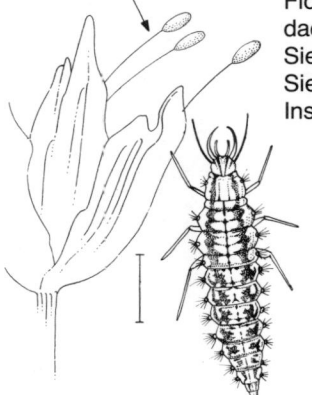

Florfliegen sind grüne, längliche Insekten mit grossen, dachförmig über dem Hinterleib gehaltenen Flügeln. Sie haben goldglänzende Augen und lange Fühler. Sie ernähren sich von Honigtau, Wasser und kleinen Insekten. Sie leben ungefähr 2 Monate. Die Weibchen

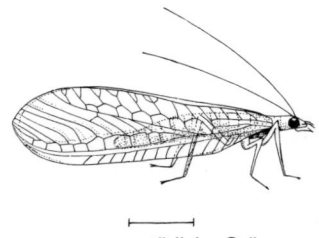

natürliche Grösse

Nützlinge Insekten

legen bis 20 grüne Eier. Sie werden einzeln oder in Gruppen an 1 cm langen biegsamen Stielen auf der Blattunterseite oder an kleinen Ästen, Telefonstangen, Fenstern usw. abgelegt.
Die 7–8 mm langen gelblich-grauen Larven sind sehr lebhaft. Sie haben drei Paar Brustfüsse und auf den Seiten kleine behaarte Warzen. Sie fressen alles, was ihnen zwischen die zangenförmigen Kiefer gerät.
Die Entwicklung der Larven dauert bis 18 Tage. Dann verspinnen sie sich an geschützter Stelle zwischen Pflanzenteilen in weissen, kugeligen Kokons. Der ganze Zyklus vom Ei bis zum erwachsenen Insekt dauert 22–60 Tage, je nach Wetter. Es entwickeln sich Florfliegen vom Frühling bis zum Herbst. Die ausgewachsenen Tiere überwintern gerne an geschützten Orten in Häusern und Scheunen. (Farbbilder 4, 5, 6.)

Nutzen: Die Eier der Florfliege werden schon früh im Frühling, bevor sich Blattläuse festgesetzt haben, in einjährige Feldkulturen abgelegt. Die Larven können die Bildung von Blattlaus-Kolonien verzögern, indem sie die zufliegenden Blattläuse fressen. Eine Larve frisst während ihrer Entwicklung 200–500 Blattläuse, aber auch andere Schädlinge.

Förderung: Die Eier der Florfliegen sind gegenüber Öl sehr empfindlich. Zahlreiche Versuche bestehen, Florfliegen-Larven gezielt gegen Blattläuse einzusetzen. Dieses Verfahren ist aber in der Schweiz noch nicht praxisreif.

Laufkäfer *(Carabidae)*
Viele Laufkäfer und ihre Larven sind sehr nützliche Räuber.
Zu diesen Laufkäfern gehören die

Grosslaufkäfer *(Carabus sp.)*
Die grössten Grosslaufkäfer werden bis 40 mm gross. Viele Arten sind schillernd gefärbt (z.B. der «Goldschmied»). Ihre länglichen, deutlich segmentierten Larven sind meist dunkel. Die Laufkäfer überwintern als Käfer und versuchen im Herbst oft in den Häusern Zuflucht zu nehmen, wo wir sie dann in den Kellern finden. Im Frühsommer legen die Weibchen im Laufe mehrerer Wochen 20–60 Eier, meist einzeln in kleine Erdhöhlen. Nach wenigen Tagen schlüpfen die gefrässigen Larven, die sich nach 8–10 Wochen in Erdhöhlen verpuppen.
Laufkäfer sind meistens in der Nacht aktiv, am Tag verstecken sie sich unter Steinen, Rinden und Pflanzen. (Farbbild 13.)

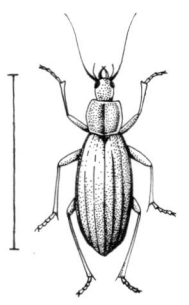

Nutzen: Sie fressen grosse Mengen von Puppen, Raupen und sogar Schnecken in Feld, Wald und Garten.

Förderung: Feucht-schattige Unterschlupfmöglichkeiten schaffen.

Nützlinge   Insekten

Marienkäfer *(Coccinellidae)*
Kugelkäfer

Von diesen bekanntesten Nützlingen gibt es viele Arten. Die halbkugeligen Käfer haben glänzende Flügeldecken. Je nach der Art sind Farbe und Zeichnung verschieden. Nebst dem roten Käfer mit schwarzen Punkten gibt es z. B. gelbe Käfer mit dunklen Punkten, dunkle mit hellen Flecken oder ganz dunkle ohne Flecken. Sie werden 3–8 mm gross. Die gelben Eier werden in Gruppen von 10–20 Stück senkrecht stehend auf Blattunterseiten und Zweigen abgelegt.

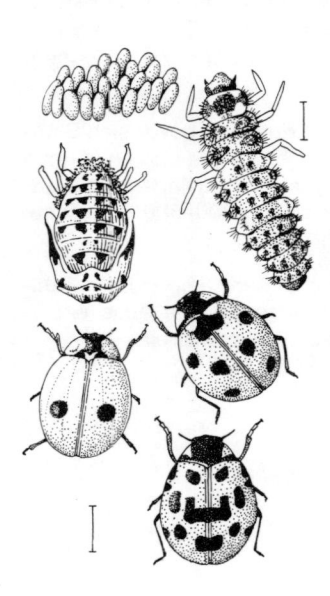

Die länglichen Larven der grossen Marienkäferarten sind dunkel graublau mit gelben Punkten und borstigen Warzen. Sie wachsen während ihrer Entwicklung von 1,5 mm bis zu 8 mm. Die Larven der kleineren Arten werden bis 2,5 mm gross und sind mit weisser Wachsausscheidung bedeckt.

Kugelig zusammengezogen, aber ohne sich zu verspinnen, entwickeln sich die Puppen mit einem Scheinfuss befestigt an den der Sonne zugewandten Pflanzenteilen. Berührt man sie, so bewegen sie sich ruckartig.

Marienkäfer überwintern und suchen im Frühling vorerst auf Wiesen und Brachland nach Blattläusen. Hier werden sie geschlechtsreif und vermehren sich entsprechend dem Nahrungsangebot.

Die Eier werden in der Nähe von Blattlauskolonien abgelegt. (Farbbilder 1, 2, 3.)

Nutzen: Die Käfer sowie ihre Larven ernähren sich zur Hauptsache von Blattläusen. Eine Larve frisst bis zu ihrer Verpuppung 200–600 Blattläuse.

Förderung: Es kommt in Mitteleuropa meistens nur zu einer Generation auf einjährigen Kulturen, so dass Marienkäfer durch Insektizide, besonders im Frühling, stark dezimiert werden können.

Literatur:
Suter, H./Keller, S.: Blattlausfeinde
Böhm, H.: Nützlinge, Helfer im Kampf gegen Schädlinge der Kulturpflanzen
OILB: Nützlinge in Apfelanlagen
Schweiz. Landeskomitee für Vogelschutz (SLKV): Merkblatt Hecken

Nützlinge   Insekten

Ohrwurm *(Forficula auricularia)*
Das kurzflügelige Insekt hat auffallend grosse Hinterleibszangen und lange Fühler. Es ist bräunlich glänzend und sehr beweglich. Das Weibchen legt im Herbst oder Frühling die Eier in von ihm gebaute Erdröhren. Dort werden sie von ihm gepflegt und verteidigt. Die geschlüpften Larven bleiben bis zu 6 Monaten im Nest.

Nutzen: Der Ohrwurm ist vorwiegend nachts tätig. Er frisst neben pflanzlichem Material auch Insekten und tritt gerne dort auf, wo Blattläuse sind.

Förderung: Mehrere kleine Blumentöpfchen mit Holzwolle oder Moos vollstopfen und umgekehrt an Bäume hängen oder am Boden aufstellen. Sie werden ab Juni zunehmend besiedelt. Die Holzwolle muss jährlich ausgewechselt werden. Im Handel sind sog. Ohrwurmschlafsäcke erhältlich. (Farbbild 14.)

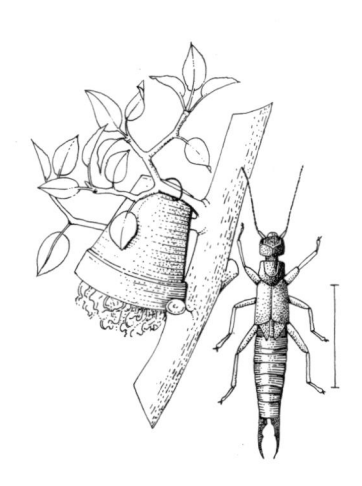

Schlupfwespen *(Hymenoptera ssp./Terebrantes)*
Von den vielen Schlupfwespenarten sind alle Parasiten. Jede Art ist auf bestimmte Wirte, z. B. Blattläuse, Blutläuse, Schmetterlingseier, Raupen und Puppen, spezialisiert.

Schlupfwespen sind wespenähnliche, meist dunkle Insekten. Einige Arten sind kleiner als 1 mm. Die meisten Weibchen haben einen langen Legestachel. Bei der Eiablage wird der Hinterleib blitzschnell unter dem Kopf durchgebogen. Der Legestachel sticht die Blattlaus an und legt ein Ei in ihr ab. Unsichtbar schlüpft nach wenigen Stunden in der Laus die Larve aus und entwickelt sich dort. Die parasitierte Blattlaus wird rundlicher und dunkel. Die Schlupfwespenlarve verpuppt sich in der ausgefressenen Blattlaus in einem Gespinst. Sie hat eine kurze Entwicklungsdauer, so dass sich wie bei den Blattläusen Generation nach Generation bildet.

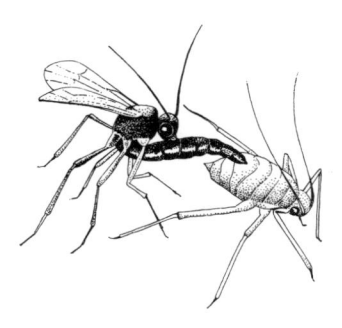

Die Schlupfwespe überwintert als Larve in der ausgefressenen Blattlaus. Im Frühling schlüpft sie zur selben Zeit wie die Blattläuse. Die Weibchen sind bald geschlechtsreif und beginnen mit der Eiablage. (Farbbilder 10, 11.)

Schlupfwespenarten, die Raupen usw. parasitieren, verhalten sich meist ähnlich.

37

Nützlinge   Insekten

Nutzen: Da sich die Schlupfwespen im Frühling zur selben Zeit wie die Blattläuse entwickeln, verzögern sie deren Vermehrung. Ein Weibchen belegt 200–1000 Blattläuse mit Eiern.
Die grösseren Schlupfwespen stechen zur Eiablage mit ihrem Stachel selbst die in dichten Gespinsten lebenden Raupen der Gespinstmotten an.
Förderung: Um die in den Blattlausmumien überwinternden Schlupfwespen zu schonen, kann man nach dem Winterschnitt die Äste einsammeln und an geschütztem Ort lagern, um sie im Frühling nach der Winterspritzung wieder in den Obstgarten zu legen. Dasselbe empfiehlt sich bei Johannisbeerstauden. Im weichen Mark von Holunderästen nisten sie gerne ein. Nektarpflanzen, wie Doldenblütler und Phacelia, sind Nahrungsquellen für Schlupfwespen.
Seit längerer Zeit wird daran gearbeitet, Schlupfwespen zu züchten und gezielt gegen Schädlinge einzusetzen (s. Kap. 5.5 Verfahren der biotechnischen Schädlingsbekämpfung).

Schwebfliegen *(Syrphidae)*

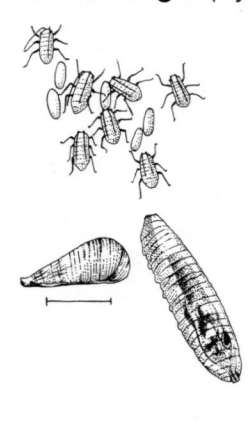

Je nach der Art werden die wespenähnlichen Schwebfliegen 7–15 mm gross. Ihr flinker Flug ist geräuschlos. Der Name weist auf die Fähigkeit hin, längere Zeit an einem Ort schweben zu können. Die Eier sehr vieler Arten werden in Blattlauskolonien einzeln abgelegt. Sie sind 1–2 mm gross, länglich und weiss. Die Larven sind weisse oder gelbliche Fliegenmaden ohne deutlichen Kopf oder Beine. Die Puppen sind bis 10 mm gross. Sie hängen wie Tropfen an Pflanzenteilen oder liegen im Boden.

Die meisten Schwebfliegen bilden mehrere Generationen im Jahr. Einige Arten ziehen wie Zugvögel nach Süden, andere sind sesshaft. Je nach Art überwintern die Larven oder die begatteten Weibchen. Kontrolliert man im Frühling Blattlausherde, so findet man oft Schwebfliegeneier. Sind mehrere Eier vorhanden, so können die ausschlüpfenden Larven die Blattlausvermehrung stark verzögern. (Farbbilder 7, 8, 9.)
Nutzen: Die harmlosen Schwebfliegen ernähren sich von Blütenstaub und dem von den Blattläusen ausgeschiedenen Honigtau.
Nützlinge sind die Larven. Sie verzehren bis zu ihrer Verpuppung 150–900 Blattläuse. Sie kriechen tagsüber, ausser während der grössten Mittagshitze, in den Blattlauskolonien umher. Erwischen sie eine Laus, so wird diese vom Blatt abgehoben und ausgesaugt.
Förderung: Doldenblütler wie Petersilie, Dill, Wiesenkerbel säen. Die früh auftretenden Blattläuse sind für die Entwicklung wichtig.

Waldameisen *(Formica sp.)**

In der Schweiz kommen sechs, für den Laien schwer unterscheidbare, Waldameisenarten vor. Allen gemeinsam ist der aus Nadeln, Zweigstückchen und anderem Material zusammengetragene Nesthaufen, der mit Vorliebe an Waldrändern steht. Die Arbeiterinnen sind 5–10 mm lang und mit Ausnahme des mehrheitlich braunroten Brustabschnittes und Kopfes schwarzbraun gefärbt. Wie alle Ameisen bilden auch diese Arten Staaten, die aus den ungeschlechtlichen, flügellosen Arbeiterinnen und den Königinnen (Weibchen) bestehen, zu denen sich zu bestimmten Jahreszeiten die geflügelten Männchen gesellen. Es gibt Arten mit nur einer Königin pro Volk, in anderen Fällen können bis zu 5000 Königinnen neben mehreren hunderttausend Arbeiterinnen vorkommen. Die Arbeiterinnen sind für den Bau, die Nahrungsbeschaffung und die Brut verantwortlich. Die nur auf dem Hochzeitsflug geflügelten Königinnen (= befruchtete Weibchen) legen während ihres ganzen Lebens, das mehr als 10 Jahre dauern kann, befruchtete Eier. Die Männchen geben während des Hochzeitsfluges den Königinnen den Samenvorrat für deren ganzes Leben mit, nach der Begattung sterben sie ab. Ameisen legen keine Vorräte an. Die Arbeiterinnen sammeln im Körper Reserven, die sie im Frühling, wenn die Nahrung knapp ist, als «Ameisenmilch» zur Ernährung der Brut abgeben.

Nutzen: Ameisen vertilgen Schädlinge aller Art sowie deren Eier und Larven. Man hat errechnet, dass ein starkes Volk bis zu 100 000 Insekten an einem Tag sammeln kann. Ameisen sind für viele andere Tiere, vom «Ameisenlöwen» (einer Insektenlarve) bis zu Spechtarten eine wichtige Nahrungsgrundlage. Durch Hegen und «Betrillern» der harmlosen Rindenblattläuse regen sie diese zur vermehrten Abgabe von Honigtau an. Da dieser von den Bienen gesammelt wird, steigert sich dadurch der Waldhonigertrag wesentlich. Waldameisen sind ein wichtiger Faktor in der Lebensgemeinschaft des Waldes.

Förderung: Waldameisen sind in vielen Ländern, so auch in der Schweiz, geschützt. Der Mensch hat durch das (strafbare) Sammeln der Ameisenpuppen, das Herumstochern in den Haufen und Zerstören derselben sowie vermutlich durch Pestizide an vielen Orten die Waldameisen beinahe ausgerottet. Die Nesthaufen brauchen absolute Ruhe. Wo sie regelmässig gestört werden sind sie durch Drahtgeflecht zu schützen. Bei Waldarbeiten sind sie zu schonen und können durch das Liegenlassen von Reisig und Auslichten der Bäume gefördert werden. Werden auf Feldern Pflanzenschutzmittel gespritzt, so dürfen Waldränder nicht mitgespritzt werden.
Von den vielen natürlichen Feinden der Ameisen seien nur die Spechte erwähnt.

* Literatur:
   Gull, Th.: Schutz der Waldameisen
   Auskunftsstellen siehe Verzeichnisse.

Nützlinge Insekten / Spinnentiere

Wanzen

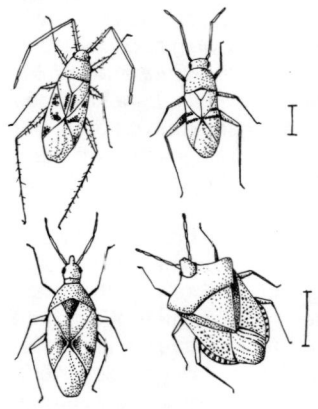

Wichtig als Nützlinge sind von den verschiedenen Raubwanzenarten vor allem:

Blumenwanzen *(Anthocoridae)*
Diese dunklen Wanzen sind 3–4 mm gross. Die Beine sind gelb und die gut entwickelten Fühler rötlich. Die Eier werden in Gruppen von 2–8 Stück häufig am Blattrand ins Blattgewebe gelegt.
Nutzen: Diese Wanzen fressen vorwiegend Spinnmilben, fallen aber auch Blattläuse, Blattsauger und kleine Raupen an.

Blindwanzen *(Miridae)*
Die verschiedenen Blindwanzenarten sind farbig glänzend (rot oder gelb) und deutlich punktiert. Je nach Art sind sie 4–7 mm gross. Sie legen ihre Eier tief unter die Rinde.
Nutzen: Viele Blindwanzen sind Räuber, welche vor allem von Blattläusen sowie auch von Milben und kleinen Raupen leben.

3.6 Spinnentiere

Spinnen *(Araneae)*
Auch die oft gefürchteten Spinnen sind Schädlingsvertilger. In ihren Netzen fangen sie Fliegen, Falter, Blattläuse, Raupen und Käfer. Spinnen fressen nur von ihnen selbst getötete Beute. Es gibt sehr viele Spinnenarten, die oft nur schwer zu unterscheiden sind.

Gartenkreuzspinne *(Araneus diadematus)*
Diese bekannteste Kreuzspinne hat das charakteristische Kreuzzeichen auf dem Hinterleib. Ihre Grundfärbung aber ist sehr verschieden. Ihr rundes Netz hat einen Durchmesser von ungefähr 30 cm.
Untersuchungen haben gezeigt, dass Kreuzspinnen im Jahr 2 kg Insekten (vor allem Fliegen) pro Hektar Gartenland vertilgen können.

Raubmilben *(Typhlodromus ssp. u. a.)*

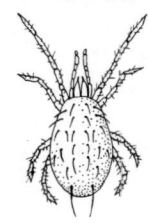

Die Raubmilben sehen den schädlichen Spinnmilben (Rote Spinne) ähnlich. Sie machen aber kein Gespinst wie diese. Sie sind ungefähr 0,5 mm gross, birnförmig und ohne sichtbare Haare. Sie haben keine roten Flecken. Man findet die lebhaften Tiere oft blattunterseits in den Winkeln der Blattadern.
Nutzen: Raubmilben sind vor allem im Weinbau und im Gemüsebau sowie in Gewächshäusern von Bedeutung, um den Befall durch die Rote Spinne einzudämmen.
Förderung: Raubmilben werden gezüchtet und zur Bekämpfung von Spinnmilben in Gewächshäusern ausgesetzt.

3.7 Nützliche Mikroorganismen

Zu den natürlichen Feinden von Schaderregern gehören auch verschiedene Mikroorganismen. Eine wichtige Rolle spielen z. B. Pilzkrankheiten bei den Blattläusen. So kann das Auftreten verschiedenster Entomophthora-Pilzarten, bei genügend Wärme und Feuchtigkeit, Blattlauskolonien in wenigen Tagen vernichten. Bakterien und Viren können zur Bekämpfung von Raupen (z. B. Bacillus thuringiensis) eingesetzt werden.
Es wird intensiv nach weiteren Möglichkeiten geforscht, Mikroorganismen zur Schädlingsabwehr einzusetzen.

3.8 Bodenorganismen

Zu den wichtigsten nützlichen Lebewesen im Land- und Gartenbau gehören die Bodenorganismen. Ihre enorme Tätigkeit wird gerne vergessen, da die meisten von ihnen von blossem Auge nicht sichtbar sind. Je besser ihre Tätigkeit gefördert werden kann, umso besser ist das Gedeihen der Kulturpflanzen und umso geringer ist dann auch der Schädlingsbefall.

Im folgenden soll kurz verdeutlicht werden, welche Mengen an Bodenlebewesen sich in unseren Kulturböden befinden können. Ein Wiesenboden besitzt normalerweise 7 % organische Substanz. Diese besteht zu 85 % aus Humus, zu 10 % aus Pflanzenwurzeln und zu 5 % aus Bodenleben. Das Bodenleben setzt sich normalerweise aus 40 % Pilzen und Algen, 40 % Bakterien und Actinomyceten, 12 % Regenwürmern und 8 % anderen Lebewesen zusammen.

Die nachstehende Tabelle gibt eine Übersicht über die fast unvorstellbar grosse Zahl von Lebewesen im Boden.

Durchschnittswerte für die wichtigsten Bodenorganismen pro m^2 Fläche und 30 cm Tiefe (nach Dunger, 1964)

Gruppe	Anzahl	Gewicht (g)
Mikroorganismen:		
Bakterien	1 Billion (10^{12})	50
Actinomyceten (Strahlenpilze)	10 000 Mio.	50
Pilze	1 000 Mio.	100
Algen	1 Mio.	1
Einzeller	0,6 Billionen	10
Bodentiere:		
Rädertierchen	25 000	0,01
Fadenwürmer	1 Mio.	1
Milben	100 000	1
Springschwänze	50 000	0,6
Borstenwürmer	10 000	2
Schnecken, Spinnen, Asseln, Vielfüsser, Insekten	800	10
Regenwürmer	80	40
Wirbeltiere (Mäuse u. a.)	0,001	0,1
Total Mikroorganismen und Bodentiere		266

Nützlinge	Bodenorganismen

Aufgrund dieser Zahlen hat es in einer Hektare Kulturland 1 Tonne Bakterien und Actinomyceten (pilzartige Bakterien), 1 Tonne Pilze und 400 kg Regenwürmer.

Nutzen: Bereits im vorangegangenen Kapitel wurde der Nutzen einzelner Bodenorganismen für den Land- und Gartenbau erläutert. Sie sind verantwortlich für den Abbau und Aufbau organischer Substanz zugunsten der Pflanzen. Sie sorgen für die Lockerung und Durchlüftung des Bodens. Diese Arbeit geschieht zudem kostenlos! Von diesen verschiedenen Organismen können Asseln und Tausendfüssler, die als Humusbildner sehr wichtig sind, bei zu starkem Auftreten Schaden verursachen. Asseln schaden gelegentlich an Pflanzen, besonders an Keimlingen in Treibhäusern und Treibbeet. Man sollte deshalb Säcke und Bretter, unter welchen sie sich gerne vermehren, nicht liegenlassen. Tausendfüssler entwickeln sich stark bei anhaltend feuchter Witterung. Sie können an Erdbeeren, Gurken und schlecht entwickelten Keimlingen fressen.

Förderung: Das Bodenleben braucht eine möglichst lückenlose Versorgung mit einer ihm bekömmlichen Nahrung. Es benötigt ferner einen ungehinderten Luftaustausch, günstige Temperaturen und Feuchtigkeit. Vor zu starken Witterungseinflüssen (Licht, Wärme, Kälte, Wind, Platzregen) ist es zu schützen.
Als wichtiger und bekanntester Vertreter des Bodenlebens wird der Regenwurm genauer beschrieben.*

Regenwürmer
Unter der Regenwürmern gibt es zwei hauptsächliche Arten:

Mistwurm oder Kompostwurm *(Eisenia foetida)*
Dieser hellrote Wurm hat gelbe Ringe und ist 6–8 cm lang. Er kann sich vor allem in frischem Mist und Kompost sehr rasch vermehren. Er ist sehr lichtempfindlich.

Gewöhnlicher Regenwurm *(Lumbricus terrestris)*
Er ist braun, dicker und länger als der Mistwurm und befindet sich vor allem in reiferem Kompost und in der Acker- und Gartenerde. Auch er ist lichtempfindlich.
Beide Arten sind zweigeschlechtig (Zwitter). Die Paarung erfolgt nachts bei warmfeuchtem Wetter. Die Vermehrung geschieht durch die Ablage von durchschnittlich 1 mm grossen Eiern. Nach etwa 21 Tagen schlüpfen 2–20 Jungwürmer, welche nach 3–4 Monaten geschlechtsreif sind.
Regenwürmer haben eine grosse Widerstandskraft gegen Verletzungen. Die Ernährung erfolgt durch Verdauung von mineralischer Erde und von pflanzlichen sowie tierischen Abfällen. Die Materialien werden mit Verdauungssekreten (Ausscheidungen) vermischt und als typische Regenwurm-Kothäufchen wieder ausgeschieden.

* Literatur:
  Dunger, W.: Tiere im Boden

Nützlinge	Bodenorganismen

Nutzen: Regenwürmer bauen organisches Material zu wertvollem Dünger um. Die Nährstoffe aus Abfällen und Bodenvorräten werden für die Pflanze verfügbar gemacht. Regenwurmkot weist aufgrund chemischer Untersuchungen 3–4mal mehr für Pflanzen aufnehmbare Nährstoffe auf als Vergleichserde. Pro Jahr können Regenwürmer auf einer Hektare Land 10–90 Tonnen Kot produzieren. Die Regenwürmer lockern mit ihren bis zwei Meter tiefen Gängen den Boden und stabilisieren mit ihren Körperausscheidungen die Gänge. Sie erleichtern den Pflanzenwurzeln das Herunterwachsen. Es ist ferner bekannt, dass die Regenwürmer in Obstanlagen mit Schorf infizierte Blätter nach dem Laubfall in den Boden hineinziehen und verdauen und damit zu einer Verminderung neuer Schorf-Infektionsherde im Frühjahr beitragen.

Förderung: Vor allem organische Düngung und eine Bodenbedeckung fördert die Regenwurmtätigkeit stark. Regenwürmer können gezüchtet werden; man setzt sie dann zur Kompostierung ein. Komposthaufen müssen vor Geflügel geschützt werden.

Notizen:

4. Schädlinge und Krankheiten*

Dieses Kapitel ist wie folgt gegliedert:
4.1 *Mangelerscheinungen*
4.2 *Pflanzenschäden durch chemische Stoffe*
4.3 *Klimaeinflüsse*
   Anschliessend sind die Schädlinge und Krankheiten wie folgt geordnet:
4.4 *Allgemeine Schädlinge und Krankheiten*
4.5 *Schädlinge und Krankheiten der Gemüsearten*
4.6 *Schädlinge und Krankheiten des Obstes*
4.7 *Schädlinge und Krankheiten der Beeren*
4.8 *Schädlinge und Krankheiten der Rebe*
4.9 *Schädlinge und Krankheiten an Zierpflanzen*

Innerhalb der einzelnen Gruppierungen ist die Reihenfolge alphabetisch. Die den einzelnen Pflanzen zugeordneten Übersichtstabellen sollen das Bestimmen der Schadursache erleichtern.
Nach dem Beschrieb der Schädlinge und Krankheiten sind die zutreffenden vorbeugenden und direkten Abwehrmassnahmen aufgezählt.

4.1 Mangelerscheinungen

Verfärbungen an den Blättern der Pflanzen können unter Umständen auf eine ungenügende Versorgung mit bestimmten Nährstoffen und Spurenelementen hindeuten. Es ist vorerst genau zu beobachten, ob nicht eine andere Schadursache vorliegt, da im Gartenbau, wo reichlich mit Kompost gearbeitet wird, ausgeprägte Mangelerscheinungen eher selten sind, wie z. B.:
a) Stickstoffmangel (Farbbild 16)
   Gelblich verfärbte Blätter, Verkleinerung der Blätter, Zwergwachstum.
b) Phosphormangel
   Dunkelgrüne bis purpurrote Verfärbung der Blätter, gehemmtes Wachstum.
c) Kalimangel
   Braunrote Verfärbung der Blätter (vor allem von der Blattspitze aus zwischen den Blattrippen), geringer Wuchs. Bei Obstbäumen rollen sich die Blätter nach oben und bilden braune vertrocknende Blattränder.
d) Magnesiummangel
   Die ältesten Blätter werden zwischen den Blattrippen gelb und später braun. Frühzeitiger Blattfall, schlechte Trieb- und Fruchtausbildung.

---

* Literatur
  Bovey, R.: La défense des plantes cultivées
  Keller, E.: Krankheiten und Schädlinge der landwirtschaftlichen Kulturpflanzen, Bestimmungsbüchlein
  Keilbach, R.: Die tierischen Schädlinge Mitteleuropas

Schädlinge und Krankheiten   Chemische Stoffe

e) Bormangel
Verkümmern der Triebspitzen, bei Kernobst verkorkte Stellen im ganzen Fruchtfleisch (bei Stippe nur unter der Oberfläche). Tritt vor allem bei Blumenkohl und Kohlrabi auf. Schlechte Blumenkopfbildung, auf Blume braune Stellen, die faulen; in Strunk typische Querrisse und Hohlräume. An Kohlrabiknollen schorfige Stellen, die platzen; fader Geschmack.

f) Chlorose
Die Blätter verlieren das Blattgrün und werden gelblich-weiss. Diese Stoffwechselstörung kann mit Eisenmangel, zu hohem Kalkgehalt, grosser Bodenfeuchtigkeit u. a. zusammenhängen. (Farbbild 17.)

Eine chemische Bodenanalyse kann Hinweise geben, ob die Mangelerscheinungen der Pflanze auch im Boden festzustellen und durch entsprechende Düngungs- und Bodenaktivierungsmassnahmen zu beheben sind. Bodenproben können an die landwirtschaftlichen Forschungsanstalten gesandt werden. Noch genauere Hinweise über den Gehalt des Bodens an Nährstoffen, Humus und wichtigen Spurenelementen sowie über seine biologische Aktivität geben die chemischen Analysen nach *Rispens* oder nach *Balzer.**

Mangelerscheinungen an Pflanzen hängen aber keineswegs immer mit dem Mangel des betreffenden Stoffes im Boden zusammen. Wenn sich die zahlreichen Stoffe im Boden nicht in einem bestimmten Verhältnis zueinander befinden, oder wenn die Bodenaktivität schlecht ist, kann das zu Blockierungen oder ungenügender Verfügbarmachung von Stoffen für die Pflanze führen. So handelt es sich bei der *Stippigkeit* beim Apfel, welche durch braune, bitter schmeckende Zellpartien unter der Fruchthaut gekennzeichnet ist, um einen Calciummangel in den Früchten. Dieser wird vor allem durch einseitig hohe Kali- und Stickstoffgaben verursacht, welche die Calcium-Versorgung der Früchte beeinträchtigen. Bei all diesen Vorgängen handelt es sich um sehr komplizierte Wechselwirkungen. (Farbbild 64.)

Für den Kleingärtner ist es wichtig zu wissen, dass mit einem möglichst vielseitig zusammengesetzten Kompost und einer ausreichenden, vorwiegend organischen Düngung keine Mangelerscheinungen bei seinen Produkten auftreten sollten.

4.2 Pflanzenschäden durch chemische Stoffe

Pflanzenschäden können auch durch die in der Luft und im Wasser vorkommenden Chemikalien sowie durch Pflanzenschutzmittel verursacht werden.

Werden Unkrautbekämpfungsmittel durch den Wind abgeweht, können sie bei Kulturpflanzen Chlorosen und Blattverdrehungen verursachen. Besonders empfindlich sind Kreuzblütler (Kohlgewächse); es entwickeln sich nur noch lose Blätter und es bilden sich keine festen Köpfe mehr.

Fungizide und Insektizide können bei Überdosis und falscher Handhabung ebenfalls schädigend wirken.

Fluoriertes und chloriertes Wasser sollte nicht über Pflanzen gegossen werden; wo immer möglich Regenwasser verwenden.

* Adressen für Bodenanalysen siehe Verzeichnis.

Schädlinge und Krankheiten   Klimaeinflüsse

Auch die Luftverschmutzung wirkt sich aus. Im Nahbereich von Autostrassen, Flugplätzen und gewissen Industrien hinterlässt Blei auf dem Erntegut Rückstände, welche Werte erreichen, die längerfristig für Mensch und Tier schädigend sind. Blei reichert sich laufend im Boden an und wird dort festgelegt. Es wirkt mit der Zeit hemmend auf das Pflanzenwachstum. Das Anpflanzen von dichten Hecken entlang der Strassen vermindert die Belastung.
Weitere Schwermetalle, Fluorgase, Schwefeldioxyd, Chlorwasserstoff, Rückstände mineralischer Öle und Streusalz wirken schädigend auf Pflanzen, Tier und Mensch.

4.3 Klimaeinflüsse

Verschiedene Schäden an Kulturpflanzen können durch Klimaeinflüsse verursacht werden:

a) Kälte
Wärmemangel verzögert das Wachstum der Jungpflanzen (vor allem bei Bohnen, Kartoffeln, Tomaten, Gurken) und macht diese anfällig für Pilzkrankheiten. Ein zu frühes Setzen oder Säen ist deshalb zu vermeiden, sofern nicht mit Plastikfolien ein gewisser Wärmeausgleich geschaffen werden kann.

b) Frost
Überwinternde Gemüsearten sind besonders in Wintern ohne Schneebedeckung gefährdet. Eine starke Sonneneinstrahlung bei gefrorenem Boden führt zum Auftauen der Pflanze, deren Zellen nachts wieder gefrieren und dadurch absterben können. Frühjahrsfröste schaden Neupflanzungen oder Saaten und führen zu Frostblasen, Blattkräuselungen, leicht verkorkten Frostringen an Früchten und Wachstumsstockungen. Vorbeugende Massnahmen:
— Schutz mittels Flachfolie oder Folientunnel.
— Abdecken der Pflanzen vor zu intensiver Sonneneinstrahlung (mittels Reisig, Strohmatten u. a.). Vor drohender Frostgefahr Boden nicht bearbeiten.
— Beregnung der Gemüsepflanzen abends und unter Umständen auch noch am frühen Morgen vor bzw. nach der Frosteinwirkung. Die Eisbildung setzt Umwandlungswärme frei, welche an die Pflanzen abgegeben wird.
— Im biologisch-dynamischen Anbau werden am Nachmittag vor erwarteter Frostnacht 3 Teel. Baldrianextrakt in 10 l lauwarmem Wasser kräftig verrührt und fein über die Pflanzen versprüht. Diese dürfen nicht nass werden (ca. 1 l für 5 Bäumchen).

c) Hitze
Eine übermässige Hitzeeinstrahlung kann vor allem bei Kulturen unter Glas oder Plastik zu Sonnenbrand-Schaden führen, besonders wenn nicht genügend gelüftet oder schattiert wird. Temperaturen über 35 °C können bereits zu Welkeerscheinungen oder gehemmtem Fruchtansatz führen. Auch bei Kernobst werden an Früchten, bei mangelnder Beschattung infolge zu starker Auslichtung, grosse dunkle Sonnenflecken sichtbar.

d) **Trockenheit**
Ein zu trockener Boden bringt bekanntlich keine vollentwickelten Produkte. Wassermangel führt unter anderem zu Welkeschäden und mangelnder Nährstoffnachlieferung aus dem Boden. Setzlinge oder aufkeimende Sämereien sind sehr anspruchsvoll. Bodenbedeckung mit organischem Material und regelmässiges Hacken (vor allem abends, damit die Abendfeuchte besser in den Boden eindringen kann) schont den Wasservorrat des Bodens.

e) **Nässe**
Stauende Nässe im Boden schädigt infolge von mangelndem Luftzutritt die Wurzeln und bringt Knollen zum Faulen. Standortwechsel, Untergrundlockerung oder Drainage sind zu empfehlen.

f) **Niederschläge**
Starke Niederschläge nach längerer Trockenheit führen vor allem bei Karotten, Kartoffeln, Sellerie zu spaltenförmigen Wachstumsrissen. Eine Bodenbedeckung mit organischem Material wirkt ausgleichend.

g) **Lichtmangel**
Ungenügende Belichtung führt zu unentwickelten Früchten und atypischer Farbentwicklung. Mangelndes Aroma und schlechte Haltbarkeit sind die Folge. Besonders bei Obstbäumen ist für eine genügende Auslichtung zu sorgen, um Schattenfrüchte zu vermeiden.

4.4 Allgemeine Schädlinge und Krankheiten

Ameisen

Wiesenameise *(Lasius flavus)*
Diese gelbliche Ameise wird 2–5 mm lang. Sie baut Lehmnester mit Kuppeln, die oft mit Gras durchwachsen sind. Sie lebt von Honigtau, besonders dem der Wurzelläuse.
Vorkommen: Bevorzugt feuchte Böden und Wiesen, gelegentlich auch unter Steinen.

Wegameise *(Lasius niger)*
Die Wegameise ist 4 mm lang. Sie ist mattschwarz und baut ihre Nester in der Erde (häufig um Pflanzenstengel herum).
Vorkommen: Sonnige, trockene Orte.
Schadbild: Weg- und Wiesenameisen können im Gegensatz zu den sehr nützlichen Waldameisen zu Schädlingen werden. Sie benagen Pflanzen an Wurzelhals und Rinde und fressen an Früchten, die von anderen Schädlingen schon angegriffen wurden (z.B. Erdbeeren nach Schneckenfrass). Sie betrillern Blattläuse, damit diese schneller saugen und entsprechend mehr süssen, flüssigen Honigtau abgeben. Die Ameisen schützen die Blattläuse vor ihren natürlichen Feinden, so dass sich schnell grosse Läusekolonien bilden und Saugschäden entstehen. Auch Pflanzenkrankheiten können von ihnen übertragen werden.

Schädlinge und Krankheiten	Allgemeine Schädlinge

Abwehr
Vorbeugend:
- Ameisen vertreibt man wirksam durch Nesseljauche oder andere, stark riechende Kräuterjauchen (besonders Wermut und Rainfarn).
- Tomatenblätter, Lavendel, Majoran oder Farnkraut auslegen.
- Nüsslisalat als Zwischenkultur säen.
- Algenkalk stäuben.

Direkt:
- Nester mit kochendem Wasser ausgiessen.
- Leimringe an Bäumen anbringen.
- Mit Honig gemischte Frischhefe oder Borax in Behälter aufstellen.
- Bei starkem Auftreten Nester mit Pyrethrum-Mitteln 2–3mal stäuben oder ausgiessen (schädigt Bodenleben).

Blattläuse *(Aphidina)*
Der Entwicklungszyklus der Blattläuse ist recht eigenartig. Die Tiere überwintern als Eier in Knospenwinkeln oder Rindenritzen von Büschen und Bäumen oder in Bodennähe an mehrjährigen Kräutern. Aus dem Winterei schlüpft im Frühjahr die Stammutter oder Fundatrix. Bis zum Herbst werden nun keine Eier mehr gelegt, sondern lebende Junge geboren (Viviparie). Bei Blattläusen sind dies alles Weibchen, die sich ohne befruchtet zu werden (parthenogenetisch) weitervermehren. Viviparie und Parthenogenese, aber auch die kurze Entwicklungsdauer der frisch geborenen Blattlauslarve bis zum ausgewachsenen Tier (ca. 8 Tage bei 20°C) sind Gründe, weshalb sich die Blattläuse enorm stark vermehren können. Von Frühjahr bis Herbst bilden die Tiere 13–16 Generationen. Im Herbst werden Männchen und Weibchen ausgebildet. Nach der Befruchtung gebären diese Weibchen keine lebenden Jungen mehr, sondern die widerstandsfähigen, schwarz glänzenden Wintereier.

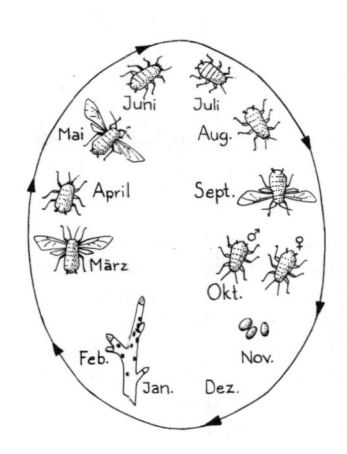

Ganz allgemein reagieren die Blattläuse auf ungünstige Umweltbedingungen (Lichtmangel, schlechter Zustand der Wirtspflanzen, zu grosse Dichte der Läuse) mit der Ausbildung geflügelter Tiere. Diese geflügelten Läuse sind ab Mai in allen Blattlauskolonien zu beobachten. Bei schönem Wetter fliegen sie aus den Kolonien weg und werden mit dem Wind z.T. über grosse Distanzen verfrachtet. Sie sind es, die auf einjährigen Gartenpflanzen Blattlauskolonien gründen.

Vorkommen: Blattläuse treten an den meisten Pflanzen auf. Wie eingangs erwähnt, erfolgt die Überwinterung an mehrjährigen Pflanzen (Winterwirt). Während einige auf diesen sesshaft bleiben, wechseln andere Arten im Frühsommer auf einjährige Kultur- und Wildpflanzen (Sommer-

Schädlinge und Krankheiten　　　　　　　　　Allgemeine Schädlinge

wirt). Die für die verschiedenen Blattlausarten wichtigen Wirtspflanzen sind beim jeweiligen Beschrieb aufgeführt. Es ist aber zu bedenken, dass ein konsequentes Spritzen dieser Pflanzen die Vermehrung der Nützlinge verhindert.

Schadbild: Schon bei geringer Dichte können Blattläuse Schäden durch Übertragung von Viruskrankheiten auf Kulturpflanzen verursachen. Dichte Kolonien entstehen, wenn die natürlichen Blattlausfeinde selten sind. Die zahlreichen Blattläuse entziehen den Pflanzen Nährstoffe und verursachen Blattverformungen und Wachstumshemmungen. Geschwächt werden die Pflanzen ausserdem durch den *Russtau,* einem schwarzen Belag auf den Blättern und Früchten. Dieser Belag wird von Pilzen verursacht, die sich auf den zuckerhaltigen Ausscheidungen der Blattläuse (Honigtau) ausbreiten. Vom Honigtau ernähren sich aber auch viele nützliche Insekten, z. B. die Bienen (Waldimkerei!). Um die Entwicklung von Russtau zu verhindern, muss eine Blattlausbekämpfung durchgeführt werden. (Farbbild 68.)

Abwehr
Vorbeugend:
– Ausgewogen ernährte Pflanzen ertragen, ohne geschädigt zu werden, weit stärkeren Blattlausbefall als schwächliche Pflanzen. Also keine Über- oder Unterdüngung, guten Standort wählen, gute Bodenpflege.
– Die natürlichen Feinde schonen und fördern: Marienkäfer, Schwebfliege, Schlupfwespe, Raubwanze, Ohrwurm (nicht alle Nützlinge treten zu gleicher Zeit und genügend rasch auf).*
– Bei schwachem Auftreten genügen oft folgende Massnahmen: Bodenlockerung, gute Bodenbedeckung, kräftiges Bewässern, Ausknipsen der befallenen Triebe, Brennesseljauchedüngung, Blattdüngung mit Algenflüssigdünger.

Direkt:
– Stäuben mit Algenkalkstaub, Asche oder Gesteinsmehl.
– Pflanzen mit starkem Wasserstrahl mehrmals gründlich abspritzen.
– Mehrfaches Spritzen mit Zwiebelschalentee, Kartoffelschalenbrühe, Rhabarberblätterbrühe oder Knoblauchauszug.
– An 3 aufeinanderfolgenden Tagen 10–12stündiges Brennesselwasser spritzen.
– Rainfarn- oder Wermuttee spritzen.
– Quassiaholz- oder /und Schmierseifenbrühe (einzeln oder gemischt) spritzen.
– Bei starkem Befall Pyrethrum- oder Pyrethrum-Rotenon (Derris)-Mittel einsetzen.

Dickmaulrüssler *(Otiorhynchus sulcatus)*
Der ungefähr 10 mm lang werdende Dickmaulrüssler gehört zu der grossen Familie der Rüsselkäfer. Er ist schwarz und hat die typische rüsselförmig verlängerte Kopfform. Er kann nicht fliegen und lebt tagsüber versteckt am Fusse der Pflanzen. Die Käfer schlüpfen ab Ende Mai. Nach dem Rei-

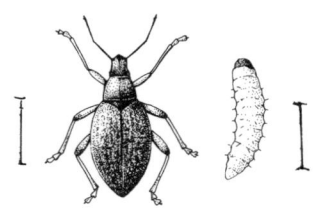

* Literatur: Suter, H./Keller, S.: Blattlausfeinde

Schädlinge und Krankheiten　　　　　　　　　　　　　　Allgemeine Schädlinge

fungsfrass von 4–5 Wochen erfolgt die Eiablage in den Boden, wobei jedes Insekt mehrere hundert Eier legt. Die Vermehrung erfolgt, wie bei den Blattläusen, parthenogenetisch.
Nach drei Wochen schlüpfen die engerlingartigen Larven. Sie werden ungefähr 10 mm lang und sind gelblichweiss mit braunem Kopf. Es bildet sich nur eine Generation im Jahr. Die Larven überwintern.

Vorkommen: Hauptsächlich an Zierpflanzen (Rhododendron, Rose, Erika), auch an Erdbeere und Rebe. Vor allem in torfreichen Böden.

Schadbild: Die Käfer fressen nachts an den Blättern, wobei die Frassstellen tief eingebuchtet sind. Die Larven fressen an Wurzeln und am Wurzelhals. Die Frasslöcher sind mit Kot gefüllt. Es können grosse Schäden entstehen.

Abwehr
Vorbeugend:
– Boden unter Pflanzen mit dicker Schicht Sägespänekompost, der mit organischen Hilfsdüngern, Grünalgen und Walderde aufgewertet wurde und ein starkentwickeltes Pilzleben enthält, abdecken.
– Die natürlichen Feinde wie Spitzmäuse, Igel fördern.
– Häufige Bodenbearbeitung.

Direkt:
– Die Käfer nachts ablesen (Mai/Juni).
– Larven im Wurzelbereich ausgraben. Pflanzen umsetzen.
– Rainfarntee, Pyrethrum- oder Rotenonmittel während Reifungsfrass auf Blätter spritzen. Zur Bekämpfung der Larven den Wurzelbereich freilegen und mit Rainfarntee ausgiessen.
– Eine grossflächige Bekämpfung ist wichtig.

Drahtwürmer

Larven der Schnellkäfer *(Elateridae)*

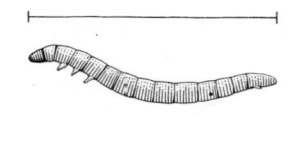

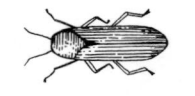

Der Drahtwurm ist dünn, walzenförmig, glänzend gelb mit dunkelbraunem Kopf. Er hat drei Beinpaare und sein Hinterende läuft in einen kurzen braunen Stachel aus. Er lebt bis zu 5 Jahren und wird 25 mm lang. Alle Larven der Schnellkäfer werden als Drahtwürmer bezeichnet. Die Larven schlüpfen von Juli bis anfangs August aus. Die 0,5 mm langen weissen Eier liegen 1–2 cm tief im Boden. Drahtwürmer sind sehr feuchtigkeitsliebend und gegen Trockenheit empfindlich. (Farbbild 18.)

Vorkommen: Sie treten besonders in den ersten Jahren nach dem Umbruch von Wiesenböden auf.

Schadbild: Die Larven gewisser Schnellkäfer fressen an Wurzeln von Salat und Getreide, beissen junge Pflanzen unterirdisch durch und fressen sich in Rüben und Kartoffeln ein. Die Frasslöcher sind viel kleiner als diejenigen der Engerlinge.

Schädlinge und Krankheiten — Allgemeine Schädlinge

Abwehr
Vorbeugend:
- Die natürlichen Feinde sind Maulwurf, Spitzmäuse, Laufkäfer und Vögel.
- Bei Wiesenumbruch vor Saatbestellung Hühner eintreiben.
- Im ersten Jahr Bohnen, Erbsen oder Kreuzblütler (Kohl u.a.), die weniger gefährdet sind, anbauen.
- Boden wiederholt bearbeiten und gut lockern, im Herbst Stallmist oder Kompost einarbeiten.
- In sauren Boden Kalk streuen.
- Kartoffeln früh ernten.

Direkt:
- Köder auslegen: Halbkartoffeln mit Schnittfläche nach unten fest in den Boden drücken (auch Möhren und Rüben eignen sich). Immer kontrollieren und einsammeln.
- Im Garten Salat als Fangpflanzen setzen.

Erdraupen

Larven verschiedener Eulenfalter *(Noctuidae)*
Eulenfalter sind mittelgrosse, meist graubraune Nachtfalter, die durch Licht oft in die Häuser gelockt werden. Die Vorderflügel werden in der Ruhestellung dachförmig über die helleren Hinterflügel gelegt, so dass ein Dreieck entsteht. Die erste Generation der **Saateule** *(Scotia segetum)* fliegt Ende Mai bis Ende Juli und die zweite von Mitte August bis Ende September. Andere ebenso schädliche Arten machen nur eine Generation und fliegen im Sommer. Alle Raupen sind lichtscheu und fressen meist nachts. Tagsüber halten sie sich in der Erde versteckt. Die dicken Raupen werden bis zu 6 cm gross. Sie sind schmutzig grau oder braun mit seitlichen Längsstreifen. Typisch ist das spiralförmige Einrollen, wenn sie gestört werden. Grosse Nässe vermindert ihre Entwicklung. Die Raupen überwintern im Boden.

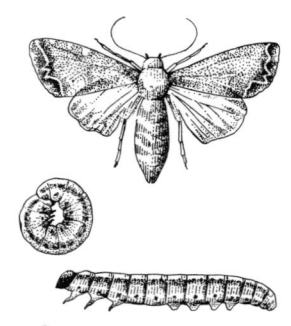

Vorkommen: Im Boden; vor allem an Setzlingen (Salat, Kohlgewächse) und an Erdbeere. Ferner an Radies, Spinat, Karotten, Sellerie, Kartoffeln u.a.

Schadbild: Sie fressen nachts, bereits zeitig im Frühjahr und wieder im Herbst zuerst die Blätter, dann Stengel und am Wurzelhals. (Farbbild 39.)

Abwehr
Vorbeugend:
- Vor allem Amseln fressen Erdraupen. Hühnereintrieb im Frühjahr vor der Bestellung der Beete.
- Farnkraut zwischen Pflanzen auslegen.
- Wiederholt 1–2 cm tief um die gefährdeten Pflanzen hacken.

Schädlinge und Krankheiten | Allgemeine Schädlinge

Direkt:
- Frühzeitiges Ablesen der Raupen, tagsüber im Boden und zwischen den Blättern, nachts mit einer Laterne.
- Fangen der Falter mit Lockfallen (Fruchtsaft, Melasse oder Bier) Ende Mai bis Ende Juli und Mitte August bis Ende November.
- Am späten Abend mit Bacillus thuringiensis gegen Erdraupen spritzen.
- Setzlinge, besonders am Wurzelhals, mit Rainfarn- oder Wermutbrühe angiessen.
- Bei starkem Befall ködern und vernichten mit einer Mischung von 200 g Kleie/ 20 g Zucker/20 ccm Pyrethrum, die mit 4 dl Wasser angefeuchtet wird (Quantum für 100 m^2 Pflanzfläche).

Maikäfer *(Melolontha melolontha)*
Der Maikäfer wird 20–23 mm gross. Er ist schwarz. Die Beine, Antennen und Flügeldecken sind rotbraun. Seine Larve, der Engerling, wird bis 65 mm lang. Sie ist gelblich, hat vorne Querfalten und behaarte Beine. Die runden Eier sind gelblich und werden in Häufchen in 15–25 cm Tiefe in die Erde gelegt. Die Käfer fliegen Ende April bis Mai. Nach der Begattung kehren die Weibchen an ihren Schlüpfungsort zurück, um die Eier abzulegen. Die Engerlinge schlüpfen im Juni bis Juli. Sie überwintern 30–40 cm tief im Boden, um im Frühling wieder unter der Erdoberfläche an Wurzeln zu nagen. Der Schaden ist in diesem zweiten Jahr am grössten. Sie überwintern noch einmal, um sich dann zu verpuppen und im dritten Jahr als Käfer zu fliegen.
Die ähnlichen, aber kleineren **Juni-** und **Gartenlaubkäfer** *(Amphimallon solstitiale* und *Phyllopertha horticula)* haben einen anderen Entwicklungszyklus. Ihre ebenfalls kleineren Engerlinge verursachen geringeren Schaden als die der Maikäfer.
Vorkommen: Wald, Feld und Garten.
Schadbild: Die Käfer fressen das Laub von Bäumen und Büschen. Die Engerlinge fressen an Wurzeln.

Abwehr
Vorbeugend:
- Natürliche Feinde der Maikäfer sind vor allem Spatzen, Krähen und Fledermäuse. Engerlinge werden auch vom Igel, Maulwurf und Grünspecht gefressen.
- Häufige Bodenbearbeitung vermindert die gegen mechanische Verletzungen empfindlichen Engerlinge stark.
- Beete während der Flugzeit mit (perforierter) Plastikfolie abdecken.

Direkt:
- Engerlinge ausgraben.
- Käfer von den Bäumen schütteln und einsammeln.
- Gegen Engerlinge in den Boden eingebrachte Bekämpfungsmittel (Insektizide) sind auch für die Regenwürmer schädlich.

Schädlinge und Krankheiten   Allgemeine Schädlinge

Maulwurfsgrille *(Gryllotalpa gryllotalpa)*
Erdkrebs, Werre
Sie ist eine 35–50 mm grosse, dunkelbraune, feinbehaarte Grille mit starken Vorderbeinen und Grabschaufeln. Die ockergelben Eier sind 2 mm lang und oval. Das Weibchen legt schubweise mehrere hundert Eier im Mai bis Juli in unterirdische Nester, die es bewacht und pflegt. Die Nester sind feste, faustgrosse Klumpen. Im Juni hört man das Zirpen der Männchen. Die Maulwurfsgrille überwintert als Larve. Die Gesamtentwicklung dauert 18–30 Monate. Es kommt nicht zu Massenvermehrung. Die Werre gräbt unregelmässige, fingerdicke Gänge, die sie in der Dämmerung verlässt. Sie läuft gut.

Vorkommen: Garten und Rebberg.

Schadbild: Frass vor allem im Frühjahr an Wurzeln und Knollen. Maulwurfsgrillen fressen aber auch Insekten und Würmer (Nutzen).

Abwehr
Vorbeugend:
– Die natürlichen Feinde sind Spitzmaus, Star, Amsel, Dachs.

Direkt:
– Glattwandige, 10 cm tiefe Gefässe ebenerdig eingraben, vor allem im April bis Mai.
– Nester ausnehmen.
– Gänge mit stark (z. B. nach Petrol) riechenden Lappen verstopfen.
– Mit dem Zeigefinger den waagrechten Gängen folgen bis zum senkrechten Haupteingang zum Nest. Diese Öffnung vorsichtig trichterförmig erweitern. Etwas altes Speiseöl hineingiessen und dann ganz langsam Wasser einlaufen lassen. Die Werren kommen an die Oberfläche, Eier und Jungtiere ersticken im Nest.
– Werren veraschen und Asche ausstreuen (s. Kap. 5.3).
– Bei sehr starkem Auftreten Gänge und Nester mit Pyrethrum-Mitteln ausgiessen (schädigt Bodenleben).

Nematoden
Älchen, Fadenwürmer
Die meisten schädlichen Nematodenarten werden nur bis zu 1 mm lang und sind farblos. Sie stechen das Pflanzengewebe mit einem Mundstachel an; der austretende Saft wird eingesogen. Ihre Speicheldrüsen geben Sekrete ab, welche zu Gewebsveränderungen führen können. Nematoden werden durch Wasser, Geräte, Verpackungen, besonders auch durch den Versand von Pflanzen mit Erdballen und durch Ernterückstände verschleppt.

Schädlinge und Krankheiten Allgemeine Schädlinge

Vorkommen: Das Auftreten von schädlichen Nematoden ist an den meisten Pflanzen, auch Unkräutern, möglich, vor allem bei ungenügendem Fruchtwechsel und grosser Feuchtigkeit. Im Hausgarten und im biologischen Anbau sind Nematodenschäden selten. Gewisse **Stengelälchen** *(Ditylenchus sp.)* und **Wurzelälchen** *(Pratylenchus sp.)* befallen Gemüse. An Zierpflanzen treten eher **Blattnematoden** (meistens *Aphelenchoides ritzemabosi)* auf, die fleckenhafte schwarze Färbung an den Blättern verursachen.

Schadbild: Nematoden befallen alle Pflanzenteile. Sie verursachen Veränderungen der Gewebe, z. B. durch die Bildung von Riesenzellen, Gallen oder Zysten. In den Wurzeln wird dadurch der Stofftransport unterbrochen. Die Wurzeln sterben ab und oberhalb der Befallsstelle bilden sich neue Wurzeln, die wieder befallen werden (Wurzelbärte). Auch entstehen Verstümmelungen und schlechte Früchte oder die Pflanzen vergilben und verwelken.

Abwehr
Vorbeugend:
— Von besonderer Wichtigkeit ist der Fruchtwechsel und die Förderung der Pflanzenentwicklung.
— Im Herbst Tonerdemehl (Kaolin, Bentonit) in Beete einarbeiten.
— Keine übermässige Stickstoffdüngung.
— Vermeiden des Einschleppens mit kranken Pflanzen, Erde und Kompost.
— Keinesfalls von Nematoden befallene Pflanzen oder das auf dem gleichen Beet stehende Unkraut kompostieren, sondern verbrennen.
— Von Wurzelnematoden *(Pratylenchus sp.)* verseuchte Beete (v. a. bei Kartoffeln) mit Tagetes, v. a. Tagetes nana, bepflanzen. Diese bringen durch ihre Wurzelausscheidungen die Nematoden zum Schlüpfen. Die Larven gehen dann aber, da sie sich von Tagetes nicht ernähren können, ein.

Schnaken *(Tipula ssp.)*
Sumpf-, Kohl-, Herbstschnake

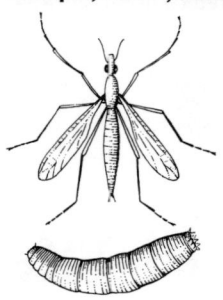

Die Schnaken haben Flügellängen zwischen 16–25 mm. Die Männchen sind je nach Sorte hell- bis dunkelgrau, die Weibchen zum Teil rötlich. Die Augen liegen unterseits. Schnaken legen 450–1300 Eier vor allem auf von Unkraut bewachsenen Böden. Je nach Sorte überwintern die Eier oder die Larven. Die schmutziggrauen Larven werden bis 4 cm lang. (Farbbild 19.)

Vorkommen: Die Schnaken treten während der ganzen Vegetationszeit besonders in feuchten Standorten und umgebrochenen Feldern, an Kartoffeln, Rüben, Gräsern und Klee auf.

Schadbild: Die Larven fressen tagsüber an den Wurzeln und Knollen, nachts am Stengelhals. Im Garten sind Schnaken in der Regel kein Problem.

Schädlinge und Krankheiten	Allgemeine Schädlinge

Abwehr
Vorbeugend:
- Natürliche Feinde der Schnaken sind vor allem Spitzmäuse, Igel, Werren.
- Gute Drainage und gute Bodenbearbeitung.
- Bei Befallsgefahr ein wenig Algenkalk um Setzlinge herum einarbeiten.

Direkt:
- Ködern der Larven mit einer Mischung von 200 g Kleie/20 g Zucker/20 ccm Pyrethrum, die mit 4 dl Wasser angefeuchtet wird. (Quantum für 100 m^2 Pflanzfläche bei starkem Befall.)

Schnecken

Nacktschnecken

Bei den in unseren Gärten schädlich werdenden Nacktschnecken handelt es sich um Gattungen der Familie der *Arionidae* und der *Limacidae*. Sie sind in Grösse und Farbe sehr verschieden. Bei Schnecken ist der Kopf vom Körper nicht deutlich abgesetzt und hat zwei Fühlerpaare; auf dem zweiten Paar sitzen die Augen. Sie haben einen Mantelschild mit Atemloch. Die Nacktschnecken atmen mit Lungen. Sie sind sich wechselseitig befruchtende Zwitter. Über eine längere Zeitspanne werden die runden, weissen Eier in Häufchen abgelegt, insgesamt 200–300 Eier. Nach der Eiablage altern die Tiere schnell und sterben ab. Nacktschnecken leben ungefähr 9–12 Monate. Sie haben eine hohe Körperfeuchtigkeit und sondern Schleim ab. Feuchtes Wetter sowie das Fehlen natürlicher Feinde führt zur Massenvermehrung.

Wegschnecken *(Arionidae)*

Die Farbe der bis 15 cm gross werdenden Wegschnecken kann ockergelb, braunrot, grau bis schwarz sein, wobei das Alter und der Standort sich auswirken. Die Haut ist grob gerunzelt. Rücken, Kopf und Fühler sowie die Zeichnung auf dem Mantelschild sind meist dunkel. Die Sohle ist hell bis orange, der Sohlenschleim farblos. Die Wegschnecken überwintern, gewisse Arten im Eistadium, in frostfreien Verstecken, wobei die kleinere, dunkle **Wald-Wegschnecke** *(Arion subfuscus)* mit der gelben Sohle kälteliebend ist. Ihre Legeperiode kann sich über den Spätherbst bis zum Frühling hinziehen. (Farbbild 20.)

Egelschnecken *(Limacidae)*

Die meisten Egelschnecken ziehen chlorophyllfreie Nahrung vor und sind vor allem Vorratsschädlinge (z. B. Kellerschnecken). Zu dieser Familie gehören aber auch die zwei sich ähnlichen **Ackerschneckenarten** *(Decoreceras reticulatum* und *D. agreste)*, die besonders schädlich werden. Die gelblichweissen, grauen oder auch rötlichbraunen Tiere haben dunkle Punkte oder Zeichnungen. Der Schleim ist kalkweiss. Sie werden 6 cm gross. Diese Schnecken sind besonders feuchtigkeitsliebend und leben deshalb zwischen Laub, unter Holz oder Steinen. Da sie auch lichtempfindlich sind, gehen sie nachts auf Nahrungssuche. Sie sind in der Bewegung träge und bleiben sesshaft. Ihre Entwicklung ist durch das

Schädlinge und Krankheiten Allgemeine Schädlinge

Klima bedingt. Sie verkriechen sich bei Kälte in den Boden, sterben aber bei starkem Frost.
Vorkommen: An allen Kulturen sowie an den meisten wildwachsenden Pflanzen.
Schadbild: Schnecken schaden durch Schab-, Loch- und Totalfrass; sie hinterlassen Schleimspuren. Nacktschnecken sind Allesfresser, die nebst welken und verwesenden Pflanzenteilen auch Kadaver von Kleintieren, Lurchen, Würmern u.a. vertilgen.

Abwehr
Vorbeugend:
– Die natürlichen Feinde fördern: Ganz besonders Aas- und Laufkäfer, Lurche und Kriechtiere (z.B. Blindschleiche), Igel, Spitzmäuse und Vögel. Der Weberknecht oder Zimmermann *(Opiliones)* sowie die Larven verschiedener Fliegen und Mücken und die des Glühwürmchens vertilgen Schnecken.
– Hühner, Enten (v.a. Laufenten) und Gänse halten.
– Schnecken werden von welkenden und faulenden Pflanzenteilen angezogen. Der Kompost und vor allem der Sammelhaufen sind deshalb vor der Zuwanderung der Schnecken durch konsequentes Einsammeln, Schneckenjauche, Steinplatten u.a. zu schützen. Es ist darauf zu achten, dass die Schnecken und ihre Eier nicht mit dem Kompost ausgetragen werden.
– Möglicherweise bevorzugen Schnecken junges, nicht ausgereiftes Pflanzenmaterial. Dies sollte man beim Mulchen berücksichtigen. Versuche zeigen aber, dass Mulchen die Schnecken begünstigt, der Frassschaden aber gering bleibt. Wird mit Rasenschnitt gemulcht, so sollte man diesen erst antrocknen lassen, damit Schnecken nicht eingeschleppt oder angelockt werden.
– Bodenabdeckung mit Fichtennadeln und Gerstenspreu.
– Knoblauch im Garten verteilt gepflanzt wirkt durch seinen Geruch leicht abwehrend.
– Eine schützende und abweisende Wirkung zeigen auch Auszüge, aus Pflanzen hergestellt, die von Schnecken gemieden werden. Ein Beispiel ist der Begonienauszug. Die Blüten und Blätter eines Begonienstockes *(Begonia semper florens)* werden zerkleinert und in 10 l Wasser während 1–2 Stunden angesetzt. Die Pflanzen sind vor dem Setzen in diesen Auszug einzutauchen oder gründlich damit zu begiessen. Weitere Versuche in dieser Richtung sind zu empfehlen.
– Schneckenjauche: In einer hiefür reservierten Spritzkanne sammelt man einige Schnecken *aller* Arten, die man durch Zerschneiden getötet hat. Man gibt Wasser dazu und lässt diese Jauche so lange stehen, bis die Schnecken in Verwesung übergegangen sind. Schnecken fressen ihre toten Artgenossen, werden aber durch die verwesten abgestossen. Systematisch alle gefährdeten Pflanzen und Saaten (kurz vor dem Aufgehen) sowie die Beete überbrausen. Den Inhalt der Kanne laufend ergänzen. Bei Regenwetter ist die Anwendung öfters zu wiederholen (s. Kap. 5.3).
– Beete mit Schneckenzaun umgeben (s. Kap. 5.4).

Schädlinge und Krankheiten　　　　　　　　Allgemeine Schädlinge

Direkt:
- Eine grossflächige Bekämpfung ist wichtig. Beim Ausbringen der Köder und Fallen ist zu berücksichtigen, dass das Verhalten der Weg- und Ackerschnecken verschieden ist. Wegschnecken wandern von relativ weit zu, wogegen Ackerschnecken standortgebunden sind. Im weiteren zeigen Versuche, dass Schnecken ein Erinnerungsvermögen haben; Köder sind deshalb am selben Ort auszubringen.
- Systematisches Einsammeln oder Zerschneiden. Bretter oder grosse Blätter auslegen, die Schnecken verkriechen sich tagsüber darunter.
- Die im Frühjahr und Herbst besonders stark auftretende Wald-Wegschnecke ist mit Kartoffelstücken, angefaulten Tomaten, Gurkenstücken oder Grapefruitschalen leicht zu ködern. Saatbeete können so vor der Saat weitgehend gesäubert werden.
- Lockfallen eingraben, die regelmässig mit frischem Bier gefüllt werden. Diese Fallen sind zu kontrollieren, da sie Käfer und andere Insekten auch anlocken (s. Kap. 5.4). (Farbbild 87.)
- Asche, Russ oder Gesteinsmehl wirken bei trockener Witterung ätzend und bedeuten einen gewissen Schutz, wenn man sie um die Pflanzen ausbringt. Wirksamer ist Ätzkalk, der aber nur bei grossen Schäden und sehr sparsam zu streuen ist, um eine örtliche Verätzung und Verkalkung des Bodens zu vermeiden. Man rechnet mit 20 g/m^2. Er ist zweimal innerhalb 30 Minuten morgens oder abends zu streuen, damit die Schnecken möglichst direkt getroffen werden können.

Gehäuseschnecken *(Helicidae)*
Die verschiedenen Arten werden nach Grösse und Gestaltung der Gehäuse bestimmt. Die Schnecken sind Zwitter. Über Winter wird das Haus zugemauert.
Am bekanntesten ist die **Weinbergschnecke** *(Helix pomatia)*. Sie hat ein kräftiges, gelb-braun bis weiss-graues, kugeliges Gehäuse von ca. 40 mm Durchmesser. Sie wird bis zu 7 Jahre alt und legt im 3. und 4. Lebensjahr Ende Juni bis August 60–70 Eier von 5–6 mm Länge in selbstgefertigte Erdlöcher. Die Weinbergschnecke ist in der Schweiz geschützt.

Vorkommen: Garten, Feld und Wiese.

Schadbild: Wie bei Nacktschnecken; sie fressen aber vorwiegend Verfaultes und gehören zu den Nützlingen, da sie die Eier der Nacktschnecken fressen.

Spinnmilben

Rote Spinne und andere Arten
Es gibt verschiedene Arten von Spinnmilben. Sie sind daran zu erkennen, dass bei ihnen Kopf und Brust verschmolzen sind und dass sie 4 Beinpaare haben. Die Larven haben aber nur 3 Beinpaare.
Ihre Körpergrösse beträgt nur etwa 0,5 mm. Die Körperfarbe wechselt von farblos zu grün, gelb oder rot.

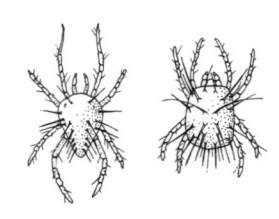

Schädlinge und Krankheiten　　　　　　　　　　Allgemeine Schädlinge

Im Laufe der Entwicklung werden verschiedene Stadien durchlaufen. Eine sehr starke Vermehrung ist möglich.
Die im Gemüsebau schädlichste Art ist die **Gemeine Spinnmilbe** *(Tetranychus urticae).* Diese gelblichen Milben überwintern als erwachsene Tiere in verschiedenen Verstecken wie lockerem Boden, Blattresten, in Ritzen von (Bohnen-) Stangen und Pfählen und an Obstbäumen, meist unter der Rinde am Wurzelhals. Sie sind sehr kältefest. Sie verlassen vor der Blüte der Obstbäume ihre Verstecke und wandern in den Boden.
Im Obst- und Weinbau ist die eigentliche **Rote Spinne,** die **Obstbaumspinnmilbe** *(Panonychus ulmi)* von Bedeutung. Diese leuchtend rote Spinnmilbenart überwintert im Eistadium und bleibt auf den Bäumen. Die Eier sind ebenfalls rot.
Die Entwicklung begünstigende Faktoren sind Wärme, Trockenheit, Überdüngung und Humusmangel.
Vorkommen: Spinnmilben befallen über 40 Wirtspflanzen: Gemüse, Obstbäume, Reben und Zierpflanzen (Hortensie, Zyklame u. a.). Besonders in Treibhäusern können sie bedeutende Schäden an Gurken verursachen.
Schadbild: Die Tiere leben vorwiegend auf der Blattunterseite. Durch ihre Saugtätigkeit zerfallen die Blattgewebe. Sie saugen die äussersten Blattzellen aus, diese füllen sich mit Luft. Die Blätter bekommen einen Bleiglanz und fallen vorzeitig ab. Die Gemeine Spinnmilbe überzieht ihre Wohnplätze mit einem feinen, dichten Netz, das die Entwicklung der Knospen und Triebe behindert. (Farbbilder 21, 31.)

Abwehr
Gewisse chemische Pflanzenschutzmittel können die Vermehrung der Spinnmilben fördern.
Vorbeugend:
– Von grosser Bedeutung ist die Schonung und Förderung der natürlichen Feinde, der Raubmilben und Raubwanzen.
– Mit der Stickstoffdüngung zurückhalten.
– Bei Düngung mit gehaltreichem Kompost (Algen- und Steinmehl-Zugabe) und Blattdüngung mit Brennessel-Schachtelhalmbrühe kommt es kaum zu einem Befall durch Spinnmilben.
– Durch Bewässerung und Bodenbedeckung für eine günstige Bodenfeuchtigkeit sorgen.
– Treibhäuser und Frühbeetkästen gut lüften.
Direkt:
– Gezielter Einsatz von Raubmilben in Gewächshäusern.
– Befallene Pflanzenteile verbrennen oder sorgfältig kompostieren.
– Abspritzen mit kaltem Wasserstrahl.
– Gärende Brennesseljauche, evtl. mit Bentonit (3–5 %), 2–3mal während 10 Tagen spritzen.
– Bei starkem Befall Pyrethrum- oder Pyrethrum-Rotenon (Derris)-Mittel spritzen.

Schädlinge und Krankheiten　　　　　　　　　Allgemeine Schädlinge

- Winterspritzung mit Mineralöl-Emulsionen und Stammanstrich bei Obstbäumen, um die Wintereier zu vernichten.

Thripse *(Thrips ssp.)*

Blasenfuss-Arten

Die Thripse sind 1–2 mm lang, gelb-bräunlich oder schwarz und bilden pro Sommer meistens drei Generationen. Die Larven sind hell gefärbt. Vollinsekten überwintern auf Pflanzenresten.

Vorkommen: Vor allem an Erbsen, Zwiebeln und Lauch, seltener an Gurken, Tomaten, Blumenkohl, Gladiolen sowie Obst. In Gewächshäusern und im Freien.

Schadbild: Thripse treten vor allem bei warmtrockener Witterung an vielen Pflanzen auf. Das Schadbild zeigt kleine weisse Flecken, die durch Ineinandergehen immer auffälliger werden. Die Blätter werden durch das Saugen der Larven und Insekten weissscheckig und die Blattunterseite schmierig. Auf Erbsenhülsen entstehen 5–6 mm grosse, buchtig begrenzte, graue Flecken. An Zwiebeln bilden sich viele kleine, silbrige, streifige Tüpfel. An Anzuchtspflänzchen von Blumenkohl verursachen sie Herzlosigkeit; an Tomaten sind sie Überträger der Bronzekrankheit. (Farbbilder 22, 30, 44.)

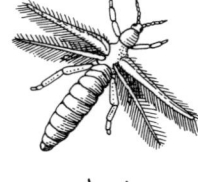

Abwehr

Vorbeugend:
- Die Pflanzen dürfen nicht zu trocken und zu warm stehen.
- Treibhäuser oder Treibbeete reichlich lüften und Pflanzen überbrausen.
- Erbsen und Zwiebeln früh aussäen, bzw. setzen.
- Beizen der Setzlinge und Setzknollen mit Heisswasser oder Saatbeizen (z. B. mit Lehmalgenextrakt) vermindert eine Verschleppung der Thripse.

Direkt:
- Spritzen oder Stäuben mit Rotenon (Derris)-Mitteln.

Weisse Fliege

Kohlmottenschildlaus *(Aleurodes prodetella)*

Diese 1–2 mm grosse Weisse Fliege tritt in milderen Klimagebieten besonders in trockenen Spätsommern und Herbsten auf. Die Flügel sind rein weiss und werden in der Ruhestellung dachförmig gehalten. Der Körper ist gelblich, aber das ganze Insekt ist mit Wachs weiss bestäubt. Die Weisse Fliege findet man auf der Blattunterseite, auf der sie auch die Eier ablegt. Die Larve ist gelblichgrün. Eier, Larven und die weiblichen Insekten können an Kohlpflanzen überwintern. Die Weisse Fliege wird mit den Pflanzen verschleppt.

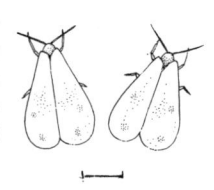

Schädlinge und Krankheiten Allgemeine Schädlinge

Vorkommen: Vor allem an Kohlgewächsen. In Gewächshäusern tritt die *Trialeurodes vaporariorum* an Tomaten, Gurken und verschiedenen Blumen auf.
Schadbild: Saugflecken an Blättern. Schaden entsteht durch Verschmutzung infolge der starken Honigtau-Ausscheidung, auf die meist eine Russtau-Bildung folgt. (Farbbilder 23, 52.)

Abwehr
Vorbeugend:
— Boden durch Giessen und Mulchen feucht halten.
— Abgeerntete Rosenkohl- und Federkohlstrünke entfernen, kompostieren oder verbrennen.
— Treibhäuser und Treibbeetkästen gut lüften.

Direkt:
— Brennesselwasser spritzen.
— Bei starkem Befall Pyrethrum-Mittel oder Pyrethrum-Rotenon (Derris)-Mittel im Abstand von 10 Tagen spritzen (am besten morgens). Die schlüpfenden Larven sind besonders empfindlich.
— Im Erwerbsanbau in Gewächshäusern liegen bereits gute Erfolge mit dem Einsatz der Zehrwespe *(Encarsia)*, einem natürlichen Feind der Weissen Fliege, vor.

Wühlmäuse *(Microtidae)*

Neben der **Feldmaus** *(Microtus arvalis)* tritt hauptsächlich die **Schermaus** *(Arvicola terrestris)* als schädliche Wühlmausart auf. Die irreführenderweise auch Wasserratte genannte Schermaus wird bis 18 cm gross und ist gelbbraun bis schwarz. Die Ohren sind fast im Fell versteckt, der Kopf ist plump. Der Schwanz ist bis 10 cm lang. Die Maus lebt in allen Bodenarten und bevorzugt die Nähe von Wasser. Sie ist Tag und Nacht aktiv. Ihre Kammern legt sie 30–50 cm tief an. Im Gegensatz zum Maulwurf sind die Gänge mehr hochoval. Die Erde wird in unregelmässigen Haufen ausgestossen. Neben Grünteilen fressen Schermäuse manchmal auch Insekten, Muscheln, Amphibien und Vogeleier. Sie haben 2–4mal jährlich 2–7 Junge, die nach 2 Monaten geschlechtsreif sind. Schermäuse halten keinen Winterschlaf und leben ca. 2 Jahre.
Die **Feldmaus** *(Microtus arvalis)* wird ohne Schwanz 10–12 cm gross. Sie ist gelbgrau, die Ohren sind im Pelz gut sichtbar. Sie lebt gesellig. Ihr Bau liegt bis 50 cm tief im Boden und hat mehrere Gänge an die Oberfläche. Der Boden sieht deshalb durchlöchert aus. Die Löcher sind durch kleine Weglein verbunden. Haufen werden keine aufgeworfen. Die Feldmaus hat 4–6 Würfe mit 5–10 Jungen im Jahr.
Beide Mausarten neigen zu Massenvermehrung, doch brechen die Populationen wieder zusammen. Das Fehlen natürlicher Feinde (z. B. Füchse, Raubvögel, Wiesel) begünstigt ihre rasche Vermehrung.

Schädlinge und Krankheiten　　　　　　Allgemeine Schädlinge

Vorkommen: Garten, Feld, ungenutzte Wiesen.
Schadbild: Schermäuse fressen an Wurzeln, die Feldmäuse an der Rinde von Obstbäumen und Rosen sowie an Gemüse und Erdbeeren. Sie hinterlassen im Unterschied zum Engerlingsfrass Nagespuren. Durch ihre Erdhaufen behindert die Wühlmaus das Mähen. Mäuse übertragen Infektionskrankheiten.

Abwehr
Vorbeugend:
- Die Schonung der Raubvögel ist wichtig (Sitzstangen aufstellen).
- Katzen halten.
- Unterschlupf für Wiesel schaffen durch Liegenlassen von Steinhaufen.
- Regelmässiger Grasschnitt.
- Gute Kontrolle unter der Mulchdecke (v. a. Baumscheibe, im Herbst).
- Mäuseabweisende Pflanzen (s. Kap. 5.1) zwischen den Kulturen anbauen (z. B. Steinklee, Kaiserkrone, Hundszunge, Knoblauch). Die Wirkung dieser Pflanzen ist in Tonböden geringer.
- Beim Setzen junger Bäumchen die Wurzeln mit engem Drahtgeflecht, das bis zum Wurzelhals reicht, umgeben.
- Abdecken mit Nussbaumblättern.
- Holunderjauche, Zierwacholderschnitzel, Thujaschnitt, Knoblauch oder Fischabfälle in Gänge geben.
- Flaschen zur Hälfte in die Erde eingraben; der Wind verursacht einen Pfeifton, der die Mäuse vertreibt.

Direkt:
- Eine grossflächige Bekämpfung der Mäuse ist wichtig.
- Das Fangen der Mäuse mit Fallen ist eine wirksame Methode, erfordert aber Geschicklichkeit und Erfahrung. Mäuse sind sehr empfindlich auf menschlichen Geruch. Fallen nicht mit Händen berühren. Um festzustellen, ob ein Gang noch benützt wird, muss man ihn öffnen und abwarten, ob die Maus ihn wieder schliesst. Sind die Fallen an Ort gebracht, muss der Gang leicht abgedeckt werden.
- Wiederholt gefangene Mäuse veraschen und Asche ausstreuen (s. Kap. 5.3).
- Pflanzliche Giftköder wie z. B. Wühl-ex oder Quiritox oder die Samen der Wolfsmilchart, Euphorbia enthyrus, in Gänge geben.
- Es ist möglich, Mäuse in ihren Gängen mit Kohlenmonoxid (Auspuffgas von Benzinmotoren) zu vergasen. Nur in feuchten Böden wirksam.

Wurzelläuse *(Pemphigus sp.)*
Die runden, hellen, oft gepuderten Wurzelläuse entwickeln im Wurzelbereich starke Kolonien. Die Wiesenameise sammelt den von ihnen ausgeschiedenen Honigtau. Sie treten deswegen oft gemeinsam auf.
Vorkommen: An Salat, Bohne, Karotte, Artischocke (Kardengewächse), Zierpflanzen. Hauptwirt ist die Schwarzpappel.
Schadbild: Die Saugtätigkeit der Läuse an den Wurzeln verursacht rasches Welken und Absterben der Pflanzen.

Schädlinge und Krankheiten   Allgemeine Krankheiten

Abwehr
Vorbeugend:
− Pflanzen gut wässern.
− Pflanzenwachstum fördern durch mehrmalige Gaben von Brennesseljauche.
− Gute Bodenbearbeitung.
− Für den Grossanbau sind resistente Salatsorten (z. B. Avondefiance) erhältlich.

Direkt:
− Freigelegten Wurzelbereich mit Rainfarnbrühe (evtl. wiederholt) ausgiessen.
− Topfpflanzen umtopfen, Wurzelbad.

Grauschimmel *(Botrytis sp.)*

Die Pilze überwintern als Myzel auf abgestorbenen Pflanzenteilen. Die Graufäule gilt allgemein als «Schwächeparasit». Bei ausgeprägtem Befall ist somit der Verbesserung der Wachstumsbedingungen besondere Aufmerksamkeit zu schenken.

Vorkommen: Es kommt vor allem in nassen Jahren zum Befall von verschiedenen Obst- und Gemüsearten. Besonders anfällig sind Trauben, Erdbeeren, Himbeeren, Zwiebeln, Salat, Gurken. Der Pilz tritt auch an Geranie, Gladiolenknolle, Primel, Tulpe, Zyklame und anderen Blumen im Freiland und Treibhaus auf.

Schadbild: Befallene Organe zeigen grauen, flächigen Schimmelbelag. Das Gewebe stirbt rasch ab, und es entstehen grosse rotbraune Flecken auf Blättern und Früchten. (Farbbilder 76, 83.)

Abwehr
Vorbeugend:
− Einseitige Stickstoff-Düngung vermeiden.
− Bodenlockerung, gute Bodenstruktur und Wasserführung.
− Wichtig ist die gute Durchlüftung und Lichtdurchlässigkeit der Kulturen, daher weite Pflanzenabstände, Entlaubungsarbeiten.
− Gute, lockere Bodenbedeckung.
− Boden mit Basalt-, Gesteins- oder Algenmehl düngen (vor allem bei sauren Böden).
− Beete und Pflanzen im Herbst und Frühling mit starker Schachtelhalmbrühe überbrausen. Bei Beeren und Reben kann noch 0,5–1 % Wasserglas beigemischt werden.
− Förderung des Jugendwachstums mit pflanzlich-mineralischen Pflegemitteln (z. B. Algenextrakten und Brennesseljauche).
− Frühzeitiges Entfernen und Verbrennen befallener Pflanzenteile.
− Sortenwahl beachten.
− Knoblauch zwischen gefährdete Kulturen setzen.
− Setzlinge vor dem Pflanzen in Ledax-san (Bio-S)-Wurzelbad geben und damit angiessen.

Schädlinge und Krankheiten   Allgemeine Krankheiten

(Echter) Mehltau

an Gurke	*(Erysiphe chicoracearum)*
an Apfel und Quitte	*(Podosphaera leucotricha)*
an Aprikose	*(Podosphaera tridactyla)*
an Pfirsich	*(Sphaerotheca pannosa)*
an Erdbeere	*(Sphaerotheca macularis)*
an Stachelbeere	*(Sphaerotheca mors-uvae)*
an Rebe	*(Uncinula necator)*
an Rose	*(Sphaerotheca pannosa var. rosae)*

Die Pilze des Echten Mehltaus treten auch bei trockenem Wetter auf. Der Pilz überträgt sich im Sommer von Pflanze zu Pflanze. Jede Pflanzenart wird aber von einer für sie spezifischen Pilzart befallen. Erst gegen Ende der Vegetationszeit tritt die Krankheit stärker auf, daher ist sie nicht sehr schädlich.

Vorkommen: An Gurken, Obst, Beeren, Reben.

Schadbild: Auf den Blättern erst mehlige Punkte, dann ober- und unterseits Belag. Die Blätter vertrocknen vorzeitig. (Farbbilder 61, 80).

Abwehr

Vorbeugend:
- Weniger anfällige Sorten pflanzen.
- Nicht zu dicht pflanzen.
- Triebige Düngung vermeiden.
- Treibhaus gut lüften.

Direkt:
- Schachtelhalmbrühe allein oder in Kombination mit 0,5–1 % Wasserglas spritzen.
- Bei stärkerer Befallsgefahr Ledax-san (Bio-S) oder Netzschwefel spritzen (beim ersten Auftreten der Flecken).

(Falscher) Mehltau

an Kartoffel, Tomate	*(Phytophtera infestans)*
an Kohlarten	*(Peronospera brassicae)*
an Spinat	*(Peronospera spinaciae)*
an Zwiebeln	*(Peronospera destructor oder schleideni)*
an Salat	*(Bremia lactucae)*
an Reben	*(Plasmopara viticola)*

Der Pilz überwintert als Myzel auf abgestorbenem Pflanzenmaterial. Während der Vegetationsperiode kommt es zur Infektion durch Spaltöffnungen. Besonders in nassen Jahren ist eine rasche Ausbreitung möglich, in trockenen Jahren ist der Pilz praktisch ohne Bedeutung.

Vorkommen: An verschiedenen Gemüsen und an Rebe. Im allgemeinen sind beim Falschen Mehltau die verursachenden Pilze an ihre spezifischen Wirtspflanzen gebunden.

Schädlinge und Krankheiten　　　　　　　　　Allgemeine Krankheiten

Schadbild: Es entstehen weisslichgelbe Flecken auf der Blattoberseite und auf der Blattunterseite zeigt sich ein weisser bis grauvioletter Pilzbelag. Später sterben die Blattspitzen ab. Bei Zwiebeln ist der Falsche Mehltau gefährlich, da meist die ganzen Blätter absterben und dadurch das Wachstum der Zwiebeln unterbrochen wird. (Kleine Früchte mit schlechter Lagerfähigkeit.) (Farbbilder 25, 49, 82.)

Abwehr
Vorbeugend:
- Boden gut locker halten.
- Nach starkem Befall mindestens 3jähriger Fruchtwechsel.
- Anbau in feuchten Lagen vermeiden.
- Für gute Durchlüftung durch genügend Pflanzenabstände sorgen.
- Sortenwahl, z. B. bei Salat, Spinat, Kartoffel (resistente Sorten).
- Setzlinge über Nacht in Lehm, den man mit Schachtelhalmbrühe verflüssigt, einlegen.
- Jungpflanzen mit Algenextrakten oder Brennesseljauche stärken.
- Wiederholt vorbeugend mit Schachtelhalmbrühe oder pflanzlich-mineralischen Pflanzenpflegemitteln, z. B. Ledax-san (Bio-S), in Deutschland auch mit Ledax-Mikrob (SPS), bis spätestens 3 Wochen vor der Ernte spritzen.
- Bei starker Befallsgefahr können Kupfermittel verwendet werden.

Direkt:
- Kranke Pflanzenreste sorgfältig beseitigen und gut kompostieren oder verbrennen.

Schwarzbeinigkeit, Keimlingskrankeiten
Verschiedene Pilzarten *(Pythium debaryanum u. a.)*

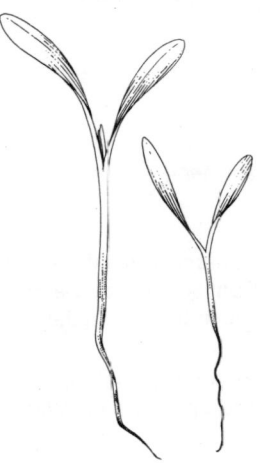

Die Pilze leben im Innern der Wirtszellen. Sie befallen die Keimlinge und Jungpflanzen verschiedener Gemüsearten. Sie treten besonders stark bei hoher Luftfeuchtigkeit, stauender Nässe und bei Bodenverdichtungen auf sowie bei stark sauren Böden.

Vorkommen: Vor allem an Kohlarten, aber auch an Gurken, Tomaten, Salat, verschiedenen Zierpflanzen.

Schadbild: Es bilden sich weiche, dunkle eingeschnürte Stellen an der Stengelbasis. Diese trocknen rasch fadenförmig ein. Der Befall führt zum Umfallen und dann zum Verlust der ganzen Pflanze. Ein später Befall oder ein starkes Wachstum der Kulturpflanze vermindert den Verlust erheblich. (Farbbild 24.)

Schädlinge und Krankheiten	Allgemeine Krankheiten

Abwehr
Vorbeugend:
- Verwendung frischer Anzuchterde unter Beimischung von Reifekompost, Sand, Gesteinsmehl, Tonerdemehl und Torf.
- Gute Saatbeetvorbereitung.
- Wichtig ist die Verwendung von gesundem, schnell wachsendem Saatgut.
- Nicht zu dicht säen oder setzen und möglichst frühzeitig pikieren.
- Die Erde mit Schachtelhalmbrühe oder Ledax-san (Bio-S) überspritzen. Auflaufende Sämlinge mit Schachtelhalmbrühe oder Algenextrakten überbrausen.
- Treibbeetkasten häufig lüften.
- Beim Verpflanzen die Wurzeln der Setzlinge in Lehm/Schachtelhalmbrühe tauchen (Wurzelbad).
- Auf Fruchtwechsel achten.
- Saatbeize oder Saatbäder (s. Kap. 6.1).

Viruskrankheiten, Mykoplasmen

Erreger von Viruskrankheiten und Mykoplasmen sind allerkleinste Lebewesen, die sogenannten Viren, die im Saft der Pflanzen leben. Sie können durch direkten Kontakt von Pflanzenteilen, durch Insekten (v. a. Blattläuse) und im Boden durch Nematoden übertragen werden.

Vorkommen: An vielen Pflanzenarten.

Schadbild: Viruskrankheiten an Pflanzen können sehr unterschiedlich aussehen. Meistens handelt es sich um eigentümliche Verformungen, wie z. B. Zwergwuchs, verkrüppelte Früchte oder um mosaikartige Verfärbungen der Blätter. Der Besenwuchs beim Apfel wird durch Mykoplasmen verursacht.

Abwehr
Vorbeugend:
- In Baumschulen und Gärtnereien virusfreie Jungpflanzen verlangen.
- Magermilch-Spritzungen schützen vor dem Befall durch gewisse Viruskrankheiten.
- Werkzeuge (v. a. Baumscheren) nach Kontakt mit viruskranken Pflanzen gut reinigen. Viruskranke Bäume erst zuletzt schneiden.
- Verhindern, dass gesunde Pflanzen mit befallenen in Kontakt kommen.
- Bekämpfung der Überträger.

Direkt:
- Sofortiges Entfernen und Verbrennen befallener Pflanzen.

4.5 Schädlinge und Krankheiten an Gemüse

Bohne

Schadbild	Schädling/Krankheit	Seite
Blätter, Stengel, Triebe		
Schwarze Läuse, Verkümmern der Triebe	Bohnenblattlaus	66
Frass, Schleimspuren	Schnecken	55
Blätter weisslich, unterseits sehr kleine, gelbe oder rötliche Tiere	Gemeine Spinnmilbe (selten)	57
Madengänge in Keimblättern, Keimling zerstört	Bohnenfliege	67
Blattrand bogenförmig benagt	Erbsenblattrandkäfer ▶ Farbbild 29	71
Braune Flecken, rötliche Sporen	Brennfleckenkrankheit ▶ Farbbilder 27, 28	68
Wässerige, durchscheinende Flecken mit hellem Rand, später eingetrocknet	Fettfleckenkrankheit ▶ Farbbild 28	69
Braune Sporenlager, später dunkle Tüpfel	Bohnenrost	67
Hell und dunkel gescheckt	Mosaikkrankheit, der Virus wird durch Blattlaus übertragen	65
Hülsen, Samen		
Schwarze, stäubende Sporenpusteln	Bohnenrost	67
Braune Flecken mit schwarzem Rand, rötliche Sporen	Brennfleckenkrankheit ▶ Farbbilder 27, 28	68
Dunkelgrüne, wässerige Flecken	Fettfleckenkrankheit ▶ Farbbild 28	69

Bohnenblattlaus *(Aphis fabae)*

Diese Blattlaus ist schwarz bis grünschwarz. Die Beine und Fühler sind gelblichweiss. Ameisenbesuch.

Vorkommen: Winterwirt: Gemeiner Schneeball, Pfaffenhütchenstrauch. Sommerwirt (ab Ende April): Saubohne, Mohn, Tomate, Gurke, Bohne, Rhabarber, Dahlie, verschiedene Kräuter.

Schadbild: Die Triebe verkümmern, kein Fruchtansatz.

Abwehr
Siehe Blattläuse (Allgemeine Schädlinge)

Schädlinge und Krankheiten　　　　　　　　　　　　　　　　　　　　Bohne

Direkt:
— Bei geringem Befall Rhabarbertee spritzen.

Bohnenfliege *(Hylemya platura)*
Wurzelfliege

Die graue Fliege ähnelt der Stubenfliege, ist aber etwas kleiner. Sie legt ihre Eier an Keimlinge im Boden. Die Maden verpuppen sich oberflächlich im Boden. Es entwickeln sich mehrere Generationen. Die Puppen überwintern. Die Maden der ersten Generation im Frühling sind, vor allem bei kühler Witterung, die schädlichsten. Pflanzen mit Keimhemmungen werden besonders stark befallen.

Vorkommen: An Bohne, seltener an Erbse, Spinat, Salat und anderen Pflanzen.

Schadbild: Die Maden fressen sich in das Saatgut noch vor dem Keimen ein; auch fressen sie an Keimblättern, am Wurzelhals sowie an ersten Blättern. Es kommt zu Fäulnis durch Bakterien.

Abwehr
Vorbeugend:
— Keinen frischen Mist geben.
— Reifekompost mit Gesteinsmehl oder Basaltmehl ausbringen.
— Aussaat nicht in kalten und nassen Boden vornehmen.
— Aussaaten leicht mit Algenkalk überstäuben.
— Jungpflanzen durch Angiessen mit Pflanzenjauche oder Algenextrakten im Wachstum fördern.
— Boden gut durcharbeiten und 10–14 Tage warten bis zur Saat.
— Wichtig ist das Anhäufeln der Bohnen.
— Mischkultur mit Tomaten und Bohnenkraut.
— Bohnen nicht nach Spinat, Salat oder Kohl anbauen.
— Rasches Keimen mit Saatbeize fördern und schützen.

Direkt:
— Ist an den Kulturen die Bohnenfliege aufgetreten, so ist im darauffolgenden Jahr vor der Aussaat das Beet mit Rainfarn- oder Wermuttee zu überbrausen.
— Befallene Pflanzen sofort verbrennen.

Bohnenrost *(Uromyces ssp.)*

Der Pilz überwintert auf Ernterückständen. Im Frühjahr kommt es zum Befall von Blättern und Trieben, später auch von Hülsen. Die Sporen werden vom Winde übertragen.

Vorkommen: An Bohne, v. a. Stangenbohne, hauptsächlich im Spätsommer bei hoher Luftfeuchtigkeit.

Schadbild: Pilzpusteln auf Blattunterseiten, Stengeln und Hülsen; zuerst braun, später bis schwarz. Auf der Blattoberseite gelbe Buckel.

Schädlinge und Krankheiten						Bohne

Abwehr
Vorbeugend:
- Wenig anfällig sind die Sorten Weinländerin und Neckarkönigin.
- Stangenbohnen an Stahldrahtstangen oder Schnüren aufziehen.
- Bodenbedeckung (Mulchen).
- Weite Pflanzabstände.
- Gesteinsmehl stäuben.
- Vor dem Winter und im Frühjahr Beete wiederholt mit Schachtelhalmbrühe behandeln. Gefährdete Jungpflanzen mit Schachtelhalmbrühe überbrausen.

Direkt:
- Wichtig ist die Vernichtung oder gute Kompostierung der Ernterückstände.
- Desinfizierung der Bohnenstangen mit 3 % Kupfersulfat.

Brennfleckenkrankheit

Bohne *(Colletotrichum lindemuthianum)*
Erbse *(Ascophyta sp.)*
Der Pilz überwintert auf abgestorbenen Pflanzenteilen. Er befällt Blätter, Stiele und Früchte. Dort kann das Myzel bis zu den Samen eindringen, die zwar ihre Keimfähigkeit behalten, doch tritt das Krankheitsbild dann im Frühling bereits bei den Keimlingen auf. Die Jungpflanzen sterben meist ab. Der Pilz verbreitet sich rasch auf gesunde Pflanzen. Nasses, kühles Wetter begünstigt die Entwicklung.

Vorkommen: An Bohne und weniger häufig an Erbse.

Schadbild: Runde bis längliche, braune, meist eingesunkene Flecken mit schwarzer Umrandung. Auf den Flecken bildet sich ein Sporenlager, auf dem bald rötliche Schleimtropfen sichtbar werden. Diese enthalten grosse Mengen Sporen. (Farbbilder 27, 28.)

Abwehr
Vorbeugend:
- Weite Fruchtfolge.
- Weite Pflanzabstände.
- Sorgfältige Kontrolle des Saatgutes auf Flecken.
- Resistente Sorten wählen.
- Nur von gesunden Pflanzen Samen nachziehen.
- Angiessen der Pflanzen mit Schachtelhalmbrühe und Spritzen mit Ledax-san.
- In befallenen Beständen bei feuchtem Wetter Pflück- und Pflegearbeiten unterlassen.

Schädlinge und Krankheiten   Bohne

Direkt:
- Verbrennen aller befallenen Keimlinge und Pflanzenrückstände.
- Samen mit Ledax-san (Bio-S) oder Wasserglas (ca. 15 Min.) beizen. (Ins Sameninnere eingedrungene Pilzfäden werden aber kaum erfasst.)

Fettfleckenkrankheit *(Pseudomonas phaseolicola)*
Diese gefährliche Bakterienkrankheit wird hauptsächlich durch das Saatgut übertragen. Sie befällt Blätter, Hülsen und Samen. Feuchtes, windiges Wetter mit darauffolgender Hitze und Trockenheit zur Zeit des Blütenansatzes führt zu grossen Ausfällen. Es entstehen Flecken mit weissem Schleim. Dieser enthält grosse Mengen Krankheitserreger, die durch Regen und Wind sowie durch Schnecken verbreitet werden.
Vorkommen: An Bohne.

Schadbild: Die Krankheit tritt zuerst an den Blättern auf. Es bilden sich kleine, eckige, ölige, durchsichtige Flecken, die breite gelbliche Ränder haben. Darauf werden die Blätter braun und sterben ab. Die Pflanze geht in wenigen Tagen zugrunde. An den Hülsen entstehen runde, dunkelgrüne, feuchte Flecken, manchmal mit rotem Rand. Durch die Hülsenwand dringen die Bakterien zum Samen ein. Hier bilden sich bräunliche, eingesunkene Flecken. (Farbbild 28.)

Abwehr
Vorbeugend:
- Anfällige Sorten meiden. Wenig anfällig sind die Sorten Saxa und Granda.
- Nur gesundes Saatgut aus gesunden Feldern verwenden.
- Saatbeize nützt nur beschränkt.
- Weite Fruchtfolge einhalten.

Direkt:
- Es gibt keine wirksame direkte Bekämpfung.
- Befallene Pflanzen sofort verbrennen.
- Frühinfektionen vermindern durch 2–3 Spritzungen mit Kupfermitteln (bis Beginn der Blüte).

Notizen:

Erbse

Schadbild	Schädling/Krankheit	Seite
Blätter, Stengel, Triebe		
Verkümmern der Triebe, graue Flecken	Thrips (Blasenfuss) ▶ Farbbild 30	59
Verkrümmungen, Triebstauchungen	Grüne Erbsenblattlaus	70
Runde Löcher im Blattrand	Erbsenblattrandkäfer ▶ Farbbild 29	71
Gestauchte Triebe	Erbsengallmücke	71
Weisser, mehliger Belag	Echter Mehltau (selten)	63
Gelbe, später braune Flecken auf Blattoberseite, Unterseite blauviolett	Falscher Mehltau	63
Wurzeln		
Frass	Larven des Blattrandkäfers	71
Pflanzen welken, vergilben; Verfärben des Stengelgrundes	Fuss-, Welkekrankheiten ▶ Farbbild 26	73
Blüten, Samen, Hülsen		
Verkrümmungen	Grüne Erbsenblattlaus	70
Verkümmern der Blüten, gekrümmte Hülsen mit grauen Flecken	Thrips (Blasenfuss) ▶ Farbbild 30	59
Hülsen verkrüppelt	Erbsengallmücke	71
Samenfrass	Raupe des Erbsenwicklers	72
Blassgrüne, später braune Flecken	Falscher Mehltau	63
Braune, schwarz umrandete Flecken, leicht eingesunken	Brennfleckenkrankheit ▶ Farbbilder 27, 28	68

Erbsenblattlaus, Grüne *(Acyrtosiphon pisum)*

Sie ist die grösste der an Gemüsepflanzen vorkommenden Läuse und 3–6 mm lang. Im Sommer ist sie graugrün gefärbt, zum Teil auch schwach rötlich und leicht mit Wachs gepudert. Die Wintereier werden an Klee, Luzerne und andern überwinternden Leguminosen abgelegt.

Vorkommen: Auf allen Leguminosen, vor allem in trockenen Jahren.

Schadbild: Blätter und Fruchthülsen zeigen Verformungen, die Triebe sind gestaucht.

Abwehr
— Siehe Blattläuse (Allgemeine Schädlinge)

Schädlinge und Krankheiten — Erbse

Erbsenblattrandkäfer *(Sitona lineatus)*
Graurüssler

Dieser Käfer ist 4–5 mm gross und von gräulichbrauner Farbe. Die Flügeldecken sind hell und dunkel gestreift. Die braunen, behaarten Larven sind fusslos und 6 mm gross. Die Käfer fliegen im Mai und Juni nur bei warmem Wetter. Sie legen im Oktober bis 100 winzige Eier an Blätter und Stengel. Die Eier, aber auch Puppen und Tiere, überwintern. Die Verpuppung findet im Boden statt.

Vorkommen: An Erbse, Klee, Luzerne, Saatwicke, Ackerbohne.

Schadbild: Die Käfer fressen vor allem bei warmem trockenem Wetter runde, bogenförmige Löcher in den Blattrand. Die Larven fressen an Wurzeln, so dass die Pflanzen kümmern. Der Schaden ist selten von Bedeutung. (Farbbild 29.)

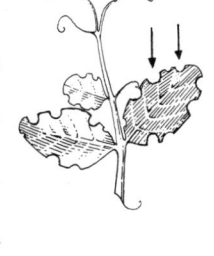

Abwehr
Vorbeugend:
– Rasches Jugendwachstum fördern (z. B. mit Algenextrakten oder Brennesseljauche).
– Konsequenter Fruchtwechsel.
– Stäuben mit Algenmehl.

Direkt:
– Rainfarn- oder Wermuttee 1–2mal spritzen.
– Nur bei starkem Befall mit Rotenon-Mitteln stäuben.

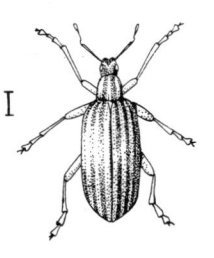

Erbsengallmücke *(Contarinia pisi)*
Die Gallmücke ist 2 mm lang. Sie ist gelb mit schwarzen Antennen und braunen Bauchquerbinden. Die länglichen Eier sind gestielt. Die Eier werden im Mai bis Juni von der ersten Generation an die Sprossenspitzen oder zwischen die Kelchblätter gelegt, die wegen einer Ausscheidung der Larven verdicken und verkrüppeln. Die roten Larven der zweiten Generation fressen an der Innenwand der Hülsen, die verkrüppeln oder blasig aufgetrieben werden. Die Verpuppung im Kokon findet 5–8 cm tief im Boden statt. Die Puppen überwintern im Boden.

Vorkommen: An Erbse.

Schadbild: Wenige oder verkrüppelte Hülsen, gestauchte Triebe.

Schädlinge und Krankheiten | Erbse

Abwehr

Vorbeugend:
- Fruchtfolge beachten. Mindestens 2 Jahre aussetzen.
- Erbsen früh anbauen.

Direkt:
- Durch Sammeln der verkrüppelten, befallenen Blüten kann das Auftreten der zweiten Mückengeneration verhindert werden.
- Während der Flugzeit wiederholtes Spritzen mit Rainfarn- oder Wermuttee.
- Bei starkem Auftreten wiederholtes Spritzen mit Rotenon-Mitteln während der Blüte im Abstand von 4–6 Tagen (abends, um Bienen zu schonen). Wartefrist von 7 Tagen einhalten.

Erbsenwickler *(Laspeyresia nigricana)*

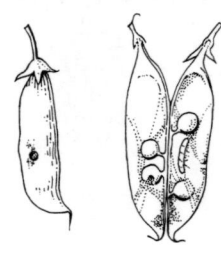

Der Schmetterling ist olivbraun und hat eine 15 mm grosse Spannweite. Er fliegt im Mai bis Juni. Die Raupe ist gelblich-weiss mit dunkeln Punkten, der Körper gekörnt. Die Eiablage findet auf Blattunterseiten, Kelchblättern oder Hülsen von Leguminosen statt. Die Raupe bohrt sich in die Fruchthülle ein und frisst am Samen, an dem die braunen, versponnenen Kotklümpchen hängen bleiben. Die erwachsene Raupe frisst sich durch ein rundes Loch aus der Hülse und verspinnt sich in der Erde zum Kokon. Im Frühjahr verlässt sie diesen und verspinnt sich unter der Oberfläche zu einer braunen Puppe. Es gibt zwei Generationen. Der Erbsenwickler tritt bei langer Blütezeit besonders häufig auf.

Vorkommen: Besonders bei Erbse, auch Bohne.

Schadbild: Die Raupe frisst den Samen in der Fruchthülle.

Abwehr

Vorbeugend:
- Entweder sehr früh oder sehr spät ansäen, damit die Blüte nicht mit der Flugzeit zusammenfällt.
- In windoffenen Lagen ist der Befall kleiner.
- Frühe, schnellabblühende Sorten sind weniger gefährdet.
- Fruchtwechsel einhalten.
- Mischkultur mit Tomaten.

Direkt:
- Bei starkem Befall Pyrethrum- oder Rotenon-Mittel gegen den Falter einsetzen (zweimal gegen Ende der Blüte, abends).

Schädlinge und Krankheiten — Erbse

Fuss- und Welkekrankheiten *(Fusarium sp. u. a.)*
Diese werden durch verschiedene Pilzarten verursacht, welche viele Jahre im Boden überdauern können. Die Krankheiten können mit dem Saatgut übertragen werden. Sie treten besonders bei warmfeuchter Witterung auf.

Vorkommen: An Erbse.

Schadbild: Rasches Vergilben und Welken der Pflanzen oder Pflanzenteile. Verfärbung des Stengelgrundes. (Farbbild 26.)

Abwehr

Vorbeugend:
- Bei Erbsen frühe Aussaat.
- Widerstandsfähige Sorten wählen.
- Gesundes Saatgut verwenden.
- Weite Fruchtfolge (4–5 Jahre) einhalten.
- Gute Bodenstruktur vermindert die Anfälligkeit.

Direkt:
- Befallene Pflanzen verbrennen.

Notizen:

Schädlinge und Krankheiten   Gurke, Kürbis, Melone, Zucchetti

Gurke, Kürbis, Melone, Zucchetti

Schadbild	Schädling/Krankheit	Seite
Blätter, Stengel, Triebe		
Frassschaden, Schleimspuren	Schnecken	55
Weisse Flecken	Thrips (Blasenfuss)	59
Saugflecken, Russtau	Weisse Fliege	59
Kleine weisse Flecken, filziges Netz auf Blattunterseite	Spinnmilben ▸ Farbbild 31	57
Eckige gelbbraune Flecken, unterseits schleimig oder verkrustet	Blattfleckenkrankheit	74
Grauer Sporenrasen	Grauschimmel	62
Erst mehlige Punkte, dann Belag	Echter Mehltau	63
Mosaik-Scheckung, helle Flecken	Mosaik-Viruskrankheit	65
Austrocknen der Stengelbasis der Keimlinge	Keimlingskrankheiten ▸ Farbbild 24	64
Frucht		
Runde grünbraune Flecken mit weissem Mittelpunkt	Blattfleckenkrankheit	74

Blattfleckenkrankheit *(Pseudomonas lacrymans)*

Diese Bakterien-Krankheit wird durch kranken Samen und verseuchten Boden übertragen. Die Früchte werden oft nach Verletzungen (Hagel usw.) befallen. Temperaturen zwischen 20°–25°C fördern die Entwicklung. Durch Regen, Wind und durch Pflegearbeiten verbreitet sich die Krankheit.

Vorkommen: An (Freiland-) Gurke und anderen Kürbisgewächsen.

Schadbild: Schon an Keimblättern wässerige, dann an Blättern eckige gelbbräunliche Flecken, unterseits schleimig. Bei trockenem Wetter bilden sich weisse Krusten. Auch an Früchten zuerst dunkelgrüne, später braune, runde Flecken mit weissem Mittelpunkt. Junge Früchte verkrüppeln.

Abwehr

Vorbeugend:
– Gesundes Saatgut verwenden.
– Nur alle 3 Jahre an gleichem Ort Gurken pflanzen.
– Kranke Blätter entfernen.

Direkt:
– Mehrmalige Spritzungen im Abstand von 8–14 Tagen mit Kupfermitteln dämmen die Ausbreitung der Krankheit ein.

Karotte (Möhre)

Schadbild	Schädling/Krankheit	Seite
Kraut		
Erst braune, dann schwarze Blätter	Möhrenschwärze, Schwarzfäule	76
Wurzeln		
Platzen der Karotten	Meist als Folge starker Niederschläge nach trockener Witterung	46
Frassgänge	Drahtwürmer	50
Maden minieren Gänge in Wurzeln	Made der Möhrenfliege ▶ Farbbild 38	75
Gepuderte, helle Läuse an Wurzelhals	Wurzelläuse	61
Kleine schwarze Flecken	Möhrenschwärze, Schwarzfäule ▶ Farbbild 37	76
Wachstumsstörungen mit Verkrümmungen und vielen Faserwurzeln	Nematoden (selten)	53
Vielbeinige Karotten	Verdichteter Boden, Stallmist-Düngung vor Aussaat	
Lagerfäulnis	Verschiedene Pilze (z. B. Möhrenschwärze, Grauschimmel, Sclerotinia)	76, 62, 91

Möhrenfliege *(Psila rosae)*
Rüeblifliege

Sie ist 4–5 mm lang und glänzend schwarz. Der Kopf ist rotgelb, Stirne und Hinterkopf sind bräunlich. Die Beine sind gelb und die Flügel glashell. Die Eier sind 0,5 mm gross und weiss. Die gelblichen Maden werden bis 7 mm gross. Die erste Generation fliegt von Ende April bis Juli, eine zweite ab Ende August. Die Fliege hält sich tagsüber häufig in benachbarten höheren Pflanzenbeständen auf, von wo aus sie die Karotten abends anfliegt. Sie legt die Eier oberflächlich in den Boden, wo sich die Maden entwickeln. Diese verpuppen sich im Boden in hellbraunen Tönnchen. Sie überwintern als Puppe oder Made. Offene, windige Lagen werden von der Fliege gemieden, heisses und trockenes Wetter hemmt die Entwicklung der Junglarven.

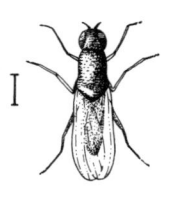

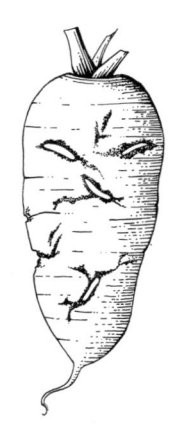

Schädlinge und Krankheiten   Karotte

Vorkommen: An Karotte (Möhre), an Seitenwurzeln von Sellerie, seltener an Petersilie, Pastinake, Dill, Kümmel und Kerbel.

Schadbild: Die Maden folgen zuerst den feinen Seitenwurzeln und minieren dann die Hauptwurzeln. Die Gänge sind mit Kot gefüllt und rostbraun gefärbt (Eisenmadigkeit). Die Möhren bekommen einen schlechten Geschmack und stinken. Das Kraut verfärbt sich gelb-rötlich und stirbt ab. Petersilie wird gelb. Hauptfrass im August. (Farbbild 38.)

Abwehr
Vorbeugend:
– Weite Fruchtfolge.
– Frühe Saat (März bis April) oder späte Saat (Juli).
– Offene windige Lage wählen.
– Keine frischen, treibenden, stinkenden Dünger verwenden, sondern reifen Kompost.
– Rainfarn, Farnkraut, Dill oder Lavendel zwischen Saatrillen legen.
– Ab Saat mit starkem Zwiebel-Knoblauchwasser oft überbrausen.
– Mischkulturen mit Schnittlauch, Schalotten, Knoblauch, Lauch oder Zwiebeln.
– Zweimal wöchentlich mit stark duftendem Kräutertee überbrausen.
– Abdecken mit Schlitzfolien während der Flugzeit.
– Beim ersten Auftreten von Maden die Karotten ernten.

Möhrenschwärze, Schwarzfäule

Verschiedene Pilzarten *(Alternaria dauci, A. radicina u. a.)*
Die Pilze entwickeln sich besonders bei feuchtem Wetter. Sie werden durch das Saatgut verbreitet. Auch können sie im befallenen Laub überwintern. Früher Befall führt zu grossen Ausfällen.

Vorkommen: An Karotte (Möhre), Sellerie, Petersilie, seltener an Kohlgewächsen und Tomate.

Schadbild: Das Laub wird braun, dann schwarz und verdorrt oder verfault je nach Witterung. Keimlinge gehen ein. An den Karotten zeigen sich oberflächliche schwarze Flecken. Diese Pilzarten verursachen auch Lagerfäulnis. (Farbbild 37.)

Abwehr
Vorbeugend:
– Fruchtwechsel.
– Nicht mit frischem Mist düngen.
– Nicht zu dicht säen.
– Sortenwahl.
– Zur Verhinderung von Lagerfäulnis möglichst ausgereifte, vorsichtig geerntete, ungewaschene Karotten lagern.
Direkt:
– Nur bei starker Befallsgefahr: Beim ersten Auftreten Kupfermittel spritzen.

Schädlinge und Krankheiten   Kartoffel

Kartoffel

Schadbild	Schädling/Krankheit	Seite
Blätter, Stengel, Triebe		
Frasslöcher bis Kahlfrass	Käfer und Larven des Kartoffelkäfers ▶ Farbbilder 32, 33	77
Frass mit Schleimspuren	Schnecken	55
Grüne Läuse (Virusüberträger)	Grüne Pfirsichblattlaus	120
Braunfleckig, vertrocknet, auf Blattunterseite weisser Pilzrasen	Kraut- und Knollenfäule ▶ Farbbild 34	78
Weisser Pilzbelag, braune vertiefte Flecken am Stengel, allmähliches Vertrocknen	Wurzeltöterkrankheit ▶ Farbbild 36	80
Dunkel gescheckte Flecken an Blättern	Mosaikkrankheit (Virus)	65
Eingerollte, hellverfärbte Blätter, gehemmtes Wachstum	Blattrollkrankheit (Virus)	65
Knollen		
Angefressen	Engerlinge, Mäuse	52, 60
Frassgänge	Drahtwürmer	50
Frass mit Schleimspuren	Schnecken	55
Braungraue Flecken, Fleisch braunrot	Kraut- und Knollenfäule ▶ Farbbild 35	78
Pocken, schwarzbraune Krusten, Löcher mit vertrockneten Pfropfen	Wurzeltöterkrankheit ▶ Farbbild 36	80
Braune, rissige Flecken	Kartoffelschorf	79

Kartoffelkäfer *(Leptinotarsa decemlineata)*
Koloradokäfer

Der Käfer ist 10–11 mm gross, oval, gewölbt und gelbglänzend mit schwarzen Flecken. Pro Flügel hat er 5 schwarze Längsstreifen. Bei den Larven sind Kopf, Beine und Warzen schwarz, der Körper rotgelb. Sie sind bis 15 mm gross. Die Eier sind lang-oval, gelblich und leicht zu verwechseln mit den Marienkäfereiern.
Die Käfer überwintern 25–50 cm tief im Boden. Sie erscheinen bei 14–15 °C und treiben 1–2 Wochen Reifungsfrass an jungen Blättern. Sie legen ca. 1,5 mm lange Eier paketweise an die Blattunterseiten der Kartoffeln, evtl. auch an Tomaten und anderen Nachtschattengewächsen wie Bilsenkraut und Tollkirsche. Hier entwickeln sich die Larven, die sich vom Kartoffelkraut ernähren. Zur Verpuppung gehen sie 5–20 cm in die Erde, wo nach 1–2 Wochen der Käfer schlüpft. Die Gesamtentwicklung dauert 1–2 Monate. Viele Jungkäfer gehen schon im August

Schädlinge und Krankheiten   Kartoffel

in die Erde zur Überwinterung. Spätschlüpfende Jungkäfer fressen sich in Kartoffeln ein und werden so verschleppt. Die Verbreitung der ursprünglich aus Amerika stammenden Tiere erfolgt auch durch Flug an warmen Tagen. Sie verursachen grossen Schaden, da der Knollenertrag bei starkem Blätterfrass sehr zurückgeht. Vergleichende Versuche ergaben einen geringeren Kartoffelkäferbefall bei Düngung mit angerottetem Mist und Kompost als bei leichtlöslicher Mineraldüngung. (Farbbilder 32, 33.)

Vorkommen: Hauptwirt: Kartoffel. Nebenwirt: Tomate, Bilsenkraut, Tollkirsche.

Schadbild: Nach dem Überwintern fressen die Käfer und später ihre Larven zuerst Löcher in die Blätter und dann vom Rande her alles bis zum Stengel. Die Jungkäfer fressen an Kartoffeln.

Abwehr
Vorbeugend:
– Düngen mit angerottetem Mist oder Kompost. Steinmehl oder Algenmehl je nach Boden einarbeiten.
– Natürliche Feinde sind u. a. Fasan und Kröten.
– Sauber abernten; Stauden und Knollenresten vernichten.
– Zur Wachstumsförderung Brennesseljauche oder Algenextrakte spritzen, Überstäuben der Blätter mit Gesteinsmehl, um den Kieselgehalt des Krautes zu erhöhen.

Direkt:
– Frühzeitiges Ablesen der Larven und Käfer von Hand.
– Larven und Käfer einsammeln, veraschen und ausstreuen (s. Kap. 5.3).
– Larven mehrmals mit Algen- oder Gesteinsmehl bestäuben (Blattunterseiten!).
– Kupfer-Pilzbekämpfungsmittel zeigen eine abwehrende Wirkung auf Kartoffelkäfer.
– Bei starkem Auftreten grössere Larven und Käfer mit Rotenon-Pyrethrum-Mittel spritzen oder stäuben.

Kraut- und Knollenfäule *(Phytophthora infestans)*
Der Pilz überwintert auf krankem Saatgut oder letztjährigen Pflanzen im Freien. Von dort kommt es zum Befall der jungen Triebe und Früchte. Die Infektion erfolgt durch Spaltöffnungen oder direkt durch die Oberhaut. Die Knollen werden durch Wasser (Regen), das über die kranken Blätter in den Boden läuft, angesteckt. Bei feuchtwarmer Witterung kommt es zu sehr rascher Verbreitung.

Vorkommen: An Nachtschattengewächsen: Kartoffel, Tomate, Peperoni.

Schädlinge und Krankheiten   Kartoffel

Schadbild: Braune, unregelmässige Flecken auf Blättern und Stengeln. Auf der Blattunterseite ist meist ein weisslicher Pilzbelag sichtbar. Das Kraut stirbt ab. Auf Knollen sind es eingesunkene, braungraue Flecken; das Fleisch darunter ist rostrot verfärbt (Fäulnis). (Farbbilder 34, 35.)
Bei Tomaten werden meistens nur die Früchte, nicht aber die Blätter befallen. Es entstehen unregelmässige braungrüne bis schwarze Flecken, die Frucht bleibt hart und wird später runzelig. (Farbbild 50.)

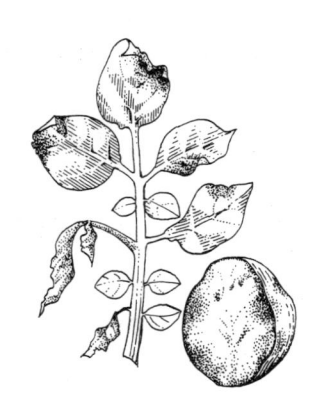

Abwehr
Vorbeugend:
- Vermeidung anfälliger Sorten (Sirtema und Bintje). Nur gesundes, vorgekeimtes Saatgut verwenden.
- Tomaten und Kartoffeln möglichst weit auseinander anbauen.
- Brennesselbrühe oder Algenextrakte zur Wuchsförderung spritzen.
- Etwa 4mal im Abstand von 1 Woche Algen- oder Gesteinsmehl stäuben, sobald sich die Reihen schliessen.
- Hanf als Zwischenpflanzung soll eine Abwehrwirkung haben.
- Sauber und nicht zu spät abernten. Pflanzenrückstände verbrennen.
- Kraut mit ersten Befallsherden ausreissen und vernichten.
- Keine zu hohe Luftfeuchtigkeit im Treibhaus.
- Tomaten wöchentlich mit Magermilchwasser oder Knoblauch-Zwiebelschalentee spritzen.
- Kartoffeln bei Befallsgefahr mit Knoblauch- oder Zwiebelschalentee oder Ledax-san (Bio-S) spritzen, sobald die Reihen sich zu schliessen beginnen.

Direkt:
- Bei sehr grosser Befallsgefahr, ungünstigen Sorten und Standorten, Kupferoxychlorid (0,05 %) zusammen mit Brennesselbrühe oder Ledax-san, zwei- bis dreimal im Abstand von etwa 8–10 Tagen spritzen.

Kartoffelschorf *(Streptomyces scabies)*
Der Erreger (Pilz) ist in den meisten Böden vorhanden, er entwickelt sich aber besonders in sandigen, zu stark gekalkten Böden mit grosser Feuchtigkeit.
Vorkommen: An Kartoffel.
Schadbild: Braune, rissige Flecken, flach, gewölbt oder kraterförmig. Kartoffel weniger haltbar, beim Schälen gibt es viel Abfall.

Abwehr
Vorbeugend:
- Gewisse Sorten sind weniger anfällig. Gesundes Saatgut verwenden.
- Kalkdüngung vor dem Kartoffelpflanzen unterlassen.

Wurzeltöterkrankheit *(Rhizoctonia)*
Dry Cor / Kartoffelpocken

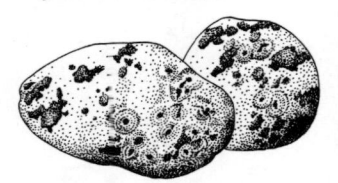

Die kleinen dunkeln Pilzpusteln überwintern auf den Knollen. Im Frühjahr kommt es zum Befall der jungen Keime, Stolone und Wurzeln.

Vorkommen: An Kartoffel.

Schadbild: Der Pilz tritt bereits an den Keimlingen im Boden auf. Es bilden sich dunkelbraune Flecken, die Triebspitzen oder auch die ganzen Triebe sterben ab, oft kommt es zu einer Verzweigung der Keimlinge. Die Stauden entwickeln sich schlecht. Nach dem Auflaufen sind die obersten Blätter stark eingerollt und hell. Der Stengel ist oft vermorscht und zeigt am Grunde braune Flecken, auch hier sieht man rotbraune Pilzfäden. Bei feuchter Witterung entsteht am Stengelgrund ein weisses Geflecht (Weisshosigkeit). An den Knollen bilden sich pockenartige, schwarzbraune Krusten. Die Schale darunter ist nicht beschädigt. Es kann auch zu ähnlichen Schadbildern führen wie beim Drahtwurm. Die Löcher sind aber weniger tief und haben in der Mitte einen vertrockneten Pfropfen (Dry Cor). (Farbbild 36.)

Abwehr
Vorbeugend:
- Strenge Saatgutkontrolle.
- Saatkartoffeln gut vorkeimen.
- Kräftiges und rasches Wachstum fördern.
- Nicht zu früh und nicht zu tief pflanzen, v. a. in schweren, nassen Böden.
- Weite Fruchtfolge einhalten.
- Knollen nicht zu lange im Boden lassen.
- Stäuben der Pflanzen mit Algenkalk oder Gesteinsmehl.
- Saatknollen in Lehmbrei tauchen (Saatbeize).

Notizen:

Schädlinge und Krankheiten Kohlgewächse

Kohlgewächse

Schadbild	Schädling/Krankheit	Seite
Blatt, Stengel, Triebe		
Frass mit Schleimspuren	Schnecken	55
Loch- und Skelettfrass, auch im Innern der Köpfe	Kohleulenraupe (Erdraupe) ▶ Farbbild 39	51
Loch- und Skelettfrass, Verschmutzung mit Kot	Raupe von Kohlweissling ▶ Farbbild 41	84
Fenster- und Lochfrass	Kohlerdflöhe ▶ Farbbild 46	81
Vergilben der Blätter, Blattläuse	Mehlige Kohlblattlaus	48
Saugschäden, kleine weisse Motten auf Blattunterseite	Weisse Fliege ▶ Farbbild 23	59
Dunkle, eingeschnürte Stellen am Stielgrund, Absterben der Pflanze	Keimlingskrankheiten, Schwarzbeinigkeit ▶ Farbbild 24	64
Grosse und kleine gelbe Flecken, schwarze Adern	Schwarzadrigkeit	86
Gelbe Flecken, Unterseite heller Pilzbelag	Falscher Mehltau	63
Mosaikartige Flecken, schlechter Wuchs	Blumenkohl-Mosaikkrankheit (Virus)	65
Wurzeln		
Weisse Maden fressen an Wurzeln	Maden der Kohlfliege ▶ Farbbild 47	82
Gallen am Wurzelhals mit Maden	Kohlgallenrüssler ▶ Farbbild 42	83
Wucherungen, Wurzeln fehlen	Kohlhernie ▶ Farbbild 43	85

Kohlerdflöhe *(Phyllotreta-Arten)*

Diese Blattkäferarten sind 1,5–3 mm gross und dunkelgrünblau oder schwarz glänzend, z.T. haben sie gelbe Längsstreifen. Erdflöhe springen gut. Die Käfer fressen im Frühjahr an Kohlgewächsen. Die Eier werden ab Mai in die Erde gelegt. Die Verpuppung der Larven findet bis 20 cm tief im Boden statt. Die

Schädlinge und Krankheiten | Kohlgewächse

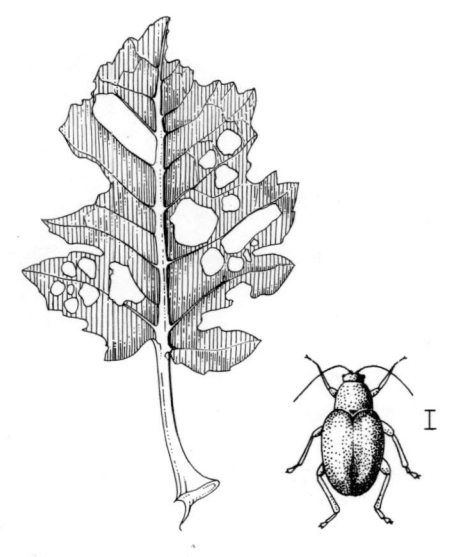

Jungkäfer der neuen Generation erscheinen ab Juni. Diese richten weniger Schaden an. Sie überwintern unter Laub oder in Ritzen im Boden. Wärme und Trockenheit fördern ihre Entwicklung.

Vorkommen: An Kohlgewächsen, Rettich, Radies, Rüben, Raps. Im Frühjahr an wildwachsenden Kreuzblütlern.

Schadbild: Die Erdflöhe fressen Löcher in die Blätter; im Frühjahr befallen sie Samen und Keimblätter. (Farbbild 46.)

Abwehr
Vorbeugend:
- Früh säen und pflanzen in lockerem, feuchtem Boden.
- Ständiges Feuchthalten durch Bodenbedeckung.
- Mischkultur mit Schnittsalat, Kopfsalat und Spinat.
- Taunasse Pflanzen mit Algenkalk oder Gesteinsmehl bestäuben.

Direkt:
- Starke Wermut- oder Rainfarnbrühe 2mal pro Woche über Pflanzen spritzen.
- Bei starkem Befall Rotenon-Mittel stäuben oder spritzen.

Kohlfliege

Kleine Kohlfliege *(Hylemya brassicae)*
Grosse Kohlfliege oder Rettichfliege *(Hylemya floralis)*

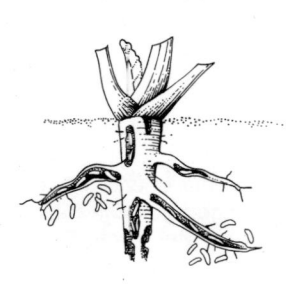

Es gibt zwei Kohlfliegenarten, welche die Kohlgewächse gefährden können. Gefährlich kann vor allem die 5–6 mm lange, graue Kleine Kohlfliege werden. Ihre Eier sind 1 mm gross und weiss. Die Made ist 8 mm lang. Die Fliege legt die Eier Ende April bis Anfang Mai beim Wurzelhals der Pflanzen in den Boden. Es sind zwei bis drei Generationen möglich. Der Hauptschaden an Kohlgewächsen wird durch die Maden der ersten Generation verursacht. Die Puppen der letzten Generation überwintern im Boden.

Schädlinge und Krankheiten   Kohlgewächse

Vorkommen: An Kohlgewächsen, Raps, Rettich, Rübe und Senf.
Schadbild: Die Maden zerfressen die Wurzeln und den Stengelhals der Jungpflanzen. Die Blätter verfärben sich bleigrau. Bei starkem Frass sterben die Pflanzen ab. (Farbbild 47.)
Abwehr
Vorbeugend:
- Setzlinge frühzeitig oder spät, d.h. nicht während der Flugzeit der Kohlfliege, pflanzen.
- Setzlinge tief setzen und gut anhäufeln.
- Jungpflanzen mit Kräuterjauche angiessen, mit Algenkalk oder Gesteinsmehl bestäuben.
- Bodenbedeckung mit stark riechenden Kräutern.
- Zwischen Setzlinge Russ oder Holzasche streuen.
- Keine alten Kohlstrünke stehen lassen.
- Keinen frischen Mist verwenden (Geruch lockt Fliege an).
- Mischkultur mit Tomaten.
- Anzuchtkasten mit Gaze überspannen, damit keine Eiablage erfolgt.
- Klee- oder Spörgeleinsaat zur Bodenbedeckung vermindert die Eiablage und fördert die räuberischen Laufkäfer.
- Boden um Pflanze mit Plastikkragen abdecken.

Direkt:
- Befallene Pflanzen samt umgebender Erde entfernen und verbrennen.
- Spritzen des Wurzelhalses während der Eiablage mit Schmierseifenwasser.

Kohlgallenrüssler *(Ceuthorrhynchus pleurostigma)*
Dieser Käfer ist 2–3 mm gross und schwärzlich. Die Eier werden von März bis Mai und im Herbst in die am Kohl in den untersten Stengelteil gefressenen Vertiefungen gelegt. Um die Eier entsteht eine erbsen- bis haselnussgrosse Galle, von deren Gewebe die Larven leben. Oft sind es mehrere Gallen pro Pflanze. Die Larve frisst ein Loch in die Galle, um diese zu verlassen. Sie verpuppt sich 5– 10 cm tief im Boden.

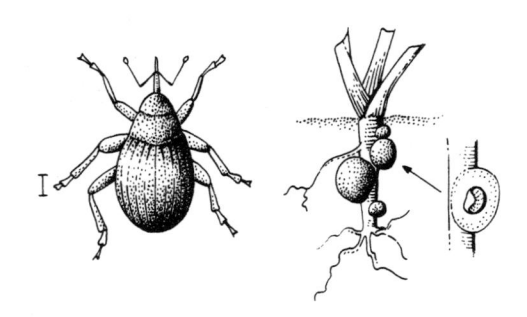

Vorkommen: An Kohlgewächsen, Raps, Rüben und Radies.
Schadbild: Die Gallen sind von denjenigen der Kohlhernie leicht zu unterscheiden, da sich Larven in ihnen befinden. Der Schaden ist meist gering und verlangt selten eine direkte Abwehr. (Farbbild 42.)

Schädlinge und Krankheiten Kohlgewächse

Abwehr
Vorbeugend:
- Keine befallenen Setzlinge setzen.
- Setzlinge tief setzen und gut anhäufeln.
- Freiliegende Felder bevorzugen.
- Befallene Pflanzen und abgeerntete Kohlstrünke rasch entfernen und verbrennen.
- Algenkalk an den Wurzelhals stäuben.
- Bodenbedeckung mit stark riechenden Kräutern.
- Mit Rainfarntee und Brennesselbrühe die Jungpflanzen spritzen.

Direkt:
- Vereinzelt vorkommende Gallen mit Fingernagel auskneifen.
- Bei starker Befallsgefahr Kohlanzucht ab Mitte April alle 10–14 Tage mit Rotenon- oder Pyrethrum-Mittel spritzen.

Kohlweissling *(Pieris brassicae)*
Rübenweissling

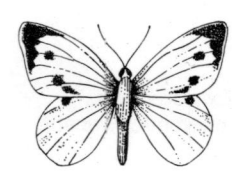

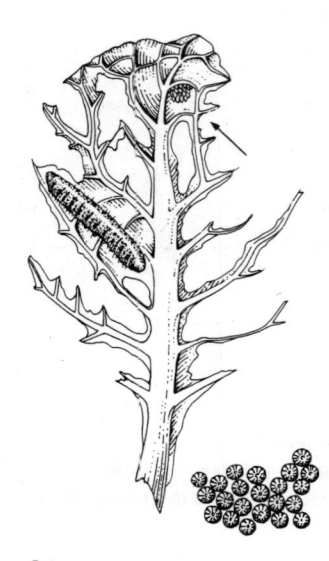

Dieser bekannte Falter hat eine Spannweite von 40–60 mm. Seine Flügel sind milchweiss mit schwarzen Flecken. Die Raupe ist 45 mm lang, bläulich-grün oder grünlich-gelb. Sie hat seitlich gelbe Längsstreifen und kleine schwarze Punkte. Kopf und Borsten sind schwarz. Die Puppe ist grünlich oder gelb. Die Eier sind goldgelb. Der Falter fliegt April bis Juni und Mitte Juli bis Ende August, in einem warmen Herbst noch September bis Oktober. Er legt die Eier in Häufchen auf die Blätter. Die Raupen leben in Kolonien, dann wandern sie zur Verpuppung oft weit vom Frassort weg, an Hauswände, Dachböden oder Zäune.

Vorkommen: Die erste Generation tritt im Frühling an wild blühenden Kreuzblütlern, die zweite an Kohl, Raps, Meerrettich, Levkojen und Kresse auf. Nur die zweite Generation ist schädlich.

Schadbild: Die Raupen fressen an Blättern, lassen aber meistens die Blattrippen stehen. Verschmutzung mit Kot. (Farbbilder 40, 41.)

Abwehr
Vorbeugend:
- Die natürlichen Feinde sind vor allem Schlupfwespenarten, welche in den Raupen ihre Eier ablegen.
- Mischkulturen mit Tomaten und Sellerie.

Schädlinge und Krankheiten   Kohlgewächse

- Rainfarn-, Wermut- oder Eisenkrauttee (Verbena officinalis) oder Tomatenblätterauszug während der Flugzeit zur Geruchsüberdeckung öfter spritzen.
- Algenkalk stäuben.
- Randpflanzung mit Hanf.
- Klee-Einsaaten.
- Boden gut decken mit jungen Ligustertrieben.
- Brennesseljauche zieht den Kohlweissling an.

Direkt:
- Die Eier, Puppen und Jungraupen einsammeln.
- Bakterienpräparat Bacillus thuringiensis spritzen (im Jungraupenstadium).
- Bei starkem Befall Rotenon-Pyrethrum-Mittel gegen junge Raupen einsetzen.

Kohlhernie *(Plasmodiophora brassicae)*
Kropf- oder Fingerkrankheit
Diese Schleimpilze leben im Boden und dringen in die Wurzeln ein. Sie verursachen krebsartige Gebilde. Diese sind erst hell, dann dunkel und verfaulen später. So gelangen die Sporen wieder in den Boden. Sie sind sehr widerstandsfähig und bleiben jahrelang erhalten. Sie können durch Regenwürmer verbreitet werden. Das Auftreten der Krankheit wird durch Nässe, kalkarme, mit Jauche oder Frischmist überdüngte Erde oder Kästen, verdichteten Boden, Monokulturen und zu wenig weite Fruchtfolge der verschiedenen Kreuzblütler-Arten begünstigt. Auch Unkräuter (Gemeines Kreuzkraut, Hirtentäschel usw.) können Kohlhernie übertragen.

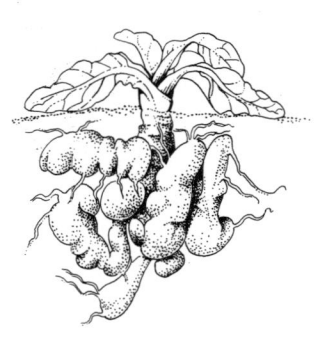

Vorkommen: An Kohlgewächsen, Radies, Rettich, Rüben, Raps, Senf, Levkoje und Goldlack, verschiedenen wildwachsenden Kreuzblütlern.
Schadbild: Wucherungen, Wurzeln fehlen. (Farbbild 43.)

Abwehr
Vorbeugend:
- Boden gut durchlüften.
- Keine kranken Setzlinge verpflanzen. Setzlinge nur in gesunder Erde anziehen.
- Nach Befall mehrjährige Fruchtfolge (unter Umständen bei starkem Befall mehr als 7 Jahre) ohne Kreuzblütler einschalten.
- Boden 10–14 Tage vor dem Anpflanzen gut kalken, z.B. mit Algenkalk; dies hemmt die Keimung von Dauersporen.
- Gründüngung (z.B. Wickhafer), aber kein Senf oder Ölrettich als Vorkultur.
- Vorkultur mit Zwiebel- oder Lauchgewächsen.

Schädlinge und Krankheiten Kohlgewächse

- Setzlinge in Wurzelbad aus Schachtelhalmbrühe/Lehm oder Ledax-san (Bio-S)/Lehm tauchen.
- Jungpflanzen mit Jauche aus vergorenen Kohlblättern angiessen.
- Schachtelhalmbrühe oder Ledax-san (Bio-S) über Boden und Jungpflanzen spritzen.

Direkt:
- Sofort alle kranken Pflanzen entfernen und verbrennen.
- Treibbeeterde auswechseln.

Schwarzadrigkeit *(Xanthomonas campestris)*
Adernschwärze
Die Schwarzadrigkeit ist eine Bakterienkrankheit.

Vorkommen: An Kohlgewächsen, Rübe, Rettich, Radies, Senf.

Schadbild: An den Blättern treten grosse und kleine gelbe Flecken auf, in denen die Adern schwarz gefärbt sind. Die Flecken sind pergamentartig. Bei starker Erkrankung werden die Blätter abgestossen, junge Pflanzen gehen ein. Auch in Stielen und Stengeln sind die Gefässe gebräunt. Auf eingewinterten Pflanzen greift die Krankheit auf innere Blätter über. Die Verbreitung erfolgt durch Insekten und Schnecken. Die Bakterien kommen in den Boden und dann wieder in die Jungpflanzen und von dort in die Samen. Feuchtwarmes Wetter begünstigt ihre Entwicklung.

Abwehr
Vorbeugend:
- Von kranken Pflanzen keinen Samen gewinnen.
- Nur gesunde Setzlinge brauchen.
- Einwandfreie Anzuchterde für Kasten.
- Fruchtfolge (mit Kreuzblütlern während 3 Jahren aussetzen).

Direkt:
- Alle kranken Teile entfernen und verbrennen.
- Saatgut-Hitzebehandlung (15–30 Min. in 50°C heissem Wasser).

Notizen:

Schädlinge und Krankheiten   Lauch, Zwiebel, Knoblauch

Lauch, Zwiebel, Knoblauch

Schadbild	Schädling/Krankheit	Seite
Blätter, Stengel		
Blätter miniert, Raupen in Gängen	Lauchmotte ▶ Farbbild 45	87
Herzblätter zerfressen, welken	Maden der Zwiebelfliege	88
Graugrüne Flecken, grauer Pilzrasen	Falscher Mehltau ▶ Farbbild 25	63
Viele silbrige, in Streifen angeordnete Tüpfel	Zwiebelblasenfuss (Thrips) ▶ Farbbild 44	59
Zwiebel		
Weisse Maden, Fäulnis	Zwiebelfliege	88
Bei Lagerung Zwiebel oben weich, verfärbt sich im Innern, Fäulnis	Zwiebelhalsfäule	89

Lauchmotte *(Acrolepiopsis assectella)*

Die Motte hat eine Spannweite von 16–18 mm. Die Flügel sind braun mit weissen Flecken. Die 13 mm grosse Raupe ist gelblich-weiss oder grünlich, schwarz punktiert mit hellen Streifen. Der Kopf ist glänzend ockerfarbig. Die Motte fliegt das erste Mal im April/Mai. Die Eier werden meist abends an Blätter gelegt. Die Raupe verpuppt sich in hellem, lockerem Gespinst. Eine zweite Generation fliegt im Juli bis August. Diese kann wesentliche Schäden verursachen. Die Motte überwintert als Falter. Die Lauchmotte ist stark an ihre Wirtspflanze gebunden.

Vorkommen: An Lauch und Zwiebel.

Schadbild: Die Raupe frisst zuerst an Blättern, dann miniert sie Gänge bis zu 25 mm, die zum Absterben der Herzblätter führen können. (Farbbild 45.)

Abwehr
Vorbeugend:
– Luftige Lagen werden von der Motte gemieden.
– Karotten oder Sellerie zwischen Lauch setzen (Mischkultur wichtig).
– Mehrmals stark mit Schachtelhalmjauche giessen.
– Im Frühling oder Herbst keinen Lauch pflanzen. Sofern kein Lauch in der Nachbarschaft gepflanzt wird, findet der Falter keinen Wirt für seine Weiterentwicklung.

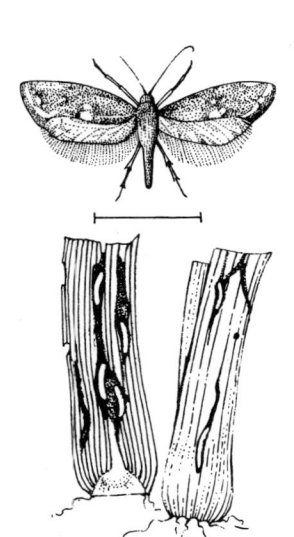

Schädlinge und Krankheiten   Lauch, Zwiebel, Knoblauch

Direkt:
- Bei Befall die obersten Blätter sofort abschneiden.
- Kleine Larven in den Gängen mit der Hand zerdrücken.
- Heisswasser-Spritzungen von 40–50 °C.
- Tee aus Rhabarberblättern oder Rainfarn, evtl. mit Schmierseifewasser, mehrmals auf Raupen giessen.
- Bei sehr starkem Befall 2mal im Abstand einer Woche Pyrethrum- oder Rotenon-Mittel spritzen, wenn die Raupen in den Gespinsten sind. Auch das Bakterienpräparat Bacillus thuringiensis kann verwendet werden.

Zwiebelfliege *(Hylemya antiqua)*

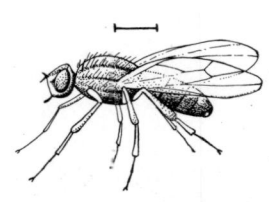

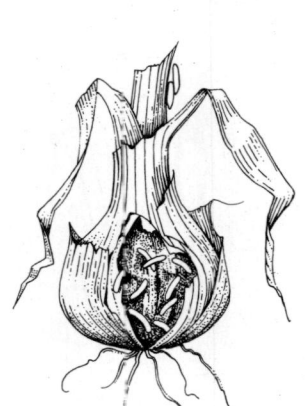

Die 6–7 mm grosse, gelblich-graue Zwiebelfliege ist der Stubenfliege ähnlich. Die 1 mm grossen Eier sind weiss. Die Made ist weiss glänzend und 5–8 mm lang. Die erste Generation fliegt ab Mitte April und im Mai. Das Weibchen legt die Eier vor allem an den Grund der Zwiebeln. Die Maden fressen sich in die Zwiebel ein und gehen von einer Pflanze auf die andere über. Sie verpuppen sich nach 3 Wochen Frasszeit im Boden in 6 mm langen Tönnchen. Die zweite Generation frisst sich im Juli bis August vom Boden her in die Zwiebel ein. Diese und eine allfällige dritte Generation richten nicht viel Schaden an. Die Fliege überwintert als Puppe im Boden.

Vorkommen: An Zwiebel, Schalotte, Lauch und Knoblauch.

Schadbild: Die Maden fressen im Herzen der Pflanze. Sie verursachen eine Bakterienkrankheit, die Pflanzen werden weich und verfaulen teilweise.

Abwehr

Vorbeugend:
- Keinen frischen Mist oder frische Jauche verwenden.
- Spät säen oder setzen.
- Mischkultur mit Karotten.
- Steckzwiebeln mit Algenkalk oder Gesteinsmehl bestäuben.
- Die Pflanzen während der Flugzeit 2mal pro Woche mit stark duftendem Kräutertee überbrausen.

Direkt:
- Alle befallenen Pflanzen sofort entfernen und verbrennen.

Zwiebelhalsfäule *(Botrytis sp.)*

Die Halsfäule an Zwiebeln zeigt sich erst bei der Lagerung. Der Pilz dringt meistens im Spätsommer bei feuchter, warmer Witterung über das absterbende Laub in die Zwiebel ein, aber auch über mechanische Verletzungen kann es zur Infektion kommen.

Vorkommen: An Zwiebel.

Schadbild: Die Zwiebel wird im oberen Teil weich und verfärbt sich im Innern. Später bildet sich ein graues Pilzgeflecht mit schwarzen Punkten.

Abwehr
Vorbeugend:
– Schnelle und gründliche Trocknung nach der Ernte.
– Keine triebige Düngung und weite Pflanzabstände.
– Mechanische Verletzungen bei der Ernte vermeiden.
– Zwiebelabgänge am Lagerort entfernen.
– Trockener Lagerraum.
– Vorbeugend Schachtelhalmbrühe über Boden und Zwiebeln spritzen.

Direkt:
– Befallene Pflanzen sofort entfernen und vernichten.

Notizen:

Schädlinge und Krankheiten   Radies, Rettich

Radies, Rettich

Schadbild	Schädling/Krankheit	Seite
Kraut, Stengel		
Frass mit Schleimspuren	Schnecken	55
Larven fressen Keimblätter, Lochfrass in Blättern	Kohlerdflöhe ▶ Farbbild 46	81
Frassschäden, kugelige Gallen	Kohlgallenrüssler (selten)	83
Gelblich-bräunliche Flecken, weisslicher Pilzrasen	Falscher Mehltau (selten)	63
Gelbe Flecken, Adern schwarz	Schwarzfäule, Rettichschwärze	76, 90
Wurzel		
Unförmige Radieschen	Zu tiefe Saat	
Madengänge	Kohlfliege (Rettichfliege) ▶ Farbbild 47	82
Wucherungen, Faulen	Kohlhernie	85
Blauschwarze Verfärbung, Risse	Rettichschwärze	90

Rettichschwärze *(Aphanomyces raphani)*

Der Pilz breitet sich durch Sporen im Boden aus. Er dringt durch die feinen Seitenwurzeln oder durch Risse in die Rettiche ein. Zuerst verfärbt sich die äussere Schicht blauschwarz, dann dringt die Verfärbung bis in das Zentrum des Rettichs vor.

Vorkommen: An Rettich und Radies. Die Rettichschwärze tritt besonders in alkalischen Böden auf.

Schadbild: Blauschwarze Verfärbung, ringförmige Befallstellen, die einschrumpfen. Es bilden sich Längsrisse.

Abwehr

Vorbeugend:
- Nicht mit frischem Stallmist düngen.
- Die Sortenwahl ist wichtig. Besonders anfällig sind die weissen Rettichsorten.
- Fruchtwechsel, bei starker Verseuchung 3 Jahre aussetzen.
- Torfmull einarbeiten, um den pH-Wert des Bodens zu senken.
- Befallene Pflanzen entfernen und vernichten.

Schädlinge und Krankheiten   Salat, Spinat, Endivie

Salat, Spinat, Endivie

Schadbild	Schädling/Krankheit	Seite
Blatt, Triebe		
Triebspitzen verdorren, Blätter kräuseln, grüne oder blass-rötliche Blattläuse	Blattläuse	48
Frass mit Schleimspuren	Schnecken	55
Hauptwurzel der Keimlinge braun-schwarz, Pflanzen welken	Keimlingskrankheiten, Schwarzbeinigkeit ▶ Farbbild 24	64
Blattoberseits hellgelbe, braun vertrocknete Flecken, blattunterseits grauer Belag	Falscher Mehltau ▶ Farbbild 49	63
Kopfbildung mangelhaft, Blätter schlaff und braun, am Wurzelhals weisser Pilzrasen	Salatfäulen durch Grauschimmel, Schwarzfäule und Sclerotinia-Fäule	62, 76, 91
Wurzel		
Abgenagt	Drahtwürmer, Erdraupen, Engerlinge, Maulwurfsgrille, Mäuse	50, 51, 52, 53, 60
Gepuderte, helle Läuse	Wurzelläuse	61

Sclerotinia-Fäule *(Sclerotinia sclerotiorum* und *Sclerotinia minor)*
Dieser Pilz verursacht zuerst ein Welken der Pflanze. Dann zeigt sich ein weisses Pilzgeflecht, später entwickeln sich schwarze Dauerkörper, Sklerotien, die in feuchtem Boden bis zu etwa einem Jahr, bei trockenen Verhältnissen aber bis zu 7 Jahren am Leben bleiben.
Vorkommen: An Salat, Endivie, seltener an Sellerie, Karotte, Tomate und Gurke.
Schadbild: Die Blätter welken, beim Salat der ganze Kopf. Darauf fangen die Pflanzen zu faulen an. Bei Karotten bildet sich ein watteartiger Belag bei der Lagerung.

Abwehr
Vorbeugend:
— Fruchtwechsel, Wirtspflanzen beachten (z. B. kein Salat nach stark befallenen Karotten).
— Schachtelhalmbrühe spritzen.
— Schnelles Wachstum fördern.
— Saatbeeterde auswechseln.
— Steinmehl in Pflanzlöcher stäuben.

Direkt:
— Befallene Pflanzen entfernen und vernichten.

Schädlinge und Krankheiten   Sellerie

Sellerie

Schadbild	Schädling/Krankheit	Seite
Blatt		
Helle bis braune Flecken, die faulen oder eintrocknen	Blattfleckenkrankheit ▶ Farbbild 48	92
Knollen		
Madengänge	Möhrenfliege	75
Rötlich-braune Flecken, rauhe aufgeplatzte Haut	Sellerie-Schorf (selten)	93
Weissliches oder rosa Pilzgeflecht an Stengelbasis, Fäulnis am Lager	Sclerotinia (selten)	91
Braune, vermorschte Gewebepartien im Innern der Knolle, Knolle teilweise hohl	Bormangel (meist als Folge übermässiger Kalk- und Kali-Düngung)	45

Blattfleckenkrankheit

Sellerie *(Septoria apii)*   **Chrysantheme** *(Septoria chrysanthemella)*
Tomate *(Septoria lycopersici)*

Der Pilz überwintert auf befallenen Pflanzenresten und Samen. Die Vermehrung und Übertragung erfolgt während der Vegetationszeit auf Blättern, Blüten und Samen. Starke Feuchtigkeit begünstigt die Entwicklung des Pilzes.

Vorkommen: An Sellerie, Tomate, Chrysantheme.

Schadbild: Auf befallenen Pflanzen zeigen sich verschieden grosse, helle bis braune Flecken. Das Gewebe trocknet ein. Der Verschluss der Leitbündel führt zum Absterben der ganzen Pflanzenpartie oberhalb der Befallsstelle. Die Sellerie bleiben klein. (Farbbild 48.)

Abwehr

Vorbeugend:
– Gesundes Saatgut verwenden.
– Heisswasserbeize des Samens (25 Min. bei 50 °C)
– Weite Fruchtfolge einhalten.
– Mischkultur mit Lauch und Blumenkohl.
– Pflanzen nicht mit kaltem Wasser giessen.
– Tomaten wöchentlich mit Magermilch spritzen.

| Schädlinge und Krankheiten | Sellerie |

- Bei feuchtem Wetter an drei aufeinanderfolgenden Tagen Schachtelhalmbrühe oder Ledax-san (Bio-S) auf Boden und Pflanze spritzen (periodisch wiederholen).
- Zwiebelschalenaufguss oder Baldrianblütenextrakt-Spritzungen wirken vorbeugend.

Direkt:
- Kranke Pflanzen vernichten.
- Bei starker Befallsgefahr Kupfermittel spritzen.

Sellerieschorf *(Phoma apiicola)*

Die Krankheit wird durch den Samen und durch Ernterückstände übertragen.

Vorkommen: An Sellerie, seltener an Karotte, Petersilie, Fenchel, Pastinake.

Schadbild: Die Knollen bekommen vor allem bei anhaltender Bodenfeuchtigkeit erst graue, dann rötlich-braune Flecken. Die Haut wird rauh. Durch Risse dringen Fäulnispilze und Bakterien ins Innere. Die Knollen verfaulen im Boden oder beim Lagern. Der Schaden ist in der Regel gering.

Abwehr

Vorbeugend:
- Fruchtwechsel.
- Selleriekraut entfernen und vernichten.
- Spätpflanzungen werden weniger befallen.
- Heisswasserbeize des Samens (wie bei Blattfleckenkrankheit).
- Anzuchterde auswechseln.

Direkt:
- Auch chemisch ist keine wirksame Bekämpfung möglich.

Notizen:

Schädlinge und Krankheiten · Tomate, Peperoni

Tomate, Peperoni

Schadbild	Schädling/Krankheit	Seite
Blätter, Stengel		
Missbildungen, Russtau an Peperoni	Blattläuse	48
Saugflecken an Blättern, Russtau	Weisse Fliege ▶ Farbbild 52	59
Helle bis braune Flecken, unterseits schwarze Punkte; Vertrocknen	Verschiedene Pilzarten (Blattfleckenkrankheit u. a.)	92
Grau-grüne Flecken, unterseits heller Pilzrasen	Krautfäule	78
Schwarze Punkte	Sclerotinia-Fäule (selten)	91
Braunwerden und Welken der Blätter	Bakterienwelke	94
Mosaikartig gescheckte Blätter	Viruskrankheiten (selten)	65
Blätter rollen sich ein	Wachstumsstörung als Folge von Witterungsschwankungen und Nährstoffüberschuss ▶ Farbbild 51	
Frucht		
Braune Flecken bis ins Fleisch	Krautfäule ▶ Farbbild 50	78
Schwarze Flecken auf einer Seite	Schwarzfäule	76
Eingesunkene braune Flecken mit weissem Rand	Bakterienwelke	94

Bakterienwelke *(Corynebacterium michiganense)*
Die Bakterien vermehren sich im Gewebe der Pflanze. Die Infektion erfolgt über Verletzungen, befallenes Pflanzenmaterial, hauptsächlich aber über den Samen.
Vorkommen: An Tomate und Peperoni.
Schadbild: Die Krankheit befällt zuerst einzelne Blätter, die braun werden und welken. Danach stirbt die ganze Pflanze ab. Auf den Früchten bilden sich runde, eingesunkene Flecken mit weissem Rand.

Abwehr
Vorbeugend: — Gesundes Saatgut verwenden.
— Frühzeitig und vorsichtig ausgeizen.
— Anzuchterde auswechseln.
— Fruchtwechsel, 4 Jahre aussetzen.
— Gute Humusversorgung und Bodenfeuchtigkeit sind wichtig.
Direkt:
— Befallene Pflanzen entfernen und vernichten.
— Samen in 0,6 % Eisessiglösung 24 Std. desinfizieren.
— Bei starkem Auftreten Kupfermittel zur Eindämmung der Ausbreitung spritzen.

Schädlinge und Krankheiten   Kernobst

4.6 Schädlinge und Krankheiten an Obst

Kernobst – Apfel, Birne, Quitte

Schadbild	Schädling/Krankheit	Seite
Zweige, Triebe		
Triebstauchungen	Mehlige Apfelblattlaus ▶ Farbbild 54	99
Wucherungen in der Rinde, im Sommer weisser wolliger Belag	Blutlaus (Wollaus)	101
Verkrüppelung der Triebspitzen (nur an Birne)	Blattsauger	101
Braune oder graue Schildchen, gehemmtes Triebwachstum	Schildläuse	104
Triebspitzen mit mehligem Belag	Echter Mehltau ▶ Farbbild 61	63, 107
Eingesunkene, abgestorbene Rindenpartien, Spitzendürre	Obstbaumkrebs ▶ Farbbild 66	108
Blütentriebe welken und vertrocknen, Spitzendürre	Monilia	108
Besenwuchs an Haupt-, Neben- und Wassertrieben	Mykoplasmen	65
Triebspitzen und Zweige sterben ab	Mäuse, Engerlinge	60, 52
Verkümmern der Triebe	Bormangel	45
Plötzliches Verdorren, oft Schleimtröpfchen	Feuerbrand	105
Blätter		
Eingerollte, nicht verfärbte Blätter, grüne Läuse	Grüne Apfelblattlaus	99
Stark gekräuselte und gerollte Blätter, graue Läuse v. a. auf Blattunterseite	Mehlige Apfelblattlaus ▶ Farbbild 54	99
Eingerollte Blätter, hellgrüne Blattläuse	Apfelgraslaus ▶ Farbbild 56	100

Schädlinge und Krankheiten Kernobst

Schadbild	Schädling/Krankheit	Seite
Rötlich verfärbte, blasige Falten auf Blättern, mit grauen Läusen	Apfelfaltenlaus ▶ Farbbild 55	100
Blüten und Blätter angefressen	Frostspanner ▶ Farbbild 57	102
Verkrüppelung der Blätter, Blattfall, Russtau (v. a. Birne)	Blattsauger ▶ Farbbild 59	101
Miniergänge, meist schlangenförmig	Obstbaum-Miniermotte ▶ Farbbild 60	105
Rotbraune, kaum sichtbare Spinnentiere. Vergilben der Blätter (Verlust des Blattgrüns)	Spinnmilbe (Rote Spinne) ▶ Farbbild 21	57
Gespinste, Blattfrass	Gespinstmotte ▶ Farbbild 58	103
Weiss gepuderte, leicht eingerollte Blätter	Echter Mehltau ▶ Farbbild 61	63, 107
Ober- und unterseits braunschwarze Flecken	Schorf	110
Kleine, später leuchtend orangegelbe Flecken mit Höckern blattunterseits (nur an Birne)	Gitterrost ▶ Farbbild 65	106
Dunkelbraune bis schwarze Verfärbung	Feuerbrand	105

Knospen, Blüten

Knospenschaden durch Saugen. Honig- und Russtaubildung (v. a. an Birne)	Blattsauger ▶ Farbbild 59	101
Im Winter verkümmerte Endknospen mit mehligem Belag	Echter Mehltau ▶ Farbbild 61	63, 107
Nach Blüte plötzliches Verdorren ohne abzufallen	Feuerbrand	105

Früchte

Kleines Bohrloch, Kot, zerfressenes Kerngehäuse, frühzeitiges Abfallen im Herbst	Apfelwickler (Obstmade) ▶ Farbbild 53	98

Schadbild	Schädling/Krankheit	Seite
Spiralförmiger Frass (aussen), früher Fruchtfall	Larven der Sägewespe	117
Vernarbte Frassstellen	Frostspanner ▶ Farbbild 57	102
Schwarze Flecken, bei starkem Befall Risse	Schorf ▶ Farbbild 67	110
Schwarzer, russartiger Belag	Russtau, Regenfleckenkrankheit	49, 109
Bräunliche Flecken mit gelbbraunen, konzentrischen Ringen, eingetrocknete Früchte	Monilia ▶ Farbbild 63	108
Bräunlich verkorkte Partien unmittelbar unter der Schale, etwas eingesunkene Flecken auf Schalenoberfläche	Stippigkeit (Stippe) ▶ Farbbild 64	45
Bräunlich verkorkte Stellen im ganzen Fruchtfleisch und auf der Haut	Bormangel (selten, v. a. bei Überkalkung)	45
Leichte verkorkte Einschnürung der Frucht	Frost	46

Notizen:

Schädlinge und Krankheiten | Kernobst

Apfelwickler *(Laspeyresia pomonella)*
Obstmade, Apfelmade

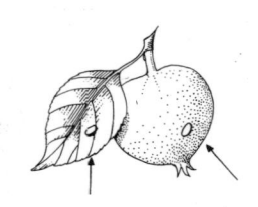

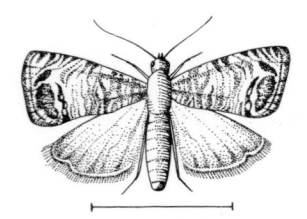

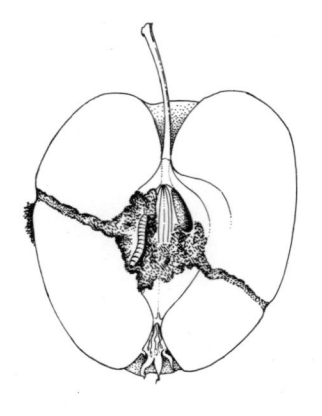

Der Falter hat eine Flügelspannweite von ca. 20 mm. Die Vorderflügel sind gräulich mit dunklen Wellenlinien und kupferglänzendem Fleck. Die Raupe wird bis 20 mm gross, weisslich mit rotbraunem Kopf und Nackenschild. Die weisslichen Eier sind 1 mm gross.
Der Wickler fliegt von Juni bis August (Hauptflug meist erste Julihälfte) in der Dämmerung bei Temperaturen über 15 °C. Tagsüber sitzt er mit gefalteten Flügeln an Stämmen und Ästen. Die Eier werden einzeln zuerst an Blätter, später an die Früchte gelegt. Die Raupe frisst sich in die Frucht ein. Am Ende ihrer Entwicklung verlässt sie die Frucht und verspinnt sich in der Rinde der Bäume oder in anderen Verstecken, wo sie überwintert. Sie verpuppt sich im Frühjahr. Wird sie mit den Früchten in den Keller gebracht, so überwintert sie in den Ritzen der Gestelle. Raupen, die mit dem Fallobst auf den Boden gelangen, wandern auf die Bäume zurück. Bei warmer Witterung ist eine zweite Generation möglich (meist erste Augusthälfte).

Vorkommen: An Kernobst (v. a. Apfel), in warmen Regionen auch an Aprikose und Walnuss.

Schadbild: Ausschlüpfende Raupen bohren sich in das Fruchtinnere ein und zerstören das Kerngehäuse. Der Kot wird zuerst durch das Einbohrloch, dann durch einen grösseren Gang ausgestossen.
Die Schäden können v. a. in wärmeren Lagen ein grösseres Ausmass annehmen.
Befallene Früchte werden notreif und fallen frühzeitig ab. Befallskontrolle im Sommer. (Farbbild 53.)

Abwehr
Der Apfelwickler muss im Sommer bekämpft werden. Die Falter, Eier und Raupen treten meist anfangs bis Mitte Juli auf. Der Falterflug lässt sich mit Licht- oder Lockfallen feststellen. Über den Zeitpunkt der Bekämpfung geben regionale Pflanzenschutzstellen Auskunft.

Vorbeugend:
– Nützlinge fördern, v. a. Fledermäuse und Vögel (Blaumeise, Specht).
– Wermut- oder Rainfarntee spritzen, um den Apfelwickler durch Überdeckung des Apfelgeruchs irrezuführen.

Schädlinge und Krankheiten   Kernobst

- In Japan werden die Äpfel vom Juni bis einen Monat vor der Ernte in Papiersäcke verpackt, um das Obst vor der Eiablage des Apfelwicklers und vor Spätschorf zu schützen. Versuche laufen auch in der Schweiz (Auskunft: Forschungsanstalt Wädenswil).

Direkt:
- Durch sofortiges Auflesen des Fallobstes kann ein Teil der Maden eingesammelt werden, bevor sie in den Boden abwandern.
- Wellkarton-Fanggürtel mindestens 20 cm über dem Boden Ende Mai direkt am Stamm anbringen, auf sich darin verkriechende Raupen hin kontrollieren und dann verbrennen. (Farbbild 88.)
- Im Juli im Abstand von 3 Wochen 2 Obstmadenspritzungen mit Pyrethrum-Rotenon-Mitteln durchführen. Die Wirkung dieser Mittel ist aber unzureichend, darum werden sie offiziell in der Schweiz nicht empfohlen.
- Es sind Versuche im Gange, den Befall durch Apfelwickler mittels Viren, Sexualduftstoffen sowie durch Sterilisation der Wicklermännchen mittels Bestrahlung zu reduzieren.

Blattläuse an Kernobst

Siehe Blattläuse (Allgemeine Schädlinge). Verursachende Faktoren für einen Blattlausbefall können auch bei Bäumen triebiges Wachstum durch übermässige Düngung sowie zu Stoffwechselstörungen führende Bodenverdichtungen und Witterungsumschläge sein. Die meisten Blattlausarten der Obstbäume fliegen nach der Blüte oder im Vorsommer auf krautige Pflanzen. Nach dem Rückflug auf die Obstbäume im September/Oktober werden die befruchteten Wintereier einzeln oder in Gruppen am Fruchtholz abgelegt. Massenhafte Eiablagen an Apfeljungtrieben stammen von der nicht wirtswechselnden Grünen Apfelblattlaus. Diese tritt besonders im Vorsommer auf.
Besonders gefährlich für Apfelbäume ist neben der Grünen Apfelblattlaus die Mehlige Apfelblattlaus, welche nach dem Abblühen im Mai/Juni auftritt. Wichtig ist eine genaue Kontrolle, welche Blattlausarten auftreten. Blattläuse befallen besonders stark wachsende Jungbäume.

Grüne Apfelblattlaus *(Aphis pomi)*
Die Larven und ungeflügelten Tiere sind blattgrün. Die geflügelten Läuse haben braunschwarzen Kopf und Beine. Sie befallen Blätter und wachsende Triebe. Ameisenbesuch. Kein Wirtswechsel.
Vorkommen: An Kernobst, Weissdorn, Cotoneaster.
Schadbild: Blattrollen ohne Verfärbung, Triebstauchung und Verdorren. Viel Russtau, besonders im Sommer.

Mehlige Apfelblattlaus *(Dysaphis plantaginea)*
Diese Laus ist graubraun und mit Wachs gepudert. Die Larven sind rötlich. Ab Juni erfolgt der Wegflug auf Wegerich-Arten. Die Eiablage erfolgt im Herbst in Rindenrisse, an Zweige und am Stamm.

Schädlinge und Krankheiten　　　　　　　　　　　　　　　　Kernobst

Vorkommen: Hauptwirt: Apfel (v. a. Mai/Juni). Nebenwirte: Stumpfblättriger Ampfer (Blacke), Kerbel, Wegerich-Arten.

Schadbild: Die Laus schadet durch Saugen und Ausscheiden von Giftstoffen. Die Blätter kräuseln sich und werden stark deformiert. Kurz nach der Blüte verdorren Blüten und Triebende und fallen ab. Deformierung der Jungfrüchte. Russtaubildung. (Farbbild 54.)

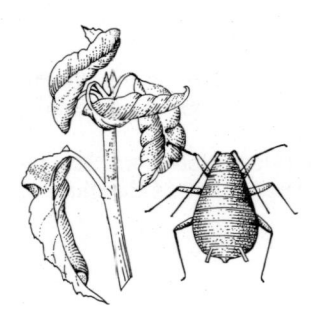

Apfelfaltenlaus *(Dysaphis ssp.)*
Die erste Generation ist von grauer Farbe, die weiteren Generationen sind hellbraun. Ameisenbesuch.

Vorkommen: Hauptwirt: Apfel. Nebenwirt: Ampfer, Kerbel und Baldrian.

Schadbild: Am Apfelbaum erzeugt die Laus rötliche, nach unten eingedrehte Blattrandwülste. Meist geringer Schaden. (Farbbild 55.)

Apfelgraslaus *(Rhopalosiphum insertum)*
Diese Laus ist im Unterschied zur Grünen Apfelblattlaus hellgrün mit zwei hellen Streifen auf dem Rücken. Sie ist wirtswechselnd. Im Herbst werden die glänzend schwarzen Eier an die Triebe abgelegt.

Vorkommen: Hauptwirt: Apfel (September bis Mai). Nebenwirte: Gräser (Sommer).

Schadbild: Leichtes Einrollen der Blätter. Eine Bekämpfung ist nicht nötig. (Farbbild 56.)

Abwehr der Blattläuse an Kernobst
Vorbeugend:
– Siehe Blattläuse (Allgemeine Schädlinge).
– Baumanstrich und Winterspritzung mit Lehm-Schachtelhalmbrühe (evtl. mit Wasserglas).
– Brennesseljauche oder Algenextrakt zur Pflanzenstärkung spritzen.

Direkt:
– Spritzung vor Austrieb mit Ölemulsionen reduziert die überwinternden Eier.
– Spritzen mit Brennesselwasser, mit Rainfarn, Schmierseifenlösung, Quassia, bei stärkerem Befall mit Pyrethrum- oder Rotenon-Mitteln. Bei älteren Obstbäumen kann mit einer Spritzung zugewartet werden, um die Entwicklung der Nützlinge zu ermöglichen. Bei jüngeren Bäumen sind diese Mittel frühzeitiger einzusetzen, sofern die Blattläuse nicht zur Hemmung eines zu starken Triebwachstums dienen können.

Schädlinge und Krankheiten   Kernobst

Blattsauger

Apfel *(Psylla mali)*
Birne *(Psylla piricula, P. pirisuga u. a.)*
Die Blattsauger-Arten sind 3–4 mm lang, von gelber bis brauner Farbe. Aus den Eiern schlüpfen beim Knospenaustrieb Larven, die sofort an den Blüten und Knospen zu saugen anfangen. Sie scheiden dabei zuckerreichen Saft (Honigtau) aus. Die platten, 1–2 mm grossen Junglarven entwickeln sich während der Blüte zum Insekt. Die Birnblattsauger können mehr als eine Generation bilden. Apfelblattsauger überwintern als Eier, Birnblattsauger hingegen als geflügelte Insekten in der Rinde. Diese legen im Frühjahr dunkelgelbe kleine Eier an die jungen Triebe. Die entwickelten Blattsauger halten sich während des Sommers in den Birnbäumen bzw. Apfelbäumen und deren Umgebung auf.

Vorkommen: An jungen Trieben und Blättern von Birne, seltener von Apfel.

Schadbild: Die Larven hemmen die Entwicklung der Knospen durch Saugen und durch Honigtau. Verkrüppelung der befallenen Blätter und Triebspitzen. Blattfall. Bei Birne bildet sich Russtau auf Zweigen, Blättern und Früchten. (Farbbild 59.)

Abwehr
Vorbeugend:
– Die natürlichen Feinde, v. a. Raubwanzen, werden durch den Einsatz verschiedener Insektizide und zum Teil auch durch Schwefel geschädigt.
– Rindenpflege mittels Stammanstrich vermindert die Unterschlupfmöglichkeiten (bei Birnblattsauger).

Direkt:
– Eine Behandlung ist meist nicht nötig.
– Stark befallene Triebe abschneiden und verbrennen.
– Durch eine Winterspritzung mit Ölemulsionen wird ein Teil der überwinternden Eier der Apfelblattsauger vernichtet.
– Bei sehr starkem Befall vor der Blüte Pyrethrum- oder Rotenon-Mittel (gegen Eier und Junglarven) einsetzen.

Blutlaus *(Eriosoma lanigerum)*

Die etwa 2 mm grosse Blutlaus ist braunrot. Beim Zerdrücken entsteht ein braunroter Fleck. Sie ist mit Wachsflocken bedeckt.
Die flügellosen Generationen sitzen an Blattachseln von Zweigen, oft tief in Borkenritzen des Stammes und am Wurzelhals oder an oberflächennahen Wurzeln. Sie erscheinen ab Mai, in Massen im Herbst, auf Trieben und Zweigen. Die Fortpflanzung erfolgt ungeschlechtlich (Parthenogenese). Pro Blutlaus entwickeln sich ungefähr 100 Jungtiere. Es sind 10–12 Generationen möglich. Im Spätsommer werden auch geflügelte Tiere gebildet, welche für eine Weiterausbreitung sorgen. Die Blutläuse überwintern als Larven in Rindenrissen und an Wurzeln.

Vorkommen: An Apfel.

Schädlinge und Krankheiten   Kernobst

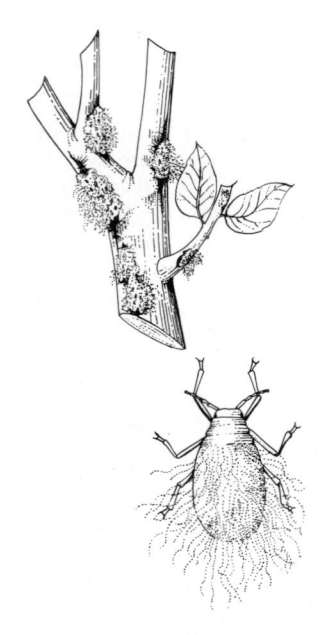

Schadbild: Schaden entsteht durch das Saugen. Der Speichel der Läuse treibt das Kambium auf, wodurch die Rinde platzt. Es kommt zu Wucherungen (Blutlauskrebs). Befallene Zweige erfrieren leicht, da das Holz zu spät reift.
Nicht alle Apfelsorten und Sortenunterlagen werden gleich stark befallen.

Abwehr
Vorbeugend:
— Wichtigste natürliche Feinde der Blutläuse sind die Zehrwespen *(Aphelinus mali)*.
— Wahl widerstandsfähiger Sorten und Unterlagen.
— Vermeidung zu triebiger Düngung.
— Baumanstrich (v. a. am unteren Stammende).
— Im Herbst Bäume mit Brennesseljauche spritzen.
— Kapuzinerkresse auf Baumscheiben pflanzen (wirkt erst ab dem zweiten Jahr).

Direkt:
— Befallene Zweige beim Baumschnitt entfernen und Wundstellen ausschneiden.
— Gründliches Abbürsten der Blutlaus-Kolonien.
— Die weissen Wollgebilde mit Auszügen der Kapuzinerkresse oder unverdünntem Farnkraut-Extrakt behandeln.
— Bei stärkerem Befall mit Schmierseife/Spiritus bespritzen oder bepinseln.
— Winterspritzung mit Ölemulsionen.

Kleiner Frostspanner *(Operophthera brumata)*

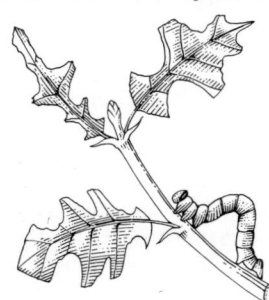

Das Männchen hat eine Flügelspannweite von 20–30 mm. Die Vorderflügel sind gelb-grau mit verwaschenen Wellenquerlinien, die Hinterflügel sind hell. Es fliegt Oktober bis Dezember. Das flugunfähige Weibchen hat nur Flügelstummel und kriecht vom Boden auf die Bäume, wo es begattet wird. Es legt 200–300 Eier in die Rinde in der Nähe der Winterknospen. Die ovalen Eier überwintern; sie sind blassgrün, später orange. Die bis 20 mm lange Raupe ist ganz grün mit 3 weissen Längslinien. Sie bewegt sich buckelartig fort. Die Raupe frisst von März bis Mai an austreibenden Blüten, Blättern und Knospen, auch an Früchten. Die Larven lassen sich an einem Faden auf den Boden herunter. Dort bleiben sie als Puppen bis im Herbst.

Schädlinge und Krankheiten   Kernobst

Vorkommen: An Obst- und Laubbäumen sowie Büschen (Weissdorn, Hainbuche, Hasel); daher besonders schädlich an frühblühenden Obstbäumen in Waldnähe. Die Häufigkeit des Auftretens ist sehr verschieden von Jahr zu Jahr und Ort zu Ort. Es kann zu lokaler Massenvermehrung kommen.
Schadbild: Die Raupen fressen an jungen Blättern und Blüten. Auch junge Früchte (Äpfel, Birnen, Kirschen usw.) werden angefressen. (Farbbilder 57, 69.)

Abwehr
Vorbeugend:
– Vogelnistkästen aufhängen.
– Hühnerauslauf im Baumgarten (Mai/Juni).
– Weibliche Falter mit Leimring fangen. Zeitpunkt des Anbringens September bis Dezember, dann verbrennen. Bäume unterhalb des Leimringes gut reinigen. (Farbbild 89.)
– Baumanstrich. (Farbbild 90.)
Direkt:
– Winterspritzung.
– Bekämpfung der Raupen bei mildem Wetter, kurz vor der Blüte mit Rotenonmittel oder Bakterienpräparat Bacillus thuringiensis.

Gespinstmotten

Apfel *(Hyponomeuta malinellus)*
Zwetschge, Pflaume *(Hyponomeuta padellus)*
Diese weissgrauen Motten haben eine Flügelspannweite von ca. 20 mm. Sie machen Gelege von 20–80 Eiern. Die Eier überdecken sich gegenseitig dachziegelartig; erst sind sie hell, dann rötlich-braun. Die Raupen sind 15–20 mm lang und von gelber Farbe. Die weissen Kokons stehen im Gespinst aufrecht und dicht beieinander.
Die Falter fliegen von Juni bis August. Sie sind flugträge. Die Eier werden an dünne Zweige gelegt und mit Sekret bedeckt. Die Räupchen überwintern unter dieser Sekretschicht. Der Schädling kann während Jahren selten und dann plötzlich stark auftreten.

Vorkommen: An Apfel, Quitte, Zwetschge und Pflaume, seltener an Pfirsich, Aprikose und Weissdorn.
Schadbild: Die Raupen fressen ab April an Knospen, später an Blättern. Im Mai bis Juni bilden sie weisse Gespinste. Bei Massenbefall (selten) werden die Blätter der Baumkronen völlig mit Gespinsten überzogen; es kommt zu Kahlfrass. (Farbbild 58.)

103

Schädlinge und Krankheiten   Kernobst

Abwehr
Vorbeugend:
- Vogelschutz! Wenn genügend insektenfressende Vögel da sind, wird die Gespinstmotte wie auch der Frostspanner kaum zum Problem.
- Die Pflaumengespinstmotte wird durch den Weissdorn angezogen.
- Schlupfwespen schonen.
- Baumanstrich.

Direkt:
- Schon im Sommer alle Gespinste ausschneiden und verbrennen oder mit heissem Wasserstrahl vernichten. Einzelne Raupen auf Tücher abschütteln.
- Spritzung mit Schmierseife, denaturiertem Spiritus, Kalk und Salz (Wasser warm verwenden, damit es besser durch die Nester geht). Spritzen wenn die Raupen in den Gespinsten sind.
- Bacillus thuringiensis-Präparate sind gut wirksam gegen die Raupen.

Schildläuse *(Coccoidae)*

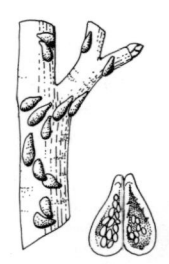

Kommaschildlaus *(Lepidosaphes ulmi)*
Das Weibchen ist 2–4 mm gross, birnförmig, weisslich oder goldgelb. Der Schild ist langgestreckt, muschelförmig und braun. Die Eiablage findet im Herbst unter dem Schild statt. Überwinterung als Ei. Die Jungläuse erscheinen ab Mai bis Juni. Eine Generation im Jahr. Stamm, Äste und Zweige sind mit dichten Krusten überzogen.

Vorkommen: Weibchen an Apfel, Birne und Pfirsich, besonders an schwachen und schlecht gepflegten Bäumen.

Grosse Obstbaumschildlaus *(Eulecanium corni)*
Napfschildlaus

Bei dieser Schildlausart ist die Rückenhaut der Weibchen schildartig erhärtet. Unter diesem kugeligen, braunen Schild entwickeln sich die Eier. Die Junglarven kriechen im Juli/August auf Blätter und unverholzte Triebe. Die Larven überwintern an Stamm und Zweigen. Erst im Frühling bilden sich die Schilder.

Vorkommen: An Zwetschge, Rebe, seltener an Birne, Apfel und Johannisbeere; v. a. bei schwachen Pflanzen.

Schadbild: Die Schildläuse stechen die Rinde an und verursachen durch Saftentzug Wachstumsstörungen und Verkrüppelungen. Auf ihrer Ausscheidung bildet sich Russtau. Der Schaden ist selten von Bedeutung.

Abwehr
Vorbeugend:
- Stammanstrich, gute Baumpflege.

Schädlinge und Krankheiten　　　　　　　　　　Kernobst

Direkt:
- Abbürsten der Krusten.
- Juli/August gegen die Junglarven Blattlausbekämpfungsmittel spritzen.
- Winterspritzung mit Ölemulsionen gegen Larven.
- Gegen Kommaschildlaus im Mai/Juni Origano- (Echter Dost) Tee oder Schwefelsaure Tonerde gründlich spritzen.

Obstbaumminiermotte *(Lyonetia clerkella u. a.)*
Die Motte hat eine Flügelspannweite von 8–10 mm. Sie ist weiss oder gelbgrau. Im äusseren Flügeldrittel hat sie grössere braune, ovale Flecken. Die Flügel sind gefranst. Die Raupe ist grün mit braunem Kopf; die Puppe erst grün, dann sandgrau. Sie wird wie in einer Hängematte blattunterseits in weissem Kokon befestigt.
Die Miniermotte überwintert als Falter sowohl an Bäumen als auch in anderen Verstecken. Sie fliegt bereits im April. Die Eier werden einzeln an der Blattunterseite von Kern- und Steinobst abgelegt. Aus den Eiern entwickeln sich die länglichen Raupen, welche die Blätter minieren. Zur Verpuppung spinnen sie sich auf ein tiefer gelegenes Blatt ab. Die zweite Generation im Juni verursacht den grössten Schaden. Manchmal kommt es noch zu einer dritten Generation im Juli bzw. August/September.

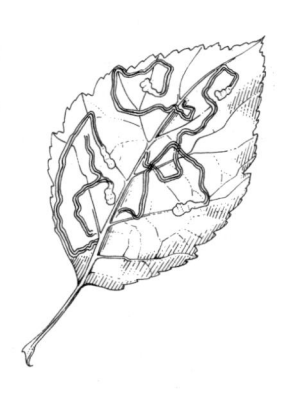

Vorkommen: An Apfel, Kirsche, seltener an Birke und anderen Laubhölzern.

Schadbild: Die Raupen dieser Miniermotte minieren stark geschlängelt, andere erzeugen kreisförmige und ovale Faltenminen oder kurze Gänge. Dadurch werden ganze Blattpartien von der Stoffzufuhr abgeschnitten und vertrocknen. Die Mine ist von einer fadenförmigen Kotspur durchzogen. Ein Blatt kann mehrere Larven beherbergen. (Farbbild 60.)

Abwehr
Vorbeugend:
- Ein Teil der Raupen wird von Schlupfwespen und Vögeln vernichtet.

Direkt:
- Die von der Miniermotte befallenen Blätter einsammeln.
- Der Einsatz von direkten Bekämpfungsmitteln ist im Garten nicht nötig.

Feuerbrand *(Erwinia amylovora)*
Dies ist die gefährlichste bakterielle Krankheit an Kernobst. Sie breitet sich sehr schnell aus und kann bei Birnbäumen 8–15 Monate nach der Ansteckung zum Absterben des ganzen Baumes führen. Die Bakterien überwintern an den Ästen.

Schädlinge und Krankheiten　　　　　　　　　　　　　　　Kernobst

Im Frühling verursachen sie schleimige, bakterienhaltige Ausscheidungen, die durch Regen und Insekten verbreitet werden. Meistens erfolgt die Infektion über die Blüten; Bienen sind die hauptsächlichsten Überträger. Aber auch durch Rindenverletzungen kann es zu Infektionen kommen. Birnbäume sind besonders anfällig; andere Baumarten sterben selten ab, sind aber Krankheitsträger. Der Feuerbrand ist aus befallenen Anlagen, Gärten und Wäldern nur sehr schwer auszumerzen. Bei Verdacht eines Befalles sofort Meldung an die nächste Forschungsanstalt für Obstbau erstatten.

Vorkommen: In verschiedenen Ländern Europas. In der Schweiz bis Mitte 1980 noch nicht festgestellt. An Birne, Apfel, Quitte, Cotoneaster, Weiss- und Rotdorn.

Schadbild: Im Frühling nach der Blüte plötzliches Absterben einzelner Fruchtbüschel, Zweige, ganzer Äste. Blätter und Früchte scheinen verbrannt, bleiben aber am Baum hängen. Die erkrankten Rindenpartien der Äste sinken ein, es bilden sich feuchte Schleimtropfen (Bakterienschleim). Das Kambium ist oft rötlich.

Abwehr
Vorbeugend:
– Keine Einfuhr von Pflanzen aus verseuchten Gebieten.
– Nach der Blüte Bäume auf Befall kontrollieren.
– Sofortiges Entfernen und Einsenden krankheitsverdächtiger Partien an die Forschungsanstalten für Obstbau.

Direkt:
– Entfernen und sofortiges Verbrennen befallener Pflanzenteile.
– Rindenpartien tief ausschneiden und desinfizieren, Wundverschlussmittel anbringen.
– Kupferspritzungen vor und nach der Blüte hemmen die Weiterverbreitung.

Gitterrost *(Gymnosporangium sabinae)*

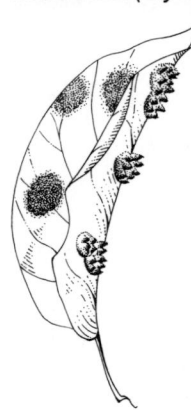

Der Erreger des Gitterrostes ist ein wirtswechselnder Pilz. Er überwintert an den Zweigen einiger Wacholderarten, nicht aber auf dem Gemeinen Wacholder *(Juniperus communis)*. An den Wacholderzweigen verursacht der Pilz spindel- oder keulenförmige Verdickungen. Man erkennt den Befall am Wacholder am besten im April. Dann treten an den Verdickungen hellbraune Zäpfchen auf, die bei nasser Witterung aufquellen und gallertartig werden. Dieser Sporenschleim trocknet ein und wird vom Wind verbreitet. Gelangen die Sporen auf feuchte Birnbaumblätter, so wachsen sie in das Gewebe ein, zerstören es aber nicht. Es kommt zu einer Verminderung der Blattätigkeit (Assimilation).

Vorkommen: An Birne. Winterwirt: Verschiedene Wacholder.

Schädlinge und Krankheiten | Kernobst

Schadbild: Auf den Blättern der Birnbäume bilden sich zuerst kleine, dann grössere leuchtend orangegelbe Flecken. Gegen den Herbst hin bilden sich blattunterseits höckerähnliche Gebilde mit feinen faserartigen Häubchen oder Gitterchen. An Wacholder schleimige, verdickte Stellen. (Farbbild 65.)

Abwehr
Vorbeugend:
– An Wacholder die schleimigen, verdickten Stellen bis 10 cm ins gesunde Holz herausschneiden und verbrennen.

Direkt:
– Eine wirksame Bekämpfung mit Pilzbekämpfungsmitteln ist schwierig.
– Behandlung der gallertartigen Partien an Wacholderzweigen mit 60 g Netzschwefel/10 l Wasser oder 100 g Ledax-san (Bio-S)/10 l Wasser (im April).
– Gegen Zuflug von Wintersporen im Juni junges Birnlaub mit 70–80 g Ledax-san (Bio-S)/10 l Wasser/10 g Algenkalk innerhalb 14 Tagen zweimal spritzen.

(Echter) Mehltau *(Podosphaera leucotricha)*

Der Pilz überwintert in Knospen und jungen Trieben. Im Frühjahr zeigt sich ein feines weisses Gewebe. Der Pilz ernährt sich aus den Oberflächenzellen der befallenen jungen Pflanzenteile. Es kommt zur Vermehrung und Neuinfektion während der ganzen Vegetationsperiode.

Vorkommen: An Apfel, Quitte.

Schadbild: Befallene Organe sehen wie mit Mehl überpudert aus. Schon im Winter ist das weisse Myzelgewebe sichtbar. Befallene Knospen schwellen an oder vertrocknen. Bei Frühinfektionen sterben Knospen, Blüten, Blätter und Triebspitzen ab. Befallene Früchte lassen sich nur schwer erkennen; gegen den Herbst zu zeigt sich jedoch auf der Haut eine typische netzartige, bräunliche Zeichnung. Bei Infektionen bilden sich Myzelflecken auf der Blattunterseite, die sich darauf rötlich verfärben. Besonders bei jungen Trieben rollen sich die Blätter meist etwas ein. (Farbbild 61.)

Abwehr
Vorbeugend:
– In besonders ungünstigen, trockenen Lagen mehltaugefährdete Sorten meiden (Jonathan, Idared, Cox-Orange u. a.).
– Ausgewogene, nichttriebige Düngung vermindert den Mehltaubefall.
– Schachtelhalmbrühe, allein oder mit Netzschwefel kombiniert, oder Ledax-san (Bio-S) kurz vor der Blüte bis Ende des Triebwachstums in regelmässigen Abständen spritzen.

Direkt:
– Radikaler Winterschnitt aller befallenen Triebe. Auch während der Vegetationsperiode sollen befallene Organe entfernt werden.

Monilia
Spitzendürre

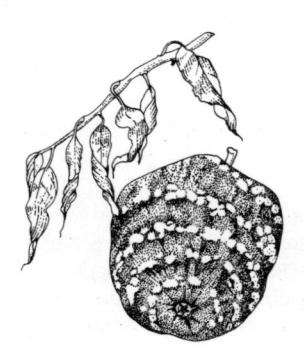

Kernobst *(Monilia fructigena)*
Steinobst *(Monilia laxa)*
Diese Krankheit ist stark verbreitet. Der Pilz überwintert in Fruchtmumien (faule, eingetrocknete Früchte, die am Baume hängen bleiben), in alten Blütenständen oder als Myzel auf Zweigen. Er wird durch Wind, Regen und Insekten vor allem auf die Blütennarben, später auf verletzte Früchte verbreitet, wo die Sporen rasch auskeimen.

Vorkommen: An Kern- und Steinobst.

Schadbild: Die abgestorbenen Gewebe verstopfen die Leitungsbahnen und die befallenen Organe welken rasch. Blüten und Früchte bleiben jedoch im vertrockneten Zustand monatelang am Baum hängen. Befallene Früchte zeigen bräunliche Flecken mit gelbbraunen, konzentrischen Ringen. Später trocknen sie ganz ein; spät befallene Früchte verfärben sich während der Lagerung braunschwarz. Die Oberhaut weist dann meist einen glänzenden Schimmer auf (Schwarzfäule). (Farbbilder 62, 63.)

Abwehr
Vorbeugend:
- Fruchtausdünnung bei zu dichtem Behang.
- Früchte nur ganz trocken ernten.
- Meerrettich auf Baumscheibe setzen.
- Bei verregneter Blüte Meerrettichblätter- und Meerrettichwurzeltee in die Blüte spritzen, um die Monilia-Sporen am Keimen zu hindern.
- Verletzungen verhüten durch Bekämpfung von Schorf und tierischen Schädlingen.

Direkt:
- Entfernen und Verbrennen aller vorhandenen Fruchtmumien und befallenen Zweige im Winter. Kontrolle der Früchte und Blüten während der Vegetationsperiode und der Lagerung.
- Während der Blüte vorbeugend bis 2mal wöchentlich Ledax-san (Bio-S), evtl. mit Wasserglas oder bei kalter Witterung mit Kupfermittel kombiniert spritzen.

Obstbaumkrebs *(Nectria sp. und Gloeosporia sp.)*
Die Infektion erfolgt ganzjährlich (vor allem jedoch im Winter) über Lentizellen, Knospen und verletztes Holz. Gefährlich ist diese Krankheit vor allem in niederschlagsreichen Jahren. Im Winter sind die roten, im Sommer die weissen Sporenpusteln in Rindenrissen junger Krebswunden leicht erkenntlich. Der Pilz tötet

Schädlinge und Krankheiten — Kernobst

das Bast- und Kambiumgewebe, wobei sich die Rinde löst. Der Baum versucht die Wunde zu überwachsen.

Vorkommen: An Kern- und Steinobst.

Schadbild: Eingesunkene, abgestorbene Rindenpartien mit aufgesprungener Oberfläche. Häufig starke Wucherungen. Befall von jungen Trieben kann zu *Spitzendürre* führen. (Farbbild 66.)

Abwehr

Vorbeugend:
- Wichtig ist die Verhinderung stauender Nässe im Boden (Drainage) sowie die Vermeidung jeglicher Überdüngung.
- Rindenverletzungen verhüten.
- An ungünstigen Lagen (hoher Grundwasserstand, in Mulden) keine anfälligen Sorten (z.B. Cox-Orange, Sauergrauech) pflanzen.
- Baumpflege mit Stammanstrich und Winterspritzung mit Lehm-Schachtelhalmbrühe oder Bentonit-Wasserglas (evtl. noch Algenkalk und Asche beimischen). Auch als Handelsmittel erhältlich.

Direkt:
- Sauberes Ausschneiden der Wunden (Messer desinfizieren), nachher die Wunde gut mit Wundsalbe verstreichen. Bei starkem Befall muss der ganze Ast mindestens 15 cm unterhalb der Wunde abgesägt werden.
- Bei gefährdeten Obstbäumen Kupfermittel bei beginnendem Blattfall (Oktober) spritzen (2mal innert 2–3 Wochen).

Regenfleckenkrankheit *(Gloeodes pomigena)*

Diese Krankheit, die ähnlich wie der Russtau aussieht, wird durch verschiedene Pilze verursacht. Sie entwickelt sich auf den Kernobstfrüchten im Spätsommer oder während der Lagerung, vor allem bei grosser Luftfeuchtigkeit und hohen Temperaturen.

Vorkommen: An Apfel, Birne.

Schadbild: Braunschwarze, nicht abreibbare Flecken auf der Haut, welche das Aussehen der Früchte beeinträchtigen. Die Lagerfähigkeit bleibt erhalten.

Abwehr

Vorbeugend:
- Keine feuchten Früchte ernten und einkellern.
- Gepflückte Früchte nicht im Baumgarten stehen lassen.

Direkt:
- Spätschorfspritzung im August bei Lagersorten (s. Schorf).

Schädlinge und Krankheiten | Kernobst

Schorf

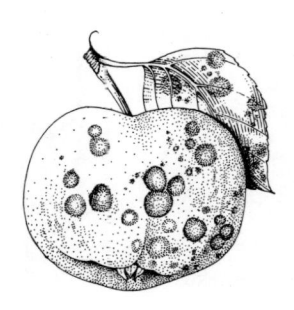

Apfel *(Venturia inaequalis)*
Birne *(Venturia pirina)*
Die Hauptfruchtform des Pilzes überwintert auf Blättern am Boden, nicht aber auf Blättern am Baum. Um die Zeit der Blüte werden die Sporen bei mechanischen Störungen (Regen, Wind, Berührung) ausgeschleudert und vom Wind auf die Bäume getragen. Innert kurzer Zeit wachsen dort, sofern genügend Feuchtigkeit vorhanden ist, die Sommersporen aus. Vorerst entwickelt sich der Pilz unsichtbar unter der Oberfläche der befallenen Organe. Erst bei der Bildung neuer Sporenlager entstehen die typischen braunen Flecken. Vor allem in nassen, warmen Jahren erfolgen Neuinfektionen während der ganzen Vegetationsperiode. Erfolgt die Infektion kurz vor der Ernte, wird das Schadbild erst im Laufe der Lagerung sichtbar (Lagerschorf).

Vorkommen: An Apfel und Birne, seltener an Pfirsich.

Schadbild: Olivgrüne (Frühstadium) bis grauschwarze (Spätstadium) Flecken an Blättern, Trieben (eher selten) und Früchten. Bei Apfelschorf auf Blattoberseite, bei Birnenschorf auf Blattunterseite. Die befallenen Stellen trocknen aus und es bilden sich Risse, die Infektionen durch Fäulnispilze begünstigen. Starker Befall kann zu Blattfall und Spitzendürre führen. Früh befallene Früchte zeigen starke Deformationen (Höckerbildung). Bei Spätschorf an Lagersorten schrumpfen die Früchte während der Lagerung. (Farbbild 67.)

Abwehr

Die Bekämpfung erfolgt vorbeugend. Sind die Pilzfäden einmal in die Gewebe eingedrungen, so ist eine Bekämpfung kaum mehr möglich.

Vorbeugend:
- Durch Schnitt und Standortwahl für ein gutes Abtrocknen des Blattwerkes und der Früchte sorgen.
- Anfällige Sorten meiden oder nur wenige davon anpflanzen (Golden Delicious, Sauergrauech, Glockenapfel). Wenig anfällig sind Boskoop, Spartan, James Grieve.
- Auf den Boden fallendes Laub entfernen und gut kompostieren.
- Baumscheibe mit Kompost abdecken und diesen wiederum mit Stroh, Heu oder Gras zudecken.
- Schnittlauch auf Baumscheibe pflanzen.
- Düngung mit Rhizinusschrot im Herbst zeigt gewisse schorfhemmende Wirkungen.
- Gründüngung und Mulchen. Gras abmähen und liegen lassen.
- Zur Blattstärkung Brennessel, Schachtelhalm, Algenmehl, Algenextrakte, Bentonit oder Handelsmischungen davon spritzen.

Schädlinge und Krankheiten — Kernobst

Direkt:
- Bei stark anfälligen Sorten je nach Witterung Ledax-san (Bio-S) alle 8–14 Tage vor und nach der Blüte spritzen, evtl. kombiniert mit Wasserglas. Die Gefahr von Infektionen ist von April bis Juni am grössten. Lagersorten sollten bis 4–5 Wochen vor der Ernte behandelt werden.
- Netzschwefel spritzen. Vorsicht bei schwefelempfindlichen Sorten (Berlepsch, Cox Orange).
- Bei kalter Witterung können vor der Blüte Kupfermittel eingesetzt werden (z.B. Kupferoxychlorid 0,05 %).
- Im biologisch-dynamischen Anbau wird, wenn die Früchte walnussgross sind, das Hornkiesel-Präparat zur Förderung der Reife-Prozesse gespritzt.

Notizen:

Schädlinge und Krankheiten　　　　　　　　　　Steinobst – Kirsche

Steinobst – Kirsche

Schadbild	Schädling/Krankheit	Seite
Zweige, Triebe		
Wachstum gehemmt, schwarze Läuse, Russtau	Kirschenblattlaus ▶ Farbbild 68	113
Triebe verwelken, Spitzendürre	Monilia ▶ Farbbild 62	108
Eingesunkene Stellen an Rinde mit Gummifluss Absterben ganzer Astpartien	Bakterienbrand	114
Blätter		
Stark gekräuselt und gerollt, schwarze Läuse, Russtau	Kirschenblattlaus ▶ Farbbild 68	113
Minierte Blätter	Obstbaum-Miniermotte ▶ Farbbild 60	105
Erst hellgrüne, dann braune Flecken	Bakterienbrand	114
Erst kleine rotbraune Flecken, dann schrotschussartige Löcher, vorzeitiger Blattfall	Schrotschuss ▶ Farbbild 73	115
Rundliche, rotviolette Flecken längs der Mittelrippe	Sprühfleckenkrankheit	115
Schwarzer Belag	Russtau	49
Knospen, Blüten		
Schwache Knospen, schlechter Blütenansatz	Bitterfäule	114
Blüten verwelken	Monilia	108
Früchte		
Verfressenes Fruchtfleisch, Fäulnis	Kirschenfliege ▶ Farbbild 71	113
Früchte angefressen	Frostspanner ▶ Farbbild 69	102
Runde, braune, eingesunkene Flecken, bitterer Geschmack	Bitterfäule	114
Schwarze Flecken	Bakterienbrand	114
Vorzeitiger Fruchtfall (Rötel)	Wachstumsstörung als Folge extremer Nässe oder Trockenheit	47

Schädlinge und Krankheiten   Steinobst – Kirsche

Kirschenblattlaus *(Myzus cerasi)*
Diese Blattlaus ist glänzend schwarz. Sie befällt besonders Jungbäume an Blattunterseiten. Ab Juli wandern die Blattläuse auf Kräuter ab. Ameisenbesuch. Die Wintereier werden in Rindenrisse und an das Fruchtholz gelegt.
Vorkommen: Hauptwirt und Winterwirt: Kirsche. Nebenwirt: Labkraut und Ehrenpreis.
Schadbild: Die Blätter sind gerollt. Triebstauchungen. Durch starke Honigtauabsonderung und Russtaubildung werden Blätter und Triebe verschmutzt. (Farbbild 68.)

Abwehr
Siehe Blattläuse (Allgemeine Schädlinge) und Blattläuse an Kernobst (S.100).

Kirschenfliege *(Rhagoletis cerasi)*
Die Kirschenfliege wird bis 5 mm gross. Typisch ist das Flügelmuster und das gelbe Schildchen hinten an der Brustplatte. Sie fliegt ab Mitte Mai bis Juli. Die Eier werden an reifende Kirschen gelegt. Die Maden ernähren sich vom Fruchtfleisch. Sie verpuppen sich ab Juli in 4 mm langen Tönnchen im Boden und überwintern dort.
Vorkommen: An allen Kirschensorten, v. a. in warmen, tiefer gelegenen Lagen. Frühsorten sind weniger gefährdet, ebenso Bäume an luftigen Standorten.
Schadbild: Die Maden fressen das Fleisch, die verwurmten Kirschen faulen. (Farbbild 71.)

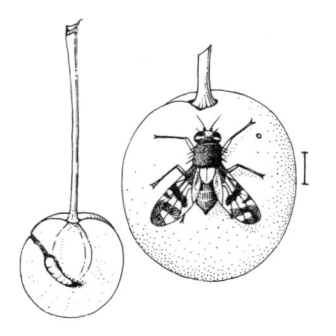

Abwehr
Vorbeugend:
– Vorzeitig heruntergefallene Früchte auflesen.
– Hühner in den Obstgarten treiben.
– Das Schlüpfen der Fliege erfolgt im Boden bei genügender Bodenerwärmung. Unter Bäumen diese Erwärmung durch Bodenbedeckung verzögern bis die Früchte genügend gereift sind.
– Wermuttee 3 Wochen nach der Blüte mehrmals spritzen, um die Kirschenfliege von der Eiablage abzuhalten.
Direkt:
– Eine recht wirksame Methode zum Fang der Fliegen besteht im Aufhängen von Kirschenfliegenfallen im Mai (s. Kap. 5.5). Die Fallen können bei Landw. Forschungsanstalten bezogen werden. (Farbbild 70.)

Schädlinge und Krankheiten   Steinobst – Kirsche

Bakterienbrand *(Pseudomonas morsprunorum)*
Der Bakterienbrand ist in den letzten Jahren besonders in Junganlagen zum Problem geworden. Schon im Herbst kommt es zur Infektion der Blätter, Knospen und Fruchtspiesschen über die Blattnarbe sowie der Rinde durch Risse und Wunden.
Vorkommen: An Kirsche.
Schadbild: Hellgrüne Flecken auf Blättern, die nach kurzer Zeit braun werden. Schwarze Flecken an Früchten. Eingesunkene Stellen an der Rinde (Nekrose) mit Gummifluss. Absterben ganzer Astpartien oder Bäume besonders im Frühsommer.

Abwehr
Vorbeugend:
– Treibende, übermässige Düngung vermeiden.
– Nicht zu stark auslichten.
– Schnittwerkzeug desinfizieren mit Alkohol oder 2 % Formalin.
Direkt:
– Rückschnitt der befallenen Teile bis 10 cm ins gesunde Holz. Wundverschlussmittel anbringen.
– Zweimal im Abstand von 3 Wochen bei Blattfall Bordeauxbrühe oder anderes Kupfermittel spritzen.

Bitterfäule *(Gloeosporium fructigenum)*
Während der Vegetationsperiode dringt der Pilz durch die Haut in die Früchte ein. Erst wenn die Früchte ein gewisses Reifestadium erreicht haben, wachsen die Sporen aus. Es gibt zum Teil kälteresistente Pilzarten, die sich auch in gekühlten Lagerhäusern weiter entwickeln können. Die Pilzsporen überwintern in Fruchtmumien und an Trieben.
Vorkommen: An Kirsche.
Schadbild: Runde, braune, eingesunkene Flecken, die tief ins Fleisch dringen. Darauf bilden sich meist ringförmige, weisse, rötliche oder schwarze Pilzpusteln. Das Fleisch erhält einen bitteren Geschmack (Bitterfäule). Auch junge Triebe werden befallen. Im darauffolgenden Jahr zeigt sich schlechter Blütenansatz.

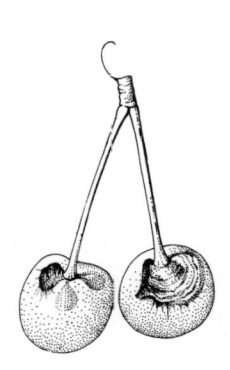

Abwehr
Vorbeugend:
– Vorzeitiges Pflücken, gewissenhafte Lagerkontrolle und nicht zu lange Lagerung.

Schädlinge und Krankheiten　　　　　　　　　　Steinobst – Kirsche

- Sorgfältiger Schnitt befallener Triebe.
- Wo diese Pilzkrankheit häufig auftritt, 2mal Pilzbekämpfungsmittel (im Juni) einsetzen.

Schrotschuss *(Clasterosporium carpophilum)*
Der Pilz überwintert in abgestorbenem Laub oder an befallenen Zweigen. Die Sommersporen sind auf der Blattunterseite erkennbar.
Vorkommen: An allen Steinfrüchten, v. a. an Kirsche und Pfirsich in niederschlagsreichen Gegenden.
Schadbild: Auf jungen Blättern zeigen sich kleine, rotbraune, runde Flecken. Diese trocknen später ein und es entstehen kleine, rotumrandete Löcher (die Blätter sehen wie mit Schrot durchschossen aus). Die erkrankten Blätter vertrocknen vorzeitig und fallen schon im Juli ab. Zum Teil kommt es auch zum Befall von Früchten und Trieben (leichter Gummifluss). Es kann bei einem starken Befall zu erheblichen Ertragsausfällen kommen. (Farbbild 73.)

Abwehr
Vorbeugend:
- Abgefallene Blätter entfernen.
- Rückschnitt befallener Triebe (besonders bei Pfirsich).

Direkt:
- Beim Austrieb Spritzungen mit Schachtelhalmbrühe, bei stärkerem Befall Pflanzenpflegemittel kombiniert mit Netzschwefel (z. B. Ledax-san, Bio-S) oder Netzschwefel (0,5 %) allein spritzen. Vor dem Knospenschwellen Kupfermittel einsetzen.
- Bei starkem Befall an Pfirsich nach Laubfall Kupfermittel spritzen.

Sprühfleckenkrankheit *(Cylindrosporium padi)*
Diese Pilzkrankheit tritt besonders bei nasser Witterung stark auf. Auf der Blattunterseite treten grosse Massen von Konidien aus, die sich beim Austrocknen verhärten.
Vorkommen: An Kirsche, seltener an Zwetschge, Aprikose.
Schadbild: Rundliche, rotviolette Flecken, besonders längs der Mittelrippe des Blattes. Tritt vor allem im Sommer auf.

Abwehr
Siehe Schrotschuss.

Schädlinge und Krankheiten　　　　Steinobst – Pflaume, Zwetschge

Steinobst – Pflaume, Zwetschge

Schadbild	Schädling/Krankheit	Seite
Zweige, Triebe		
Gepuderte Läuse, Russtau	Mehlige Zwetschgenblattlaus	116
Wachstum gehemmt, stark verformte Triebspitzen, grüne Läuse	Grüne Zwetschgenblattlaus	116
Absterben ganzer Zweige, eingesunkene Rinde, Gummifluss	Bakterienbrand	114
Blätter		
Grüne Läuse, starke Deformation	Grüne Zwetschgenblattlaus	116
Unterseits gepuderte Läuse	Mehlige Zwetschgenblattlaus	116
Verfärbung, früher Blattfall	Spinnmilbe ▶ Farbbild 21	57
Kahlfrass, Gespinst mit Räupchen	Gespinstmotten ▶ Farbbild 58	103
Kleine gelbe Flecken oberseits, Pilzpusteln unterseits	Zwetschgenrost ▶ Farbbild 74	118
Braunschwarzer Belag	Russtau	49
Früchte		
Larven bohren sich in Früchte, Kot, Wanzengeruch. Früchte fallen vorzeitig ab	Pflaumensägewespe ▶ Farbbild 72	117
Fruchtfleisch verfressen, Safttropfen an Bohrloch, Kot	Pflaumenwickler	118
Blüten sterben ab, reifende Früchte faulen	Monilia ▶ Farbbild 63	108

Grüne Zwetschgenblattlaus *(Brachycaudus helichrysi)*
Die ungeflügelten Tiere sind hellgrün.
Vorkommen: Hauptwirte: Pflaume, Zwetschge (vor allem zur Blütezeit). Nebenwirte: Kräuter, Löwenzahn, Schafgarbe, Aster und Kornblume.
Schadbild: Schaden durch Saugen und Ausscheiden von Giftstoffen. Blattkräuselung, Triebstauchung, Verdorren der Blätter.

Mehlige Zwetschgenblattlaus *(Hyalopterus pruni)*
Diese hellgrüne Laus ist durch Wachsbildung mehlig.
Vorkommen: Haupt- und Winterwirt: Steinobst. Nebenwirt: Schilfgräser.

Schädlinge und Krankheiten   Steinobst – Pflaume, Zwetschge

Schadbild: Sehr starke Kolonien gepuderter Läuse blattunterseits. Auf dem Honigtau kommt es zu Russtaubildung.

Abwehr

Siehe Blattläuse (Allgemeine Schädlinge) und Blattläuse an Kernobst (S. 100).

Pflaumensägewespen

Schwarze und gelbe Pflaumensägewespe *(Hoplocampa minuta, H. flava)*

Die Sägewespe ist 4–6 mm gross und hat geäderte Flügel. Die Farbe ist, je nach Art, schwarz oder gelb. Die Raupen sind weisslich und haben Wanzengeruch. Der Kokon ist bräunlich. Beide Sägewespenarten fliegen im April bis Mai. Die Eier werden einzeln mit Hilfe der Legesäge unter die Haut der Kelchzipfel geschoben. Die vom Legebohrer abgehobenen Hautpartien verfärben sich braun und sind gut erkennbar. Da die Wespen die Bäume in Vollblüte anfliegen, ist die Eiablage an Bäumen mit verschiedenen Blütezeiten sehr unterschiedlich. Mit den letztbefallenen Früchten fallen die Larven auf den Boden und verpuppen sich 8–10 cm tief in der Erde in Kokons.

Vorkommen: An Zwetschge, Pflaume, Mirabelle und Apfel (andere Sägewespenart). Auftreten nur örtlich in grösserem Ausmass.

Schadbild: Die ausschlüpfenden Larven bohren sich, immer seitlich, in die jungen Früchte ein und fressen das Innere aus. Eine Larve befällt drei bis vier Früchte. Beim Öffnen der befallenen Früchte, die voll Kot sind, stellt man Wanzengeruch fest. (Farbbild 72.)

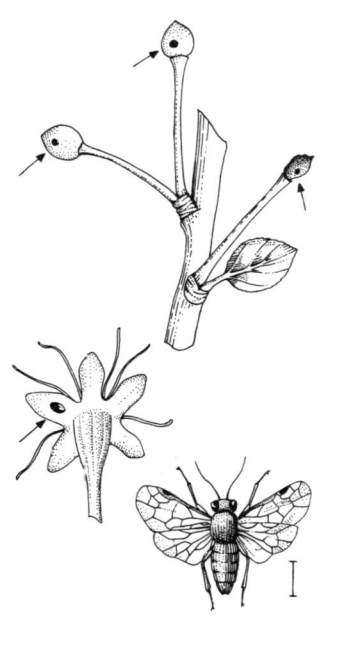

Abwehr

Bei reichem Fruchtbesatz soll man die Sägewespe zuerst als natürlichen Ausdünner gewähren lassen. Die Bäume sind aber gut zu kontrollieren (Ende Mai, d.h. sobald die Früchte sichtbar werden).

Vorbeugend:
– Vogelschutz.

Direkt:
– Abgefallene Früchte einsammeln. Ein Zuflug von aussen kann aber trotzdem stattfinden.
– Bei starkem Befall Spritzungen mit Rainfarn- oder Wermuttee, Quassiabrühe, Pyrethrum- oder Rotenon-Mitteln unmittelbar nach Blütenblätterfall 2–3mal (möglichst mit warmem Wasser).

Schädlinge und Krankheiten   Steinobst – Pflaume, Zwetschge

Pflaumenwickler *(Grapholita funebrana)*
Der Falter hat eine Spannweite von ca. 15 mm. Die Vorderflügel sind grauschwarz mit undeutlicher Zeichnung. Die Raupe ist karminrot mit bräunlichem Kopf. Der Pflaumenwickler fliegt von Mai bis Juni und von Juli bis August an warmen Tagen in der Morgendämmerung. Die Eier werden an die Früchte gelegt. Die Raupe überwintert im Gespinst an der Rinde. Sie verpuppt sich im Frühjahr bis Vorsommer.
Vorkommen: An Pflaume, Zwetschge (v. a. Spätsorten wie Fellenberg). Befall unterschiedlich, vor allem in warmen Lagen.

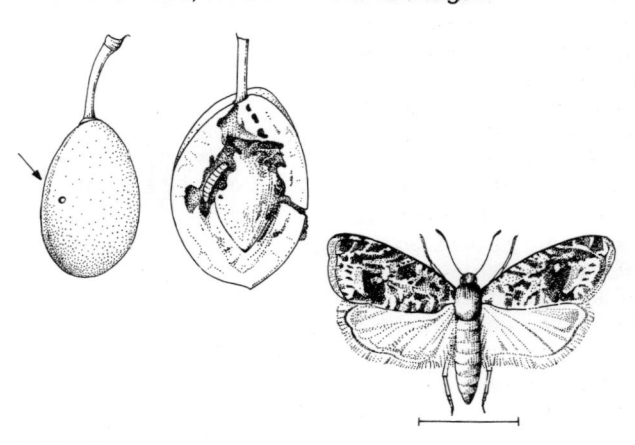

Schadbild:
Die Raupe miniert zuerst unter der Fruchthaut und frisst sich danach ins Fruchtinnere ein. Befallene Früchte verfärben sich und fallen ab. Das Fruchtfleisch um den Stein ist verfressen und voll Kot. Aussen an der Frucht ist das Einfrassloch mit einem Safttröpfchen zu sehen.

Abwehr
Vorbeugend:
- Vogelschutz.
- Hühner in Baumgarten treiben.
- Ohrwürmer fressen die Räupchen.

Direkt:
- Fanggürtel im Juli bis September anbringen, nachher entfernen und verbrennen.
- Befallene Zwetschgen auflesen und entfernen.
- Bei starkem Befall im Abstand von 10 Tagen während der Eiablage der zweiten Generation mit Pyrethrum- oder Rotenon-Mitteln spritzen (2–3mal).

Zwetschgenrost *(Tranzschelia discolor)*
Der Pilz überwintert als Myzel an Wurzeln verschiedener Anemonenarten. Im Frühjahr kommt es zur Infektion der Obstbaumblätter. Es entwickeln sich, vor allem im Juli bis August, mehrere Generationen. Im Herbst erfolgt die Bildung von schwarzen Wintersporen, die im nächsten Frühjahr nicht mehr auf Obstbaumblättern, sondern nur noch auf Anemonenarten auskeimen können. Somit hat der Pilz einen 2jährigen Entwicklungszyklus.

| Schädlinge und Krankheiten | Steinobst – Pflaume, Zwetschge |

Vorkommen: Besonders an Pflaume, seltener an Pfirsich, Aprikose und Mandel. Die Sorten sind unterschiedlich anfällig. Zwischenwirt: gewisse Anemonenarten.

Schadbild: Kleine gelbe Flecken auf der Blattoberseite, auf der Blattunterseite braune Pilzpusteln. Starker Befall führt zum Absterben und vorzeitigen Abfall der Blätter. (Farbbild 74.)

Abwehr
Vorbeugend:
– Pflanzenpflegemittel kombiniert mit Netzschwefel spritzen (Ende Juni 1–2mal).
– Abgefallene Blätter einsammeln.

Notizen:

Schädlinge und Krankheiten　　　　　　　Steinobst – Pfirsich, Aprikose

Steinobst – Pfirsich, Aprikose

Schadbild	Schädling/Krankheit	Seite

Zweige, Triebe

Auf der Rinde Schildchen	Schildläuse	104
Zweigspitzen mit verdorrten Blüten	Monilia ▶ Farbbild 62	108
Weisser Überzug, Triebe verkümmert	Echter Mehltau ▶ Farbbild 61	63, 107
Triebe verformt und verdreht	Kräuselkrankheit ▶ Farbbild 75	121
Absterben der Zweigspitzen, eingesunkene Rindenpartien, Gummifluss	Bakterienbrand	114

Blätter

Gekräuselt, grüne Läuse, früher Blattfall	Grüne Pfirsichblattlaus	120
Nicht gekräuselt, unterseits mehlige Läuse, Russtau	Mehlige Zwetschgenblattlaus	116
Verdickt, oft rötlich, gekräuselt, Blattfall	Kräuselkrankheit ▶ Farbbild 75	121
Weisser Überzug, Blätter fallen ab	Echter Mehltau ▶ Farbbild 61	63, 107

Früchte

Hellrote Räupchen in Aprikosen	Apfelwickler (in warmen Lagen, selten)	98
Runde eingesunkene Flecken, rot umrandet	Schrotschuss	115
Schwarze Flecken, oft aufgeplatzt	Schorf	110

Grüne Pfirsichblattlaus *(Myzus persicae)*
Die ungeflügelten Insekten sind mattoliv bis gelblich-grün. Weil diese Blattlausart sehr viele Pflanzen als Sommerwirt benützt, ist sie sehr schädlich. Am Pfirsich überwintert die Blattlaus als Ei. Bei milder Witterung können aber auch Sommerkolonien an Sommerwirten oder in Gewächshäusern überwintern.
Die erste Generation schlüpft beim Öffnen der Knospen. Der Befallshöhepunkt ist an den Sommerwirten im Juli bis August. Kein Ameisenbesuch.

Schädlinge und Krankheiten   Steinobst – Pfirsich, Aprikose

Vorkommen: Winterwirt: Pfirsich, evtl. auch Sommerwirt. Sommerwirt: über 400 Arten, z. B. Kartoffel, Salat und Peperoni.

Schadbild: Die Laus erzeugt Blattaufhellungen, Kräuselung und frühen Fall. Sie überträgt Viruskrankheiten an Kartoffeln.

Abwehr
– Eine Abwehr ist schwierig.
– Siehe Blattläuse (Allgemeine Schädlinge) und Blattläuse an Kernobst (S.100).

Kräuselkrankheit *(Taphrina deformans)*
Der Pilz überwintert unter den Knospenschuppen, von wo die jungen Blätter und Triebe befallen werden. Ältere Pflanzenteile werden kaum befallen. Nasses und kaltes Wetter während dem Austreiben der Blätter begünstigt die rasche Ausbreitung des Pilzes. Bei überdachten Spalierbäumen tritt er selten auf.

Vorkommen: An Pfirsich (v. a. gelbfleischigen, späteren Sorten).

Schadbild: Befallene Blätter zeigen bauchige, gelbe Flecken; die Blattoberfläche kräuselt sich auf. Später verfärben sich die Blätter bis rotviolett und fallen vorzeitig ab. Junge Triebe sind deformiert und verdreht. Gummifluss. Runzelige Stellen auf Früchten. Der Baum wird geschwächt. (Farbbild 75.)

Abwehr
Vorbeugend:
– Wichtig ist eine gute Kompostgabe im Herbst und Bodenbedeckung.
– Knoblauch und Kapuzinerkresse unter Pfirsichbäume pflanzen.
– Im Herbst Baum und Boden mit Schachtelhalmbrühe oder Ledax-san (Bio-S) überbrausen.
– Pflegespritzung beim Austrieb mit 2 % Algenkalk und 5 % Brennesseljauche (2mal in 3 Wochen) oder 3mal innerhalb 10 Tagen Schachtelhalmbrühe spritzen.
– Im Winter 1–2 vorbeugende Spritzungen mit 2 % Wasserglas und 2–3 % feingemahlenem Algenkalk.
– Im biologisch-dynamischen Anbau wird bei Walnussgrösse der Früchte eine Hornkiesel-Spritzung zur Reifeförderung gemacht.
– Fruchtmumien entfernen und verbrennen.

Direkt:
– Erste befallene Blätter entfernen und verbrennen.
– Bei starkem Befall beim Knospenschwellen Kupfermittel spritzen, ebenfalls im darauffolgenden Herbst.

4.7 Schädlinge und Krankheiten an Beeren

Erdbeere

Schadbild	Schädling/Krankheit	Seite
Wurzeln		
Abgefressen	Engerlinge, Mäuse	52, 60
Blätter		
Gekräuselt, gebräunt, winzige weisse Spinnentiere	Erdbeermilbe	123
Weiss gesprenkelt, später graubraune Verfärbung, winzige, helle Spinnentiere	Gemeine Spinnmilbe	57
Weisser Belag, unterseits rötlich, Einrollen	Echter Mehltau	63, 107
Kleine braune Flecken, oft mit rotem Saum	Blattfleckenkrankheit	123
Verformte Blattspreiten, Absterben der Haupttriebe	Nematoden (selten)	53
Blüten		
Angenagt, Stiele geknickt	Erdbeerblütenstecher (selten)	122
Früchte		
Angefressen	Schnecken	55
Weisser Belag, Früchte faulen	Grauschimmel ▸ Farbbild 76	62

Erdbeerblütenstecher *(Anthonomus rubi)*
Himbeerblütenstecher
Dieser schwarze Rüsselkäfer ist 3–4 mm gross. Die Eiablage erfolgt im Mai in die Blütenknospen. Die weisse, fusslose Larve verpuppt sich in der abgefallenen Blüte oder im Boden. Der Käfer überwintert im Boden oder unter abgestorbenem Pflanzenmaterial. Der Blütenstecher wird erst ab Temperaturen über 18 °C aktiv.

Vorkommen: v. a. an Erdbeere, aber auch an Himbeere und Brombeere (in wärmeren Regionen).
Schadbild: Die Stengel der Blütenknospen werden bei der Eiablage durchgebissen, so dass diese nach ca. 3 Tagen vertrocknen und abbrechen. Der Schaden ist selten gross.

Schädlinge und Krankheiten　　　　　　　　　　　　　Erdbeere

Abwehr
Vorbeugend:
- Bodenbedeckung.
- Boden im frühen Frühling oder nach der Ernte mit Farnkraut abdecken.

Direkt:
- Eine direkte Abwehr ist meist unnötig.
- Angestochene Knospen mit dem Stiel entfernen und vernichten, bevor die Larve ausschlüpft.
- Sofort nach der Beerenernte Pflanzen und Boden mit Rainfarntee spritzen.
- Bei starkem Auftreten sofort nach Sichtbarwerden der Schäden Pyrethrum- oder Rotenon-Mittel einsetzen.

Erdbeermilbe *(Tarsonemus pallidus)*

Diese Milbe ist nur 0,3 mm gross. Sie ist durchscheinend weisslich, nach der Nahrungsaufnahme wird sie bräunlich.
Das Weibchen überwintert tief an Blattachseln und -scheiden der Erdbeeren. Schon im März werden die Eier an die jungen Herzblätter abgelegt. Es bilden sich mehrere Generationen. Verschleppung durch befallene Setzlinge.
Vorkommen: Befallen werden ausser Erdbeeren auch Gewächshauszierpflanzen. Allgemein eher selten stark auftretend.
Schadbild: Es kommt zu Blattspreitenkräuselung, Stengelverbiegen, Bräunung der Blattflächen, Verkrüppelung und Verdorren der Knospen und Blüten. Die Pflanzen entwickeln sich schlecht.

Abwehr
Vorbeugend:
- Gesunde Setzlinge kaufen.
- Wichtig ist das frühzeitige Erkennen des Befalls.
- Mischkultur mit Knoblauch, Zwiebeln oder Lauch.
- Mit Zwiebelschalen- oder Knoblauchtee von Frühling bis Blüte öfters überbrausen.

Direkt:
- 3malige Spritzung im zeitigen Frühjahr bei Temperaturen über 10 °C im Abstand von 3 Tagen mit Rainfarnbrühe oder Ledax-san (Bio-S) ins Herz der Pflanze und auf die Blattunterseiten.
- Für weitere Abwehrmassnahmen siehe Spinnmilben (Allgemeine Schädlinge).

Blattfleckenkrankheit

Weissfleckenkrankheit *(Mycosphaerella fragariae)*
Rotfleckenkrankheit *(Diplocarpon earliana)*
Diese Pilzarten überwintern auf den Blättern. Sie vermehren sich während der ganzen Vegetationszeit. Die Blätter verfärben sich. Der Stoffwechsel der Pflanze ist behindert.

Schädlinge und Krankheiten   Erdbeere

Vorkommen: An Erdbeere v. a. bei grosser Feuchtigkeit. Die Sorten sind unterschiedlich anfällig.

Schadbild: Rotviolette oder braune Flecken, das tote Gewebe wird gräulich.

Abwehr
Vorbeugend:
– Sofort nach der Ernte befallene Blätter und Ranken abschneiden und verbrennen.
– Anfällige Sorten meiden (z. B. Hummi Grande).
– Pilzabwehrmittel wie Schachtelhalmbrühe, Ledax-san (Bio-S) spritzen.
– Weite Pflanzabstände einhalten, damit die Pflanzen gut abtrocknen können.
– Keine triebige Düngung.

Direkt:
– Bei starkem Auftreten vor der Blüte und nach der Ernte Kupfermittel spritzen.

Notizen:

Himbeere, Brombeere

Schadbild	Schädling/Krankheit	Seite
Ruten, Triebe		
Helle Verfärbung unterer Rutenteile, rotbraune bis violette Flecken, Triebe sterben ab	Rutenkrankheit ▶ Farbbild 78	126
Blätter		
Blätterfrass	Maikäfer, Himbeerkäfer	52, 125
Blattverformung, Vergilben, kleine gelbe Flecken	Virus	65
Im Sommer Vergilben und Welken der Blätter und Triebspitzen, bei Trockenheit rasches Verdorren der Ruten. Jungpflanzen sterben ab	Wurzelsterben	127
Knospen, Blüten		
Zerfressen	Himbeerkäfer	125
Blütenstiele angenagt, Knospen welken	Himbeerblütenstecher	122
Früchte		
Frass an unreifen Früchten	Himbeerkäfer	125
Frass an Fruchtfleisch	Made des Himbeerkäfers	125
Brombeeren bleiben hellrot, sauer	Brombeermilbe ▶ Farbbild 77	126
Fäulnis, Schimmel	Grauschimmel	62

Himbeerkäfer *(Byturus tomentosus)*

Der graubraune Käfer ist oval und 4–5 mm gross. Er fliegt Mai bis Juni. Im Juni bis Juli werden die Eier an die Blüten gelegt. Die gelbliche Larve verpuppt sich in länglichem Gespinst an der Rinde oder in Rissen der Stützpfähle. Der Käfer überwintert im Boden.

Vorkommen: An Himbeere und Brombeere.

Schadbild: Der Käfer frisst Blüten, Knospen, Blätter, Blütenboden und unreife Früchte. Die schlüpfende Larve frisst Fruchtfleisch.

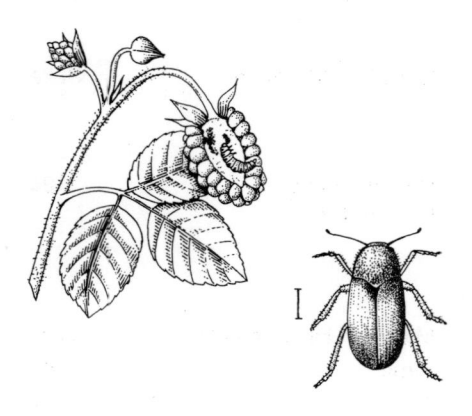

Schädlinge und Krankheiten — Himbeere, Brombeere

Abwehr
Vorbeugend:
- Hühner eintreiben.
- Gute Bodenbedeckung.
- Vergissmeinnicht zwischen die Pflanzen säen.

Direkt:
- Die Käfer in Schüsseln abklopfen.
- Bei starkem Auftreten abends oder frühmorgens in die Blüte Pyrethrum-Rotenon-Mittel spritzen oder stäuben.

Brombeermilbe *(Eriophyes essigi)*
Diese Weichhautmilbenart überwintert unter der Rinde und in den Knospen der Pflanze, gelegentlich auch in den vertrockneten, vorjährigen Beeren. Bei Austrieb wandert sie auf die Blätter und von dort auf die Blüten und Früchte.
Vorkommen: An Brombeere.
Schadbild: Beeren bleiben hellrot, sauer. (Farbbild 77.)

Abwehr
Vorbeugend:
- Bodenbedeckung mit Laubkompost.
- Abgeerntete Triebe sofort entfernen.
- Nach Ernteschluss alle überjährigen Triebe sofort zurückschneiden.

Direkt:
- Nach Schnitt und im Frühling junge Blätter mit Rainfarn/Bentonit oder Rainfarn/Algenkalk spritzen.
- Ab 10 cm Trieblänge an warmen Tagen Netzschwefel (1 %) oder Ledax-san (Bio-S) spritzen.

Rutenkrankheit *(Didymella applanata, Leptosphaeria coniothyrium)*
Es sind verschiedene Pilze, die das Rutensterben verursachen (meist zusammen mit der Himbeergallmücke). Die Pilze dringen durch Rindenrisse und Verletzungen ein, die leicht als Folge starker Schwankungen der Wasserzufuhr auftreten. Sie entwickeln sich während der ganzen Vegetationsperiode. Die Pilze überwintern an den befallenen Ruten.
Vorkommen: An Himbeere.

Schadbild: Es entstehen rotbraune bis violette Flecken auf den Ruten, vor allem um die Knospen, und helle Verfärbungen an unteren Rutenteilen. Das befallene Gewebe reisst auf und der ganze Trieb trocknet allmählich ein. Im Frühjahr treiben befallene Ruten nur schlecht oder gar nicht aus. (Farbbild 78.)

Abwehr
Vorbeugend:
- Himbeeren sind Waldpflanzen, sie bevorzugen saure Böden.
- Beschädigung der Ruten bei Bodenbearbeitung vermeiden.
- Für gute gleichmässige Wasserzufuhr sorgen.
- Gute Bodenbedeckung (Stroh, Torf, Sägemehl).
- Keine triebige Düngung.
- Nach der Ernte alle abgetragenen Ruten bodennah abschneiden.
- Gesunde Jungpflanzen setzen.
- Bestand gut lichten. Nicht zu dichter Wuchs.
- Herbst- und Frühjahrsspritzung mit Tonerdemehl (5 %) und Wasserglas (2 %), auch als Handelspräparat Ledax-stamm (Preicobact) erhältlich.

Direkt:
- Rigoroses Ausschneiden und Verbrennen erkrankter Ruten.
- Beim Auftreten der Krankheit Pflanzen beim Austrieb und nach der Ernte mit Kupfermittel spritzen.
- Bei hartnäckigem Auftreten des Rutensterbens den Standort wechseln.

Himbeerwurzelsterben *(Fusarium sp. u. a.)*

Diese Krankheit wird vornehmlich durch Fusariumpilze verursacht, die in die Wurzeln und in den Wurzelhals eindringen. Sie überleben jahrelang im Boden. Baumschulen können nicht mit Sicherheit für gesundes Material garantieren, da Jungpflanzen oft gesund aussehen, obschon sie befallen sind. Pflanzungen in schweren, verdichteten Böden sind besonders anfällig.

Vorkommen: An Himbeere.

Schadbild: Jungpflanzen kränkeln und sterben bald nach der Pflanzung ab. Ruten treiben nur schlecht aus. An tragenden Ruten vergilben und welken im Sommer Blätter und Triebspitzen. Bei trockenem Wetter verdorren die Ruten in kurzer Zeit.

Abwehr
Vorbeugend:
- Gute Humusversorgung durch Kompost und Mulch ist sehr wichtig.
- Gesunde Jungpflanzen, evtl. aus gesunden alten Beständen, pflanzen.
- Nie in Boden pflanzen, wo die Krankheit aufgetreten ist.

Direkt:
- Auch mit chemischen Mitteln ist keine direkte Abwehr möglich.
- Befallene Ruten samt Wurzeln verbrennen.

Johannisbeere, Stachelbeere

Schadbild	Schädling/Krankheit	Seite
Stock, Wurzeln		
Braune oder graue Schildchen	Schildläuse	104
Knospen, Triebe		
Knospen abgefressen	Vögel	29
Triebe verkümmern, Läuse	Johannisbeerblattläuse	128
Bei Stachelbeere filziger weisser Belag, später braun	Stachelbeermehltau ▶ Farbbild 80	63, 129
Blätter		
An schwarzer Johannisbeere unterseits gelbe Flecken, Pusteln	Johannisbeerrost (selten) ▶ Farbbild 81	129
Starkes Einrollen, Läuse	Johannisbeerblattläuse	128
Gelbliche, später dunkle Flecken, Blätter fallen ab	Blattfallkrankheit ▶ Farbbild 79	128
Brennesselartige Blätter	Virus	65
Früchte		
Verkümmern, platzen	Stachelbeermehltau ▶ Farbbild 80	63, 129

Johannisbeerblattlaus *(Aphis schneideri u. a.)*
Die Larven und ungeflügelten Läuse sind dunkelgrau bis grün. Sie sind leicht gepudert. Kein Wirtswechsel.
Vorkommen: An roter und schwarzer Johannisbeere.
Schadbild: Starkes Einrollen der Blätter, Triebe verkümmern.

Abwehr
Siehe Blattläuse (Allgemeine Schädlinge) und Blattläuse an Kernobst (S. 100).

Blattfallkrankheit *(Drepanopeziza ribis)*
Dieser Pilz entwickelt sich hauptsächlich in feuchten Jahren. Er befällt die Blätter, manchmal werden auch Triebe und Früchte nicht verschont. Der Pilz überwintert im abgefallenen Laub.
Vorkommen: An roter und schwarzer Johannisbeere, Stachelbeere.
Schadbild: Gegen Ende des Frühlings bilden sich auf den Blättern zunächst gelbliche, später dunkle Flecken. Die Blätter fallen frühzeitig ab. (Farbbild 79.)

Abwehr
Vorbeugend:
- Resistente Sorten *(Ribes petraeum)*, z.B. Jonkheer van Tets, pflanzen.
- Laub einsammeln und verbrennen.
- Mit Zwiebelschalen-Wasser spritzen.

Direkt:
- Beim ersten Auftreten mit Schachtelhalmbrühe- und Brennesseljauche-Gemisch gründlich spritzen.
- Bei starkem Auftreten Kupfermittel kurz nach der Blüte (zweimal im Abstand von 10–15 Tagen), evtl. ein drittes Mal nach der Ernte spritzen.

Johannisbeerrost *(Cronartium ribicola)*
Säulchenrost

Diese Pilzkrankheit benötigt für ihre Entwicklung zwei Wirtspflanzenarten. Die Ausbreitung auf schwarze Johannisbeeren sowie Stachelbeeren erfolgt während der Vegetationsperiode durch die Sommersporen. Später entwickeln sich die Wintersporen, diese befallen die Triebe von Kiefern. Diese Triebe werden spindelförmig aufgerauht (ähnliches Krankheitsbild wie bei Krebs), später entstehen blasige, orangene Pusteln. Nach dem zweiten Winter erfolgt von hier aus wiederum die Infektion der Johannisbeeren.

Vorkommen: An schwarzer Johannisbeere, Stachelbeere, Kiefer.

Schadbild: Ab Juli zeigen sich auf der Blattunterseite kleine gelbe Flecken, auf denen sich winzige ockergelbe Pusteln bilden. Die Blätter fallen frühzeitig ab. Grosse Schäden sind im allgemeinen selten. (Farbbild 81.)

Abwehr
Vorbeugend:
- Johannisbeeren nicht in der Nähe von fünfnadeligen Kiefern anpflanzen.
- 2–3mal vor und nach der Blüte Pflanzenpflegemittel einsetzen: Schachtelhalmbrühe oder Ledax-san (Bio-S), evtl. kombiniert mit (0,03 %) Kaliumpermanganat.

Direkt:
- Bei starkem Auftreten Kupfermittel spritzen.

Stachelbeermehltau *(Sphaerotheca mors-uvae)*
Amerikanischer Mehltau

Der Pilz entwickelt sich auf den Stachelbeerstöcken. Er überwintert auf der Pflanze und im Boden. Diese bedeutsamste Krankheit der Stachelbeere tritt besonders nach kalten Wintern, bei feuchter Witterung und bei zu starker Stickstoffdüngung auf.

Schädlinge und Krankheiten — Johannisbeere, Stachelbeere

Vorkommen: An Stachelbeere und gewissen schwarzen Johannisbeersorten.

Schadbild: Die Krankheit zeigt sich schon im Winter. Die Triebe sind gestaucht und die Triebspitzen verkümmern.

Im Frühling zeigen Blätter, Triebspitzen und Früchte einen filzigen, weissen Belag, der später braun-lederig wird. Die Früchte verkümmern und platzen. Die Sträucher sind im Wuchs gehemmt und werden frostempfindlich. (Farbbild 80.)

Abwehr

Vorbeugend:
- Hoch- und Halbstammbäumchen werden weniger befallen.
- Luftiger Standort.
- Regelmässiger Schnitt, Triebe einkürzen.
- Bodenspritzungen mit Farnkraut-Extrakt und Mulchen mit Farnkraut.
- Bei Frostgefahr Baldrian spritzen.
- Vor dem Austrieb, in nassen Jahren auch noch ins Laub, Rainfarn-Schachtelhalm-Brennessel-Gemisch spritzen.

Direkt:
- Befallene Teile sofort ausschneiden und verbrennen.
- Bei starkem Auftreten zu Beginn des Knospenaustriebs Ledax-san (Bio-S) oder Netzschwefel spritzen.

Notizen:

Schädlinge und Krankheiten   Rebe

4.8 Schädlinge und Krankheiten an der Rebe

Schadbild	Schädling/Krankheit	Seite
Blätter, Triebe		
Schildchen, Russtau an Trieben und Blättern	Schildläuse (selten)	104
Gehemmtes Triebwachstum, Bleiglanzfärbung, mit winzigen Spinnentieren	Spinnmilbenarten ▶ Farbbild 21	57
Ölflecken oberseits, unterseits weisser Pilzrasen, Blätter fallen ab	Falscher Mehltau ▶ Farbbild 82	63, 133
Pilzrasen oberseits, rasches Welken	Echter Mehltau	63, 133
Stielfäule	Grauschimmel	62, 132
Knospen, Blüten		
Gescheine angefressen, Gespinst	Heuwurm (Traubenwickler)	131
Beeren		
Raupe bohrt sich in Beeren ein und frisst sie an	Sauerwurm (Traubenwickler)	131
Einschrumpfen (Lederbeeren)	Falscher Mehltau	63, 133
Platzen	Echter Mehltau	63, 133
Verschimmeln	Grauschimmel ▶ Farbbild 83	62, 132

Heu- und Sauerwurm

Raupe des Einbindigen Traubenwicklers *(Eupoecilia ambiguella)*
Raupe des Bekreuzten Traubenwicklers *(Lobesia botrana)*
Die Falter dieser Traubenwickler-Arten haben eine Flügelspannweite von 12–15 mm. Die Vorderflügel sind gelblich mit schwarzem Querband. Die rötliche Raupe mit schwarzem Kopf ist 9–12 mm lang. Die Puppe ist 5–8 mm gross. Der

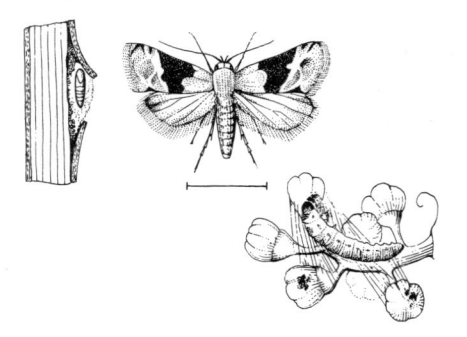

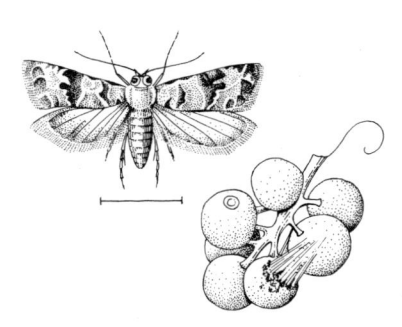

Schädlinge und Krankheiten   Rebe

Falter fliegt nachts ab Ende April und Juli bis August in schwerfälligem Flug. Die Eier werden auf die Gescheine und die jungen Weinbeeren gelegt. Die träge Raupe frisst in einer Gespinströhre an versponnenen Gescheinen. In diesem Stadium nennt man sie Heuwurm. In der zweiten Generation frisst sie als Sauerwurm (grünlich-brauner Kopf) an den Beeren. Sie verpuppt sich im Juli an Blättern und im Herbst zur Überwinterung in Rindenritzen und an Stützpfählen. Das Gespinst ist mit Zernagtem zersetzt. Feuchtwarme Witterung fördert die Massenvermehrung.

Vorkommen: An Rebe (im Garten selten).

Schadbild: Der Heuwurm frisst an Gescheinen, der Sauerwurm an Beeren, die platzen und vertrocknen.

Abwehr
Vorbeugend:
- Nistkästen aufhängen für Vögel (Meisen).

Direkt:
- Feststellen des Falterfluges durch Köderfang mit Trester-Essig-Zuckerlösung.
- Bei starkem Falterflug Pyrethrum- oder Rotenon-Mittel einsetzen (wirkt nur bedingt, darum offiziell nicht empfohlen).
- Gegen den Sauerwurm Bakterienpräparat Bacillus thuringiensis mit 1 % Zucker oder Melasse spritzen.

Grauschimmel *(Botrytis cinerea)*

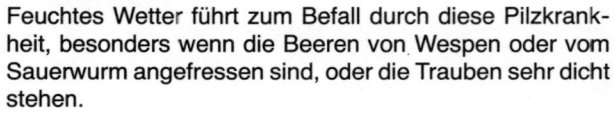

Feuchtes Wetter führt zum Befall durch diese Pilzkrankheit, besonders wenn die Beeren von Wespen oder vom Sauerwurm angefressen sind, oder die Trauben sehr dicht stehen.

Vorkommen: An Rebe, Erdbeere u. a.

Schadbild: Die Beeren sind von grauem Schimmel bedeckt. (Farbbild 83.)

Abwehr
Ein leichter Grauschimmel-Befall ist bei trockener Witterung kurz vor der Ernte erwünscht (höherer Zuckergehalt, sog. Edelfäule). Spezielle Abwehrmassnahmen sind selten nötig. Siehe Grauschimmel (S. 62).

Vorbeugend:
- Frühreifende Sorten wählen.
- Zu dichte Trauben ausbeeren.
- Traubenwickler und Wespen bekämpfen.
- Mehrmals mit Algenkalk oder Steinmehl stäuben solange die Traube locker ist.

Direkt:
- Regelmässig Ledax-san (Bio-S) spritzen (s. Falscher Mehltau) oder von Juli bis Mitte August Schwefelmittel stäuben.

Schädlinge und Krankheiten   Rebe

(Echter) Mehltau *(Uncinula necator)*
Der Pilz überwintert als Myzel in Knospen und Trieben. Die erste Infektion findet schon kurz nach dem Austrieb statt, der Hauptbefall jedoch erst im Juni bei warmer, wechselhafter Witterung. Es werden Blätter, Früchte und Triebe befallen.

Vorkommen: An Rebe.

Schadbild: Oberflächlicher Pilzrasen (bei Blättern nur auf der Oberseite), bald darauf sind die ersten dunklen Flecken von abgestorbenem Gewebe erkennbar. Die Blätter welken meist rasch, ohne jedoch ganz abzusterben. Vorzeitiger Blattfall. Die befallenen Beeren platzen auf; durch die entstandenen Wunden kommt es meist zu Infektionen durch andere Krankheiten.

Abwehr
Vorbeugend:
- Reichliche Humusgaben.
- Keine zu triebige Düngung geben.
- Bodenbedeckung.
- Sortenwahl.
- Mehrmalige Schachtelhalmbrühe-Spritzungen während des Triebwachstums.
- Lehm-Schachtelhalmbrühe-Anstrich des ganzen Rebholzes sowohl im Herbst als auch im Frühjahr.

Direkt:
- Ledax-san (Bio-S) oder Netzschwefel ab Austrieb regelmässig alle 8–14 Tage, evtl. kombiniert mit 0,5 % Wasserglas spritzen (nicht bei heissem Wetter: Verbrennungsgefahr für die Blätter).

(Falscher) Mehltau *(Plasmopara viticola)*
Die Pilzsporen überwintern auf Blattresten. Sie werden durch den Wind verbreitet. Auskeimung durch Spaltöffnungen nur bei Regen oder starkem Tau. Befallen werden alle grünen Pflanzenorgane. Bei nasser Witterung kommt es zu sehr rascher Verbreitung.

Vorkommen: An Rebe (Frühjahr bis August).

Schadbild: Erste Merkmale sind sog. «Ölflecken» auf der Blattoberseite; später ist auf der Blattunterseite ein weisser Pilzrasen sichtbar. Befallene Beeren trocknen ein (sog. Lederbeeren). (Farbbild 82.)

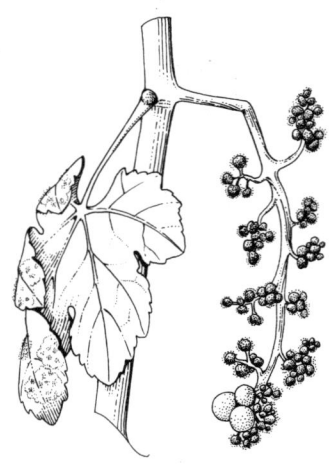

Schädlinge und Krankheiten   Rebe

Abwehr

Vorbeugend:
- Gute Kompostdüngung mit Steinmehl fördert die Verrottung der befallenen Blätter.
- Sortenwahl (Direktträger sind weniger empfindlich).
- Mehrmals während Triebwachstum mit Schachtelhalmbrühe spritzen.
- Triebe gut aufbinden und schneiden, damit sie rasch trocknen.
- Blätter einsammeln und verbrennen oder gut kompostieren.

Direkt:
- Ledax-san (Bio-S), evtl. mit Wasserglas, regelmässig vorbeugend alle 8–14 Tage spritzen.
- Bei starker Befallsgefahr zusätzlich Kupfermittel (Kupferoxychlorid oder Kupfersulfat), Bordeaux-Brühe einsetzen. Vorsicht: Kupfermittel können, besonders während der Blüte, Verbrennungen verursachen.

Notizen:

4.9 Schädlinge und Krankheiten an Zierpflanzen
Rose
Rosen brauchen zum Gedeihen unbedingt einen tiefgründigen, eher schweren, gut gedüngten Boden, der gut durchlüftet sein muss. Sie ertragen keine stauende Nässe, so dass oftmals eine Drainage nötig wird. Rosen, die vor heissen Hauswänden zu heiss und zu trocken stehen, sind besonders anfällig für Mehltau und Rote Spinne. Es ist zu beachten, dass gewisse Rosensorten viel krankheitsanfälliger sind als andere. Im Herbst muss durch das Ausbringen von kompostiertem Mist oder gutem Kompost der Humusgehalt des Bodens ergänzt werden. Von anfangs Frühling bis zum Ende der ersten Blüte sollte zur Wuchs- und Blütenförderung Brennesseljauche, der man Knochenmehl, Hornspäne und Holzasche beimengen kann, gegeben werden. Knoblauch zwischen Rosen gepflanzt schützt vor Krankheiten. Lavendel, Kapuziner- oder Gartenkresse wirken abweisend gegen Blut- und Blattläuse. Späte Düngung macht Rosen für Frostschäden anfällig.

Bodenmüdigkeit
Boden, der zu einseitig und intensiv mit mineralischen Düngern angereichert wurde, oder Boden, in dem seit Jahren immer Rosen wachsen, zeigt häufig Bodenmüdigkeit. In einem solchen Fall sollten die Rosen umgepflanzt werden. Allenfalls genügt schon eine gute Durchlüftung des Bodens und ein Wechsel der Düngung.

Schadbild	Schädling/Krankheit	Seite
Wurzeln		
Angefressen, Absterben der Pflanze	Engerlinge, Mäuse	52, 60
Blätter, Triebe		
Klebriger, glänzender Belag, Russtau, junge Triebe verformen sich, Läuse	Blattläuse	136
Nacktschneckenähnliche Larven fressen an der Blattunterseite, Skelettierfrass	Larve der Rosenblattwespe	136
Blätter verfärben sich, fallen vorzeitig ab	Gemeine Spinnmilbe	57, 136
Feine, weisse Flecken auf der Blattoberseite, Triebe verkrüppeln	Rosenzikade	137
Weisser Belag	Echter Mehltau	63, 137
An Blattunterseite gelbe, später dunkle Sporenhäufchen, Blätter vergilben und fallen ab	Rosenrost	137

Schädlinge und Krankheiten   Rose

Schadbild	Schädling/Krankheit	Seite
Auf der Blattoberseite kreisrunde, am Rande strahlenförmig auslaufende, braunschwarze Flecken	Sternrusstau	138
Knospen, Blüten		
Knospen welken	Blattläuse	136
Knospen verkrüppeln	Rosenzikade	137
Unregelmässig angefressene Blütenblätter, besonders im Spätsommer und Herbst	Schnaken	54
Weisser Belag	Echter Mehltau	63, 137

Rosenblattlaus *(Macrosiphum rosae* u. a.*)*
Diese 3–4 mm grosse Laus kann laubgrün, fleischrot oder zitronengelb sein. Sie ist leicht gepudert. Kein Ameisenbesuch.
Vorkommen: Hauptwirt: Rose. Nebenwirt: Baldrian und Kardengewächse (Artischocken), manchmal Erdbeere, Apfel und Birne.
Schadbild: Am Anfang kommt es nicht zur Verkrüppelung der Triebe, nur die Knospen welken. Bei starkem Befall werden die Blätter klebrig, die jungen Triebe kräuseln sich. Der Russtaupilz breitet sich aus.

Abwehr
Siehe Blattläuse (Allgemeine Schädlinge).

Rosenblattwespe *(Caliroa aethiops)*
Es schaden die Larven. Diese sind Nacktschnecken ähnlich.
Schadbild: Die Larve frisst zuerst an der Blattunterseite Löcher in die Blattspreiten, später auch vom Rand her Skelettierfrass.

Abwehr
Direkt:
– Bei starkem Auftreten mit Pyrethrum- oder Rotenon-Mitteln stäuben oder spritzen.

Gemeine Spinnmilbe *(Tetranychus urticae* u. a.*)*
Diese gelbliche bis rotbraune Spinnmilbe ist 0,5 mm gross. Zu trockener, geschützter Standort fördert den Befall durch Spinnmilben.
Schadbild: Die Blätter verfärben sich, bei starkem Auftreten vorzeitiger Blattfall.

Schädlinge und Krankheiten   Rose

Abwehr
Siehe Spinnmilben (Allgemeine Schädlinge).
Vorbeugend:
- Bodenbedeckung.
- Standort der Rosen wechseln.

Rosenzikade *(Typhlocyba rosae)*
Die gelbliche Zikade ist etwa 3 mm lang. Die Flügel werden in Ruhestellung dachförmig gehalten. Die Zikade legt die Eier in die Rinde junger Triebe. Die Eier überwintern. Es bilden sich mehrere Generationen im Jahr. Die Zikade ist gut zu erkennen, da sie leicht zum Auffliegen gebracht werden kann.
Schadbild: Die Zikade saugt an der Blattunterseite von Rosengewächsen und verursacht weisse Flecken. Triebe und Knospen verkrüppeln.

Abwehr
Direkt:
- Mit Öl-Emulsion im Winter gegen Eier spritzen.
- Bei starkem Auftreten Ende Mai bis Anfang Juni Blattunterseiten mit Pyrethrum- oder Rotenon-Mittel spritzen.

(Echter) Mehltau *(Spaerotheca pannosa var. rosae)*
Stengel, Blätter und Knospen sind mit einem weissen Belag bedeckt.

Abwehr
Vorbeugend:
- Die Sortenwahl ist wichtig, da grosse Unterschiede in der Anfälligkeit bestehen.
- Im Herbst und Frühling Boden und Pflanzen mit Schachtelhalmbrühe spritzen.
- Bei trockenem Standort gut wässern.
Direkt:
- Befallene Triebe herausschneiden.
- Ab Juni zwei- bis dreimal im Abstand von drei Wochen Schachtelhalmbrühe mit Netzschwefel oder Ledax-san (Bio-S) spritzen.

Rosenrost *(Phragmidium subcorticium)*
Auf der Blattunterseite bilden sich gelbe, stäubende Pusteln, die im Herbst schwarz werden. Auf der Blattoberseite bilden sich gelborange Flecken. Die kranken Blätter fallen ab.

Abwehr
Vorbeugend:
- Sortenwahl wichtig.

Schädlinge und Krankheiten   Rose / Zierpflanzen

Direkt:
- Abgefallene Blätter entfernen.
- Ab Anfang Juni im Abstand von 3 Wochen Blätter von unten gründlich mit Kupfermittel spritzen. Wenn der Rost schon stark ist, innerhalb von 6 Tagen zweimal spritzen.

Sternrusstau *(Marssonina rosae)*

Die Rosenblätter zeigen auf der Blattoberseite kreisrunde, am Rand strahlenförmig auslaufende, braunschwarze Flecken. Die Blätter fallen ab.

Abwehr
Direkt:
- Abgefallene Blätter wegräumen.
- Ab Mitte Juni in Abständen von 3 Wochen gründlich Schachtelhalmbrühe, bei starkem Auftreten Ledax-san (Bio-S) mit 0,05 % Kupfer oder sonstiges Kupfermittel spritzen.

Weitere Zierpflanzen

Selbstverständlich können nicht nur an Rosen Schädlinge und Krankheiten auftreten. Da aber die Blumen und Ziersträucher bekanntlich eine ausserordentliche Mannigfaltigkeit an Formen und Arten aufweisen, verzichten wir aus Platzgründen auf eine genaue Aufzählung der Schadbilder. Meistens handelt es sich bei den Schadverursachern um Blattläuse, Schnecken, Thripse, Dickmaulrüssler, Grauschimmel, Mehltau, Rostkrankheiten u.a., die im Kap. «Allgemeine Schädlinge und Krankheiten» beschrieben sind.

Im allgemeinen ist der Schädlingsbefall bei den Zierpflanzen in einem Garten kaum von Bedeutung. Hartnäckig auftretende Schädlinge und Krankheiten können prinzipiell mit den gleichen Mitteln und Massnahmen wie im Gemüse- und Obstbau abgewehrt werden.

Literatur:
Bundesanstalt für Pflanzenschutz: Die wichtigsten Schädlinge und Krankheiten im Zierpflanzenbau

5. Mittel und Massnahmen

Da im biologisch optimal gepflegten Garten die Natur weitgehend selbst die Regulierung eines Schädlingsbefalls übernimmt, ist man auf verhältnismässig wenige Hilfsmittel zur Schädlingsabwehr angewiesen.
Die allgemeinen gartenbaulichen Massnahmen können durch vorbeugende und gezielte Pflanzenschutzmassnahmen ergänzt werden:
- Beachtung der *Nachbarschaftswirkungen* von Mischkulturen und Repellentpflanzen (s. Kap. 5.1).
- Verwendung von *Pflanzenpflegemitteln* zur Stärkung der Kulturpflanzen, wie Pflanzenpräparate, mineralische Mittel (s. Kap. 5.2).
- Berücksichtigung von Verfahren der *biologisch-dynamischen Wirtschaftsweise* (s. Kap. 5.3).
- Einsatz von *mechanischen Abwehrmitteln* (s. Kap. 5.4).

Im Grossanbau kommt den Verfahren der *Biotechnischen Schädlingsbekämpfung* wachsende Bedeutung zu (s. Kap. 5.5).

Trotz all dieser Massnahmen kann es zu starkem Schädlings- oder Krankheitsbefall kommen und der Einsatz direkter *Pilzbekämpfungsmittel* (s. Kap. 5.6) und *Schädlingsbekämpfungsmittel* (s. Kap. 5.7) nötig werden. Die Ursachen liegen dann meistens bei extremen Witterungsverhältnissen oder darin, dass das Naturgleichgewicht durch unsere Zivilisation zu stark gestört ist, um die natürlichen Regulationsmechanismen rechtzeitig wirksam werden zu lassen. Der Aufbau eines Bestandes an Nützlingen in einem einzelnen Garten ist um vieles schwieriger als in grossen zusammenhängenden Gebieten. Im langjährigen biologischen Gemüsebau zeigt es sich aber, dass Fälle, in denen man eigentliche direkte Bekämpfungsmittel einsetzen muss, selten werden. Im Gegensatz zum Erwerbsobstbau, wo eine Reihe dieser direkten Mittel vorbeugend gebraucht werden muss, kann im Hausobstgarten leichter das Risiko eines Befalls in Kauf genommen werden. Vor dem Einsatz eines Bekämpfungsmittels sollte daher zuerst der voraussichtliche Schaden abgeschätzt werden (s. Kap. 5.8 *Integrierter Pflanzenschutz*).

Bei der Wahl der Mittel muss nicht nur ihre Wirkung in bezug auf den Schädling oder die Krankheit bedacht werden. Im biologischen Anbau werden soweit möglich zur Bekämpfung von Pilzkrankheiten Mittel eingesetzt, die gleichzeitig die Pflanzen stärken. Gegen tierische Schädlinge sind Mittel auf vorwiegend pflanzlicher Basis zugelassen, die sich sehr rasch abbauen. *Amtliche Vorschriften* und *Vorsichtsmassnahmen* sind beim Einsatz von Pflanzenschutzmitteln zu beachten (s. Kap. 5.9 und 5.10).

5.1 Beachtung von Nachbarschaftswirkungen bei Pflanzen

Es gibt aus Praxis und Literatur verschiedene Hinweise über sich günstig oder ungünstig beeinflussende Mischkulturen und Nachbarschaftspflanzungen. Eine

Mittel und Massnahmen   Nachbarschaftswirkungen

Erklärung geben englische und russische Forschungsarbeiten über die Wirkung von ausgeschiedenen Duft- und Wurzelstoffen (Phytonzide) auf die Nachbarpflanzen. Die Wirkung von Nachbarschaftspflanzen kann aber je nach Bodenart, Klima, Düngung und Sortenwahl unterschiedlich sein. Verallgemeinernde Empfehlungen sind deshalb nur bedingt möglich, da umfangreichere Untersuchungen bis jetzt leider fehlen. So ist es dem Gärtner überlassen, selber Erfahrungen damit zu sammeln. Im folgenden seien die wichtigsten Beispiele für den Hausgarten genannt:

Günstige Mischkulturen zur Schädlingsabwehr*

Gute Erfahrungen werden im allgemeinen mit folgenden Mischkulturen gemacht:
– Zwiebelgewächse neben Karotten (Möhren) als Schutz gegen die Möhrenfliege.
– Kopfsalat und Schnittsalat zwischen Kohlgewächsen gegen Erdflöhe.
– Tomaten neben Kohlgewächsen gegen die Kohlfliege.
– Knoblauch neben Erdbeeren schützt gegen Pilzkrankheiten. (Farbbild 84.)

Abwehr durch Repellent-Pflanzen**

Repellent-Pflanzen sind Pflanzen, welche gegen Schädlinge und Pilzkrankheiten abwehrend wirken.

Wirkung gegen	Pflanze
Blutläuse an Rose und Obstbäumen	Kapuziner und Gartenkresse als Unter- oder Randsaaten. (Farbbild 85.)
Erdflöhe	Salat
Ameisen	Lavendel, Farnkraut oder Majoran auslegen. Nüsslisalat säen.
Mäuse	Steinklee in Streifen oder auf Baumscheibe säen. Knoblauch, Kaiserkrone *(Fritilaria imperialis)*, Hundszunge *(Cynoglossum vuhgave)* pflanzen.
Wurzelnematoden	Tagetes als Unter- oder Randsaat.
Echter Mehltau an Rose und Obstbäumen; Kräuselkrankheit bei Pfirsich	Schnittlauch, Knoblauch dazu pflanzen.
Grauschimmel	Knoblauch dazwischen pflanzen.
Johannisbeerrost	Wermut, Schnittlauch als Nachbarpflanze.

Literatur:
 * Franck, G.: Gesundheit durch Mischkulturen
 ** Haller, A. v.: Lebenswichtig, aber unerkannt; Phytonzide schützen das Leben

5.2 Pflanzliche und mineralische Pflanzenpflegemittel

In der Folge werden verschiedene Pflanzenpflegemittel erwähnt, die zur Pflanzenstärkung und gleichzeitig zur Abwehr von Schädlingen und Krankheiten gebraucht werden können. Allerdings sind die Erfahrungen mit diesen Mitteln sehr unterschiedlich. Ihre Wirkung scheint von verschiedenen Faktoren abhängig zu sein, doch fehlen wissenschaftliche Untersuchungen noch weitgehend. Es wird aufgrund von Beobachtungen und Versuchen angenommen, dass diese Pflanzenpräparate die Abwehrkräfte der behandelten Pflanzen fördern, indem sie das Zellgewebe stärken. Auch enthalten gewisse Pflanzen abweisende oder tödliche Substanzen für Insekten, Bakterien und Pilze. Die bisherigen Erfahrungen zeigen, dass sich Forschung und Versuche auf diesem Gebiet lohnen würden.

Solche pflanzliche Präparate (Essenzen, Öle und Extrakte) kommen in homöopathischer Verdünnung vor allem in der biologisch-dynamischen Wirtschaftsweise zum Einsatz. Brennessel und Schachtelhalm, die im folgenden genauer beschrieben werden, sind die zwei wichtigsten Kräuter der Pflanzenpflege. Über den Einsatz anderer Kräuter wie Farnkraut, Kamille, Baldrian, Löwenzahn, Beinwell, Knoblauch, Zwiebel, Meerrettich u.a. geben die Anwendungstabellen Auskunft (s. Kap. 6.4).

Bei den im Handel erhältlichen Produkten sind nur die wichtigsten Handelsnamen erwähnt.

Ackerschachtelhalm *(Equisetum arvense)*
Zinnkraut, Katzenschwanz

Dieses für die Heilkunde viel benützte Kraut weist einen hohen Kieselsäuregehalt auf. Es wächst gerne in feuchten, lehmigen Sandböden. Im Frühling erscheint zuerst der bräunliche unverzweigte Spross mit den Sporen. Der Schachtelhalm bildet keine Blüten. Nach dem Ausstreuen der Sporen stirbt dieser Spross ab und es erscheinen die 10–15 cm hohen quirlig verzweigten, grünen Triebe. Diese werden ohne Wurzeln von Mai bis August gesammelt. Sie sind mit den anderen Schachtelhalmarten nicht zu verwechseln.

Anwendung: Schachtelhalm-Präparate werden als Brühe oder als Jauche gegen Pilzkrankheiten und zur Pflanzenstärkung eingesetzt. Sie werden am besten bei Sonnenschein, aber vor der Mittagshitze, über Pflanzen und Boden ausgebracht. Um gegen Pilzkrankheiten (v. a. Rost, Echter Mehltau) im Gemüsebau, bei Beeren und Obst vorzubeugen, ist ein periodisches Spritzen vorteilhaft. Es bewährt sich, im Herbst

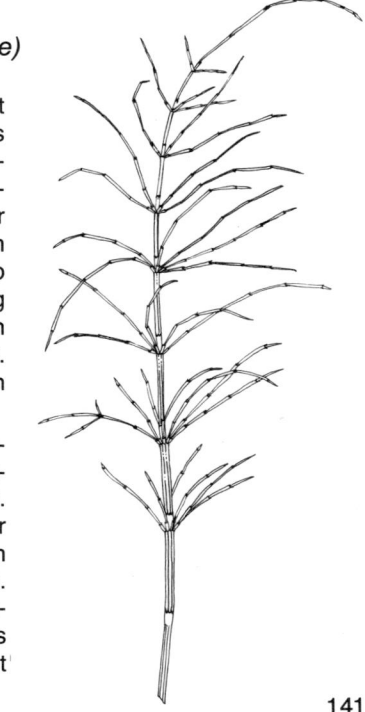

Mittel und Massnahmen Pflanzenpflegemittel

und Frühling die ganze Anbaufläche des Gartens, die Obstbäume und Beerensträucher zur Zeit des Blattfalls und Austriebs, gründlich zu spritzen. Sind aber die Bedingungen für Pilzkrankheiten besonders günstig (z.B. warmfeuchtes Wetter, anfällige Sorten), so ist die Wirkung ungenügend und eigentliche Pilzbekämpfungsmittel müssen eingesetzt werden. Schachtelhalmpräparate sollten nicht in Metallgefässen angesetzt werden (s. Kap. 6.4).

Brennessel *(Urtica dioica* und *Urtica urens)*
Die Brennessel, bekannt als altes Heilmittel, ist reich an Vitamin A, Vitamin C und Mineralstoffen (vor allem Eisen). Sie kann ausserordentlich vielseitig genutzt werden. Zur Verwendung kommt die ganze Pflanze, ohne die Wurzel, vor der Samenbildung von Juni bis August. Durch die Beigabe von grösseren Mengen von grünen oder getrockneten Brennesseln oder von Brennesselpulver in den Kompost wird die Verrottung und insbesondere die Umsetzung stickstoffhaltiger Substanzen gefördert.

Anwendung: Brennesseln eignen sich sehr gut zur Herstellung von Pflanzenjauchen. Von der gut vergorenen Jauche, der man etwas Knochen- und Hornmehl oder tierischen Mist sowie Steinmehl beimischen kann, wird periodisch dem Giesswasser beigegeben (ungefähr 1:10 verdünnen).
Auch die Verwendung als Spritzmittel über die Blätter dient der Wuchsförderung und der Chlorophyllbildung. Die Brennesseljauche ist aber genügend stark zu verdünnen, sonst kommt es zu Verbrennungen auf den Blättern. Die Kombination mit Schachtelhalmbrühe oder -jauche ist dabei vorteilhaft. Kohlgewächse sollten nicht zu oft mit Brennesseljauche angegossen werden, da der Geruch den Kohlweissling anzieht. Als Spritzmittel zur Bekämpfung von Blattläusen wirken Brennesseln, die während 12 Stunden in kaltem Wasser angesetzt wurden, sofern der Befall nicht allzu stark ist (s. Kap. 6.4).

Gesteinsmehle
Die Gesteinsmehle weisen einen hohen Gehalt an Spurenelementen auf und sind in verschiedenen Zusammensetzungen erhältlich. So sollten bei sehr kalkhaltigen Böden siliziumreiche, kalkarme, bei sauren Böden kalkhaltige Gesteinsmehle verwendet werden.

Anwendung: Gesteinsmehle finden als Bodenverbesserungsmittel vor allem bei schweren Böden und Moorböden sowie als Kompostbeigabe zur Förderung der Umsetzung Verwendung.
Als Stäubemittel können Gesteinsmehle zur Vorbeugung gegen Pilzkrankheiten (z.B. Sellerie-Blattfleckenkrankheit) und bei feuchtem Wetter gegen fressende Insekten verwendet werden. Diese Wirkung darf aber, ähnlich wie bei den nachfolgenden Kalkalgen, nicht überschätzt werden.

Handelsnamen: Steinmehl (verschiedene Zusammensetzungen), Urgesteinsmehl, Basaltmehl, Diabasmehl, Ledax-humin, Quarzitstaub, Eco-min Stäubemittel.

Mittel und Massnahmen | Pflanzenpflegemittel

Tonerdemehl und Lehm

Die Tonerdemehle (Bentonit, Kaolin) weisen verschiedene günstige Eigenschaften auf. Sie sind sehr quellfähig und eignen sich gut als Bindemittel bei Pflegespritzungen.

Anwendung: Dank dem hohen Tongehalt sind sie vor allem in sandigen, leichten Böden ein gutes Bodenverbesserungsmittel. Sie können auch als Kompost- und Jauchezusatz verwendet werden.

Im Obstbau werden Tonerdemehle oder Lehm als wichtiger Bestandteil des Stammanstrichs sowie vorwiegend für die Winterspritzung verwendet (z.B. Bentonit/Wasserglas, oder Bentonit mit Schachtelhalmbrühe). Tonerdemehle sollten nicht zusammen mit pflanzlichen Insektiziden (z.B. Pyrethrum) angewendet werden, da deren Wirkung dadurch vermindert wird.

Handelsnamen: Bentonit, Ledax-it, Kaolin, Opalit.

Algenextrakte

Es sind verschiedene flüssige oder pulverförmige Extrakte aus Grünalgen und Braunalgen *(Laminaria-, Ascophyllum, Fucum-Arten* u.a.) im Handel erhältlich, welche vor allem von der Nordseeküste stammen. Diese Algen, auch Seetang genannt, sind im Gegensatz zu den kalkhaltigen Rotalgen *(Lithothamnium calcareum* u.a.) relativ reich an organischen Stoffen, Mineralstoffen (vor allem Kalium) und an Spurenelementen.

Anwendung: Sowohl die flüssigen als auch die pulverförmigen Algenextrakte haben, auf das Blattwerk ausgebracht, eine wachstumsfördernde Wirkung und erhöhen die Widerstandsfähigkeit der Pflanzen gegen Schädlinge. Die Höhe der Konzentration ist jeweils auf den Packungen angegeben.

Handelsnamen: Ledax-al (Algifert); Ledax-rosal (Polymaris) enthält zusätzliche Auszüge aus Heilkräutern, Hefe und organischen Düngemitteln.

Kalkalgenmehl

Kalkalgen werden vor allem in Südfrankreich und in der Bretagne aus dem Meer gewonnen. Das sogenannte «Lithothamne» wird als noch lebende Kalkalge, der «Maerl» als Kalkskelett gewonnen.

Anwendung: Die Kalkalgenmehle werden vor allem zur Bodenverbesserung, d.h. zur Anhebung des Boden-Säuregrades (pH), vorwiegend in sauren Böden verwendet. Das Stäuben von Kalkalgen über das Blattwerk fördert die Widerstandsfähigkeit gegen Pilzkrankheiten und Insekten wie Schorf, Mehltau, Krautfäule, Kartoffelkäfer, Lauchmotte, Erdflöhe u.a. (Menge: ca. 200–300 g/Are, trocken gestäubt oder mit 20–30 l Wasser vermengt). Die Wirkung der Algenmehle ist nicht zu überschätzen. Eine zu häufige Anwendung kann die Atmung der Pflanze behindern. Es sind verschiedene Kalkalgenmehle, die sich in der Zusammensetzung etwas unterscheiden, im Handel.

Handelsnamen: Kalkalgen (Algenkalk), Algomin, Actiglene, Glenan, Glenactin, Hasoglen, Lithothamne u.a.

Mittel und Massnahmen   Biol.-dyn. Wirtschaftsweise

Weitere Mittel
Im Handel sind (v. a. in Deutschland) verschiedene Pflanzenpflegemittel auf der Basis von Wildkräutern erhältlich. Systematische Erfahrungen über deren Wirksamkeit liegen aber erst wenige vor. Darum können die nachfolgenden Mittel erst mit Vorbehalt empfohlen werden:

Artanax:	Spritzpulver aus Wildkräutern, Rainfarn, Zwiebelschalen, Meerrettich u. a. sowie Meeralgen und Naturmineralien. Soll die Widerstandsfähigkeit gegen diverse Pilzkrankheiten (Schorf, Mehltau) und Schadinsekten steigern.
Etermut:	Streumittel mit Duftstoffen mehrerer Wildkräuter. Soll zur Abwehr von Möhrenfliege und anderen Gemüsefliegen beitragen.
SPS, (Ledax-mikrob):	Flüssiges Pflanzenkonzentrat aus Wildkräutern. Dient zur Wuchsförderung und Erhöhung der Widerstandskräfte der Pflanzen gegenüber Pilz- und Viruskrankheiten.

Weitere spezielle Mittel dienen zur Rosenpflege, Ameisenabwehr, zur Vorbeugung gegen Erdbeer-Grauschimmel und gegen Schadorganismen an Nadelhölzern und Moorbeetpflanzen.

5.3 Verfahren der biologisch-dynamischen Wirtschaftsweise[*]

Die Grundlagen der biologisch-dynamischen Landbaumethode wurden 1924 von Rudolf Steiner durch einen Vortragszyklus, den sog. «Landwirtschaftlichen Kurs», gelegt. Die vorgeschlagenen Massnahmen ergeben sich dabei weniger aus naturwissenschaftlichen, sondern vor allem aus geisteswissenschaftlichen Erkenntnissen. Rudolf Steiner hat auf zahlreiche Zusammenhänge zwischen Vorgängen im Kosmos und Vorgängen auf der Erde aufmerksam gemacht.
Die biologisch-dynamische Wirtschaftsweise geht davon aus, dass die Ertrags- und Qualitätsbildung unter dem Einfluss bzw. der Polarität terrestrischer Wachstumsfaktoren (u. a. dem Bodenleben) einerseits und der kosmischen Wachstumsfaktoren Licht, Wärme, kosmische Rhythmen (Mond, Planeten) anderseits geschieht. Es können hier nur einige wenige Hinweise über diese Zusammenhänge und die sich daraus ergebenden Pflanzenschutz-Massnahmen gegeben werden.
Treten Pflanzenkrankheiten auf, so werden diese durch die Störung des Gleichgewichts zugunsten der terrestrischen Faktoren erklärt. Mit einer Reihe von auf

---
[*] Literatur:
v. Heynitz, K. / Merckens, G.: Das biologische Gartenbuch
Koepf, H. u. a.: Biologische Landwirtschaft. Eine Einführung in die biologisch-dynamische Wirtschaftsweise
Pfeiffer, E. / Riese, E.: Der erfreuliche Pflanzgarten
Thun, M.: Aussaattage. Hinweise aus der Konstellationsforschung
Steiner, R.: Landwirtschaftlicher Kursus

besondere Art und Weise hergestellten Präparaten wird versucht, diese Störungen auszugleichen und gezielt zu einer Harmonisierung des Wachstums und zu einer Steigerung der biologischen Vorgänge in Kompost, Boden und Pflanze beizutragen.

Bei diesen Präparaten handelt es sich um zwei Spritzpräparate, «Hornmist» und «Hornkiesel», und um sechs Kompostpräparate. Die Erfahrungen mit der bereits erwähnten Schachtelhalmbrühe gehen ebenfalls auf diese Landbaumethode zurück. Diese Mittel haben keine Nährstoffwirkung im üblichen Sinne. Langjährige Erfahrungen aus der Praxis und verschiedene neuere wissenschaftliche Untersuchungen weisen positive Wirkungen auf das Pflanzenwachstum, den Ertrag und die Nahrungsqualität nach.

Das *Hornmist-Präparat* (Präparat 500), das aus Kuhmist zubereitet wird, dient der Förderung der Lebensprozesse im Boden und wird vor, während oder kurz nach der Saat bzw. dem Setzen direkt auf den Boden gespritzt.

Das *Hornkiesel-Präparat* (Präparat 501), das aus feinst zubereitetem Quarz hergestellt wird, ist während der Vegetationszeit, v. a. zur Steigerung der Assimilationsleistung und zur Förderung der Reifeprozesse, auf die Pflanzen zu spritzen. Beide Präparate müssen unmittelbar vor der Anwendung während einer Stunde nach einem bestimmten Verfahren gerührt werden. Für den Zeitpunkt der Spritzarbeit werden die kosmischen Konstellationen beachtet.

Zur Förderung der Rotteprozesse bei der Kompostierung und der Jaucheaufbereitung werden besondere *Heilkräuter-Kompost-Präparate* (Präparate 502–507) zugesetzt. Als Ausgangsmaterial dienen: Schafgarbenblüten, Kamillenblüten, Brennesselpflanzen, gemahlene Eichenrinde, Löwenzahnblüten und Baldrianblütensaft. Die Herstellung der Präparate erfolgt unter Berücksichtigung verschiedenster Naturzusammenhänge und jahreszeitlicher Bedingungen.

Der Einfluss kosmischer Konstellationen auf Lebensvorgänge ist seit altersher und in allen Kulturkreisen der Menschheit beachtet worden. Versuche von L. Kolisko, M. Thun und anderen Forschern haben gezeigt, dass auf biologisch-dynamisch gepflegten Böden das Pflanzenwachstum nicht nur durch die Sonnenbahn, sondern auch durch die Stellung des Mondes zu den Tierkreisbildern, durch die Mondphasen und die Planetenbahnen u. a. m. beeinflusst wird. Je nach Nutzorgan der Kulturpflanzen (Wurzel, Blatt, Blüte, Frucht) scheint es vorteilhaft, bestimmte *Konstellationen* für die *Saat-, Pflege- und Erntearbeiten* zu wählen.

Zur Schädlingsregulierung werden Versuche mit der sog. *Veraschungsmethode* gemacht. Verbrennt man Tiere, Insekten oder deren Larven (oder lässt sie verwesen) und streut man diese Asche über mehrere Jahre hinweg aus, so sollen dadurch die betreffenden Artgenossen vertrieben werden. Kleinste Spuren scheinen schon zu genügen. Es wird davon ausgegangen, dass bestimmte kosmische Konstellationen einen wesentlichen Einfluss auf den oft eigenartigen periodischen Entwicklungszyklus bestimmter Tiere haben; deshalb müssen diese auch bei der Veraschung berücksichtigt werden. Nach der gleichen Theorie wird der Samen von Unkräutern verascht und ausgestreut. Wissenschaftliche Arbeiten sind in Deutschland und in der Schweiz im Gange. Resultate liegen erst wenige vor. Genauere Hinweise über die biologisch-dynamische Wirtschaftsweise finden sich in der entsprechenden Fachliteratur.

5.4 Mechanische Abwehrmittel

Für den Einsatz im Hausgarten gibt es zahlreiche mechanische Abwehrverfahren, welche vor allem früher häufig benutzt wurden und deshalb als «altmodisch» gelten. Sie bedingen meist mehr Handarbeit, haben aber den grossen Vorteil, dass sie keine Rückstände verursachen.
Es sind einerseits Mittel, welche eine Zuwanderung von Schädlingen auf die Pflanzen verhindern und anderseits solche, welche auf mechanischem Weg Schädlinge töten. Die meisten dieser Mittel sind in landwirtschaftlichen Genossenschaften, Samenhandlungen oder in Drogerien erhältlich.

Gitter und Zäune gegen Wildschäden
Eine vollständige Einfassung des Gartens mit einem feinmaschigen Gitter schützt vor Hasen und Rehen. Mindesthöhe der Gitter in gefährdeten Gebieten (Waldnähe) 1,50 m, in schneereichem Gebiet höher.

Mäusefallen
Eine altbewährte Methode vor allem zum Fangen von Wühlmäusen bei richtiger konsequenter Durchführung. Es gibt zahlreiche Fallenarten im Handel. Es ist empfehlenswert, sich von einem erfahrenen Praktiker beraten zu lassen.

Vogelabwehrnetze und Vogelabwehrbänder
Flatternde Staniolstreifen, farbige Plastikbänder und Vogelabwehrnetze sind von Bedeutung zum Schutz von Beerensträuchern, Kirschbäumen und Frühsaaten (z.B. Erbsen). Die Vögel gewöhnen sich aber schnell an die Bänder; wirksamen Schutz garantieren nur die Netze. Die blaue Farbe der Bänder scheint die Vögel stärker fernzuhalten.

Schneckenzäune
Diese eignen sich gut zur Einfassung von Gärten oder Beeten gegen die Zuwanderung von Schnecken, z.B. aus angrenzenden Wiesen. Es sind dies abgewinkelte Blechrahmen oder mittels Batterien betriebene elektrische Zäune, die im Handel erhältlich sind. Zu beachten ist, dass die Schneckenzäune nicht durch Pflanzen oder Gras überwachsen werden.

Mittel und Massnahmen   Mechanische Abwehrmittel

Schneckenfallen
Mit Bier gefüllte Becher, welche ebenerdig in den Boden eingegraben werden, locken Schnecken an. Das Bier sollte häufig ersetzt und gegen Regen geschützt werden. Es sind auch Schneckenfallen im Handel erhältlich. (Farbbild 87.)

Einsammeln von Schädlingen
Eine arbeitsaufwendige, aber umweltschonende Methode!

Entfernen befallener Pflanzenteile
Dies kann eine Ausbreitung von Pilzkrankheiten (z. B. Mehltau bei Obst) und Blattläusen verhindern.

Fanggürtel
Die Gürtel werden rings um die Stämme von Obstbäumen ungefähr in 1 m Höhe angelegt. Sie sind so angefertigt, dass sie verschiedenen Insektenarten einen Unterschlupf bieten. Werden die Fanggürtel zur richtigen Zeit, d. h. bevor die Insekten sie verlassen haben, entfernt und verbrannt, so werden damit die darin versteckten Schädlinge vernichtet. Dabei ist darauf zu achten, dass Marienkäfer und Ohrwürmer nicht mitvernichtet werden, sondern an den Bäumen bleiben.

Einfacher Fanggürtel: Ein mindestens 10 cm breiter Wellkartonstreifen wird auf beiden Seiten mit wetterbeständigem Teerpapier oder Plastik überzogen und an den Baumstamm gebunden. Die Insekten verkriechen sich in die Rillen. Die Aussenseite ist evtl. mit Raupenleim zu bestreichen.

Gegen Apfelblütenstecher müssen die Gürtel vor März/April, gegen Obstmaden Ende Mai angelegt werden.

Obstmadenfalle: Auf einen starken Papierstreifen (ungefähr 20 cm breit) Holzwolle aufkleben und gegen Regen nach aussen mit feuchtigkeitsbeständigem Material abdecken, z. B. Plastik. Der obere Rand ist nach innen zu biegen und fest an den Baumstamm zu binden. Der Streifen muss unten offen bleiben, damit die Insekten hineinkriechen können. So kann ein Teil der Obstmaden weggefangen werden. (Farbbild 88.)

Leimringe
Leimringe werden rings um die Baumstämme angelegt, um jene Insekten (v. a. Frostspanner) zu fangen, die am Stamm hinauf und hinunter kriechen. Bei älteren Bäumen kann man den Leim direkt auf dem Stamm anbringen. In Brusthöhe glättet man einen 10 cm breiten Streifen der Rinde und bestreicht ihn. An jüngeren Bäumen bindet man einen 15 cm breiten Streifen haltbares Papier oben und unten fest um den Stamm. Die Streifen müssen dicht anliegen. Damit beim Anstreichen der Leim nicht herabläuft, biegt man während des Streichens den unteren Rand aufwärts. Leimringe sollten nur von September bis Dezember an den Bäumen belassen werden. Die mit Leim verklebten Insekten können Vögeln schaden. (Farbbild 89.)

Mittel und Massnahmen Biotechnische Bekämpfung

Leimrezepte:
700 g Holzteer
500 g Kolophonium
500 g braune Schmierseife
300 g Tran
Diese Mittel sind in Drogerien zu beziehen.
Holzteer und Kolophonium im Wasserbad erhitzen und umrühren, bis eine gleichmässige Mischung entsteht, dann Seife und Tran dazugeben und mit Rühren fortfahren, bis die Flüssigkeit erkaltet ist.

2500 g Rapsöl
200 g Schweineschmalz
200 g Terpentin
200 g Kolophonium
Rapsöl und Schweineschmalz auf ²/₃ der Masse einkochen. Unter ständigem Rühren Terpentin und Kolophonium beigeben. Die Masse muss mit dem Pinsel gut streichbar sein.
Leimgürtel sind im Handel erhältlich.

Kalt- oder Heisswasser-Spritzungen gegen schädliche Insekten
Das wiederholte Abspritzen von mit Blattläusen befallenen Pflanzenteilen mit einem scharfen Strahl kaltem Wasser kann zu ihrer Bekämpfung genügen.
Heisswasser-Spritzung von Pflanzen, wie diese schon vor Jahrzehnten entwickelt wurde, zeigt sich als wirksam zur Bekämpfung von Blattläusen, Blutläusen, roter Spinne u.a. Die Schädlinge sollten mit 45°C getroffen werden. Höhere Temperaturen führen zur Zerstörung des Pflanzengewebes.

5.5 Verfahren der biotechnischen Schädlingsbekämpfung*

Als biotechnische oder auch biologische Schädlingsbekämpfung werden verschiedene von Wissenschaftlern erforschte Verfahren bezeichnet, bei denen es darum geht, gezielt mit den natürlichen Gegenspielern von Schädlingen zu arbeiten.
Insbesondere zu nennen sind:
a) Aussetzen von nicht einheimischen Nützlingsarten (z.B. amerikanische Zehrwespe gegen Blutlaus).
b) Periodische Freilassung von in Massen gezüchteten Nützlingen oder Krankheitserregern (Schlupfwespen, Raubmilben, Florfliegen, Bakterien u.a.).
c) Regulierung und Kontrolle eines Schädlingsbefalls mit Fallen, z.B. mit Farbtafeln (Kirschenfliegenfalle) oder Sexualduftstoffen (Pheromonen).

* Literatur:
Franz, J.M./Krieg, A.: Biologische Schädlingsbekämpfung

Mittel und Massnahmen Biotechnische Bekämpfung

Es sind erst wenige Verfahren so weit entwickelt, dass sie in der Praxis Eingang gefunden haben. Zu nennen ist vor allem der Einsatz von im Labor gezüchteten Schlupfwespenarten der Gattung *Trichogramma*, welche die Eier zahlreicher Schadinsekten (Maiszünsler, Kohleule, Apfelwickler) parasitieren. Sie legen ihre Eier in diejenigen der Schädlinge ab und verhindern dadurch deren Entwicklung. Nicht nur Insekten können als natürliche Feinde gegen Schädlinge eingesetzt werden; ebenso intensiv wird daran geforscht, *Mikroorganismen,* d.h. Viren, Bakterien, Pilze usw. zur Schädlingsregulierung einzusetzen. Eine besondere Bedeutung für die Praxis hat dabei der Einsatz einer Bakterienart erlangt (Bacillus thuringiensis).

Bacillus thuringiensis

Hier handelt es sich um ein Bakterienpräparat, das sich vor allem zur Bekämpfung von Schmetterlingsraupen, z.b. des Kohlweisslings, des Frostspanners, der Gespinstmotte und des Traubenwicklers als wirksam erweist.

Anwendung: Die abgestorbenen Bakterien werden zu einem Pulver verarbeitet. Fressen die Raupen die damit behandelten Blätter, so verenden sie nach kurzer Zeit. Wiederholte Anwendungen sind in der Regel nötig. Temperaturen über 20°C erhöhen die Wirkung.

Konzentration: 0,06–0,1 %
Giftklasse: frei
Wartefrist: im Gemüse- und Obstbau 7 Tage, im Weinbau 3 Wochen

Das Präparat kann sowohl als Spritzpulver wie auch als Granulat (gekörnt) bezogen werden. Eine Beimischung von Zucker oder Melasse (0,2%) soll die Wirkung verbessern.

Handelsnamen: Bactucide, Bactospeine, Biotrol, Dipel, Thuricide u.a.

Kirschenfliegenfalle

Um den Flug der Kirschenfliege zu kontrollieren, wurde in der Schweiz eine spezielle Falle entwickelt, welche sich zur insektizidfreien Bekämpfung dieses Schädlings im Hausgarten eignet. Die Falle besteht aus einer Leimfolie mit fluoreszierendem Gelb als Lockfarbe. Die Kirschenfliegen bleiben an der Folie kleben; so kann die Eiablage an die Früchte verhindert werden. Leider werden gelegentlich auch andere Insekten gefangen. (Farbbild 70.)

Anwendung: 2–8 Fallen pro Baum (je nach Baumgrösse) werden kurz vor Flugbeginn der Kirschenfliege ausgehängt.
Bezug: Landw. Forschungsanstalten, z.B. Eidg. Forschungsanstalt für Obst-, Wein- und Gartenbau, CH-8820 Wädenswil. Der Versand erfolgt kurz vor Flugbeginn.

5.6 Pilzbekämpfungsmittel

Der Einsatz von eigentlichen Pilzbekämpfungsmitteln ist auch im biologischen Anbau, vor allem im Rebbau und Obstbau, für bestimmte anfällige Sorten und ungünstige Standorte kaum zu umgehen. Im Hausgarten kann ohne weiteres ein gewisser Schorfbefall in Kauf genommen werden.
Aus der grossen Anzahl der Fungizide sind für den biologischen Anbau nur Kupfer- und Schwefelmittel zugelassen. Die Wirkungsweise von Schwefel und Kupfer ist vorbeugend, d.h. die Pflanzen werden mit einem Spritzbelag überzogen, der die Keimschläuche der Pilze abtötet. Im Unterschied dazu dringen die sog. «systemischen» chemischen Fungizide in das Pflanzengewebe und den Pflanzensaft ein und töten dort die Pilzfäden ab. Solche Mittel werden aus toxikologischen Gründen im biologischen Anbau nicht verwendet. Auch zeigt sich, dass gewisse Pilzstämme gegen einzelne dieser Mittel widerstandsfähig (resistent) werden. Bei Kupfer- und Schwefelmitteln sind solche Resistenzerscheinungen bisher nicht bekannt. Hingegen kann zu intensive Schwefel-Anwendung schädigend für einzelne Nützlingsarten wirken und zu viel Kupfer den Boden belasten. Bei einigen Obstsorten zeigt sich Empfindlichkeit gegenüber diesen Mitteln (Phytotoxität). In der biologisch-dynamischen Wirtschaftsweise wird auf die Anwendung von Kupfermitteln verzichtet.

Ledax-san (Bio-S)

Es handelt sich um ein Vorbeugungsmittel, das aus feinstgemahlenen Kräutern (Brennessel, Schachtelhalm, Zwiebelgewächsen), Algen und Steinmehlen sowie 24% Netzschwefel besteht. Dieses Mittel wird vor allem im Obstbau gegen Echten Mehltau und, mit Teilwirkung, gegen Schorf und Schrotschuss verwendet; es wirkt aber auch vorbeugend gegen andere Pilzkrankheiten. Eine gewisse Blattdüngungswirkung ist zu beobachten. Die Wirkung wird erhöht, wenn man das Präparat vor dem Einsatz 1–2 Tage vergären lässt.

Konzentration:	siehe Angaben auf Packung, in der Regel 0,6–0,8%
Giftklasse:	frei
Wartefrist:	3 Wochen
Handelsnamen:	Ledax-san (in Deutschland: Bio-S), Kontrapilz

Schwefel (S)

Schwefel wird, in Verbindung mit einem Netzmittel, schon seit vielen Jahren vor allem zur Bekämpfung von Schorf und Echtem Mehltau eingesetzt. Die Wirkung ist bei Temperaturen unter +10°C geringer als bei Kupfer. Bewährt hat sich die Anwendung von Netzschwefel kombiniert mit pflanzlich-mineralischen Pflegemitteln.

Vorsicht: Bei einigen Obstsorten (z.B. Berlepsch, Cox-Orange) besteht Berostungsgefahr, wenn bei heissem Wetter gespritzt wird. Schwefel wirkt schädigend für Raubwanzen, z.T. auch für Marienkäfer und Raubmilben.

Mittel und Massnahmen · Pilzbekämpfungsmittel

Konzentration: siehe Angaben auf Packung
Giftklasse: frei
Wartefrist: 3 Wochen
Handelsnamen: Es gibt verschiedene Produkte im Handel, deren Wirkung ziemlich ähnlich ist. Sofril, Sufralo, Thiovit, Elosal-Supra usw. In Deutschland wird eine Mischung von Netzschwefel mit Pottasche und Kaliumkarbonat, sog. «Hepar sulfuris» verwendet.

Wasserglas (Natriumsilikat)

Wasserglas ist eine stark kieselsäurehaltige, basisch wirkende Flüssigkeit. Sie kann, besonders im Sommer, den Spritzungen zur Vorbeugung gegen Pilzkrankheiten im Obst- und Weinbau beigegeben werden.

Konzentration: ca. 0,5–2 % (s. Kap. 6.5 Spritzpläne)
Giftklasse: 4
Wartefrist: 3 Wochen
Handelsnamen: Wasserglas, Natriumsilikat

Kupfer (Cu)

Kupfermittel werden schon seit altersher im Rebbau zur Pilzbekämpfung eingesetzt. Von einigen Richtungen des biologischen Landbaus wird die Verwendung von Kupferpräparaten in sehr geringer Konzentration zugelassen, jedoch nicht in Verbindung mit chemischen Mitteln. Sie sind gegen den Falschen Mehltau der Rebe, gegen Schorf (vor allem bei kalter Witterung als Vorblütenspritzung) und gegen Krautfäule bei anfälligen Kartoffelsorten und bei Tomaten einzusetzen. Kupfermittel können bei zu starker Konzentration Berostungen an Kernobst verursachen und die Entwicklung gewisser Bodenlebewesen behindern. In der biologisch-dynamischen Wirtschaftsweise sind deshalb diese Mittel nicht zugelassen.

Konzentration: siehe Angaben auf Packung
Giftklasse: 4
Wartefrist: 3 Wochen
Handelsnamen: Unter den verschiedenen Kupferformen werden am häufigsten Kupferoxychlorid, Kupfersulfat und Bordeauxbrühe (Kupfer-Kalkbrühe) verwendet. Es gibt zahlreiche Produkte und Handelsnamen.

Kaliumpermanganat (KPM)

Bei dieser Substanz handelt es sich um übermangansaures Kali, das auch für Fussbäder und als Gurgelwasser Verwendung findet. Es wird wegen seiner wachstumsanregenden Sauerstoffaktivität und seiner desinfizierenden, pilzhemmenden Wirkung vor allem im biologischen Erwerbsobstbau als Beimischung zum Netzschwefel verwendet. Kaliumpermanganat soll auch als Samenbeize wirksam sein.

Eine offizielle Prüfung dieser Wirkung liegt in der Schweiz nicht vor. Zu hohe
Konzentration verursacht Flecken auf den Produkten.

Konzentration: 0,1–0,15% (s. Kap. 6.5 Spritzpläne)
Giftklasse: 3 im Handel; in der Konzentration 0,1 % in keiner Giftklasse
Wartefrist: 3 Wochen
Handelsnamen: Kaliumpermanganat, KPM

5.7 Schädlingsbekämpfungsmittel

Die pflanzlichen Insektizide wirken vorwiegend als Kontaktgifte. Die Wirkstoffe durchdringen die Haut der Insekten und lähmen deren Körperfunktionen. Der Spritzbelag, der auf der Oberfläche der Pflanzen bleibt, wirkt auch auf zufliegende Insekten. Bezüglich ihrer Wirkung unterscheiden sich pflanzliche Mittel nicht von chemisch synthetisierten Kontaktgiften. Sie bauen sich aber sehr rasch ab und sind für Warmblüter wie den Menschen in diesen Konzentrationen ungiftig.

Die im biologischen Landbau nicht zugelassenen naturfremden chemisch-synthetischen Insektizide wirken nicht nur als Kontaktgifte, sondern auch als Atem- und Frassgifte. Bei den Frassgiften werden, vor allem gegen saugende Insekten (z. B. Blattläuse), auch systemisch wirkende Gifte eingesetzt, die in die Pflanzengewebe eindringen. Dadurch, dass diese systemischen Mittel von den Schädlingen nur mit dem Pflanzensaft eingesaugt werden, sind einige davon wohl nützlingsschonender, hingegen erhöht sich die Gefahr, dass gesundheitsgefährdende Rückstände in den Pflanzen bleiben.

Nicht-systemische Insektizide, also auch die pflanzlichen Mittel, sind für nützliche und harmlose Insekten sowie für Fische schädigend. Deshalb sind auch pflanzliche Gifte mit grosser Zurückhaltung anzuwenden. Man spritze möglichst nicht in der Zeit des starken Bienenfluges, sondern v. a. abends. Bei besonders gefährdeten Kulturen mit kurzer Vegetationszeit (Gemüsebau) muss unter Umständen eine gezielte Bekämpfung durchgeführt werden, bevor die natürlichen Feinde auftreten. Im Obstbau kann eher zugewartet und genau beobachtet werden, ob die natürliche Schädlingsregulierung zum Spielen kommt.

Rainfarn *(Tanacetum vulgare* oder *Chrysanthemum v.)*
Rainfarn, auch Wurmtod, Heilwurz oder Raingut genannt, ist ein Korbblütengewächs. Die 1–1,5 m hohen, aufrechten Stengel tragen gefiederte Blätter. Die halbkugeligen, gelben Blüten sind doldenartig an den Stengelspitzen angeordnet. Die scharfriechende Pflanze enthält ätherische Öle und Bitterstoffe und wurde früher als Wurmmittel, gegen Krampfadern u. a. verwendet. Eine Überdosierung führt zu Vergiftungen.
Rainfarn wächst wild gerne an steinigem Rain und an Dämmen. Im Hausgarten gedeiht er gut, sollte aber etwas abseits gepflanzt werden, da er wachstumshemmend wirkt. Auch sollte Rainfarn nicht in den Kompost gegeben werden, da er die Verrottungsprozesse beeinträchtigt. (Farbbild 86.)

Anwendung: Von Juni bis September die Blüten und Blätter sammeln und als Brühe oder Tee zubereiten. Rainfarn wird mit gutem Erfolg gegen verschiedene Insekten, z.B. Ameisen, Blattwespen, Blattläuse, Wurzelläuse, und Milben eingesetzt sowie wegen seines starken Geruchs zur Geruchsüberdeckung gegen Kohlweissling und Apfelwickler (s. Kap. 6.4 Anwendungstabellen).

Wermut *(Artemesia absinthum)*
Wermut, auch Bitterer Beifuss oder Absinth genannt, ist eine Heilpflanze, die gegen Würmer, Magenbeschwerden und für Leber und Galle Verwendung findet. Die runden, gefurchten Stengel sind verästelt. Die graugrünen, länglichen Blätter sind am unteren Stengelteil gefiedert, werden aber gegen den oberen Stengelteil hin immer einfacher. Die kleinen, gelben Blüten bilden Rispen.
Wildwachsenden Wermut findet man an steinigen, sonnigen Orten. Im Garten sollte er wie der Rainfarn abseits gepflanzt und nicht kompostiert werden.

Anwendung: Blüten und Blätter von Juni bis September sammeln. Wermuttee wird gegen den Säulchenrost der Johannisbeere eingesetzt. Wermutbrühe wirkt abwehrend gegen Ameisen, Blattläuse und Brombeermilbe und wird auch zur Geruchsüberdeckung gegen Kohlweissling und Apfelwickler gespritzt (s. Kap. 6.4 Anwendungstabellen).

Pyrethrum
Pyrethrum ist ein Auszug aus den Blüten von Chrysanthemen-Arten, die in warmen Gebieten wachsen. Es baut sich schnell ab und zeigt nach 48 Stunden keine Wirkung mehr. Eine längere Lagerung ist deshalb schwierig. Das Mittel ist ein Kontaktgift, welches durch die Haut in die Insektenkörper eindringt und als Nervengift wirkt.
Pyrethrum wird entweder allein, in Kombination mit Rotenon, oder als Mischung mit einem chemischen Zusatzstoff (Piperonylbutoxid) zur Bekämpfung saugender, teils auch beissender Insekten wie Blattläuse, Weisse Fliege, Kohlweissling, und Spinnmilben verwendet. Pyrethrum ist giftig für alle Insektenarten, auch Nützlinge, wenn sie direkt getroffen werden. Es ist ein starkes Fischgift. Für Warmblüter ist es ungiftig. Die Verwendung von 40°C warmem Wasser erhöht die Wirkung der Pyrethrummittel v.a. bei kühlem Wetter. Der Zusatz von Tonerdemehlen vermindert die Wirkung.
Es ist darauf hinzuweisen, dass die im Handel erhältlichen chemisch-synthetisch hergestellten Pyrethroide im biologischen Anbau nicht zugelassen sind, da über ihre Langzeitwirkung noch zu wenig bekannt ist.

Konzentration:	Die Mittel enthalten nicht alle gleich viel Wirkstoff. Angaben auf den Packungen beachten.
Giftklasse:	5 oder 5 S
Wartefrist:	im Gemüsebau 7 Tage, im Obstbau 3 Wochen
Handelsnamen:	Ledax-wg (Spruzit) und Biocid (gleich stark wirkend), Aril (stärker wirkend als Biocid).

Mittel und Massnahmen　　　　　　　　　　　Schädlingsbekämpfungsmittel

Rotenon (Derris)

Das Mittel wird aus den Wurzeln von bestimmten, in tropischen Gegenden wachsenden Leguminosen-Pflanzen gewonnen (Derris, Lonchocarpus). Die Wirkstoffe werden als Rotenoide bezeichnet.
Rotenon ist ein Kontakt- und Frassgift, das Lähmungen bewirkt, welche für kleine Insekten tödlich sind, von grösseren Insekten aber teilweise überlebt werden. Rotenon wirkt etwas länger und stärker als Pyrethrum. Es wird als Pulver oder Flüssigkeit (teilweise in Kombination mit Pyrethrum) gegen Thrips, Kartoffelkäfer, Blattläuse, Blattsauger, Kohlweissling, Frostspanner eingesetzt.
Rotenon baut an der Luft rascher ab als im Wasser und ist daher ein starkes Fischgift. Für Warmblüter ist es harmlos. Durch lange Lagerung wird die Wirksamkeit schwächer.

Konzentration:　　siehe Angaben auf Packung
Giftklasse:　　　　4 (Rotenon und Pyrethrum), 5 (Rotenon)
Wartefrist:　　　　im Gemüsebau 7 Tage, im Obstbau 3 Wochen
Handelsnamen:　 Sicide, Cuberol, Deril, Parexan, Spruzit-nova, Algozit, Pyderpin

Quassia

Dieser Wirkstoff stammt aus dem tropischen Bitterholz Quassia. Der Quassiaholztee ist für alle Insektenarten ein tödliches Frass- und Kontaktgift. Quassia ist für den Menschen harmlos und wird vor allem gegen Schadinsekten und Raupen verwendet. Die Wirkung ist nicht so stark wie bei Pyrethrum. Das Quassiaholz ist mehrmals verwendbar, das Mittel kann auf Vorrat zubereitet werden.

Konzentration:　　s. Kap. 6.4 Anwendungstabellen
Giftklasse:　　　　frei
Wartefrist:　　　　7 Tage

Mineralische und pflanzliche Öle

Diese Mittel, insbesondere die Mineralöl-Emulsionen, zerstören die vor Nässe und Verdunstung schützende Wachsschicht auf der Insektenhaut oder verstopfen deren Atmungsorgane. Einzelne Richtungen des biologischen Anbaus verwenden sie zur Winterspritzung der Obstbäume. Nachblütenspritzungen und eine zu konzentrierte Anwendung können zu Flecken und Geschmacksbeeinflussung der Früchte führen. Es laufen Versuche, mittels pflanzlicher, ätherischer Öle Schädlinge von Kulturen fernzuhalten.

Konzentration:　　s. Kap. 6.5 Spritzpläne
Giftklasse:　　　　5 S oder frei
Wartefrist:　　　　mindestens 3 Wochen
Handelsnamen:　 Amalgerol und Natasan (Flüssigverrotter), Bioco-Spritzmittel, Promanal (nur in Deutschland)

Schmierseife und Brennsprit
Die Wirkung ist ähnlich wie bei den Mineralölen. Die beiden Mittel wirken kurzfristiger und werden vorwiegend zur Blattlausbekämpfung eingesetzt.
Konzentration: s. Kap. 6.4 Anwendungstabellen
Giftklasse: frei
Wartefrist: 3 Wochen

5.8 Integrierter Pflanzenschutz – Ein Weg zur biologischen Schädlingsregulierung

Seit einigen Jahren gewinnt der integrierte Pflanzenschutz im Erwerbsanbau, vor allem im Obstbau, an Bedeutung. Das Ziel dieses Pflanzenschutzes besteht darin, auch biologische Möglichkeiten einzusetzen, um einen Schädlingsbefall unter der *wirtschaftlichen Schadensschwelle* halten zu können. Erst wenn diese Toleranzgrenze erreicht ist, sollen chemische Mittel eingesetzt werden. Es werden berücksichtigt:

– Wahl der Kulturmassnahmen
– Schutz der natürlichen Feinde
– Einsatz biotechnischer Bekämpfungsmittel
– Bevorzugung jener chemischen Mittel, welche toxikologisch harmloser und nützlingsschonend sind.

Der integrierte Pflanzenschutz im Erwerbsanbau stützt sich auf die ständige genaue Beobachtung der Schädlinge und Nützlinge ab, um den gezielten Einsatz von Pflanzenschutzmitteln zu ermöglichen. Im Obstbau bestehen zudem in manchen Regionen von Fachleuten betreute Warndienste, welche genaue Bekämpfungsanweisungen und den Zeitpunkt des Einsatzes bekanntgeben.

Der Schädlingsbefall wird durch das stichprobenweise Auszählen der Schädlinge ermittelt. Von den Forschungsanstalten wurden Schadensschwellen festgesetzt, bei deren Überschreitung Mittel eingesetzt werden sollten. Für den Erwerbsobstbau gelten zum Beispiel:

1–3 Kolonien der mehligen Apfellaus pro 100 Knospenaustriebe, oder
60–80 Kolonien der Apfelgraslaus pro 100 Knospenaustriebe (in der Vorblüte), oder
1–2 frische Einstiche des Apfelwicklers pro 100 Früchte.

Für den Hausgarten dürfen sicher höhere Werte eingesetzt werden. Obschon der integrierte Pflanzenschutz wirtschaftliche Überlegungen in den Vordergrund stellt, ist er ein wesentlicher Schritt in Richtung biologischer Anbauverfahren. Aus der Sicht des biologischen Landbaus werden aber noch zu viele chemischsynthetische Produkte zugelassen, die toxikologisch und bodenbiologisch fragwürdig sind.

5.9 Amtliche Vorschriften über Pflanzenschutzmittel

In vielen Ländern bestehen Vorschriften über Pflanzenschutzmittel, die in den Handel gebracht werden dürfen.

In der Schweiz sind die landwirtschaftlichen Forschungsanstalten für die Zulassung der Mittel zuständig. Die bewilligten Mittel werden im periodisch erscheinenden Pflanzenschutzmittelverzeichnis aufgeführt. Neue Mittel werden erst in das Verzeichnis aufgenommen, wenn nicht nur ihre Wirkung auf Krankheiten und Schädlinge, sondern auch die Gefahr von Rückständen für die menschliche Gesundheit geprüft wurde. Die *Wartefristen* (minimaler Zeitraum zwischen letzter Behandlung und Ernte) und *Markttoleranzen* (gesetzlich erlaubte Rückstände) werden so festgesetzt, dass die Kulturen vor Schäden geschützt werden können und dass die Rückstände toxikologisch verantwortbar sein sollen.

Die amtlich bewilligten Präparate können auch gegen Schädlinge und Krankheiten wirksam sein, die nicht im Verzeichnis erwähnt werden. Der Handel darf aber diese solange nicht empfehlen, als keine offizielle Prüfung über die spezifische Wirksamkeit erfolgt ist.

Zur Vorbeugung gegen Unfälle und Missbräuche gelten in der Schweiz auch für Pflanzenschutzmittel die Vorschriften des Giftgesetzes. Alle in den Handel gebrachten Pflanzenschutzmittel müssen dem Eidgenössischen Gesundheitsamt gemeldet werden. Jedes Produkt wird nach seiner Gefährlichkeit in eine von 5 *Giftklassen* der sogenannten Giftliste eingeteilt oder bei geringer Gefährlichkeit ohne Aufnahme in die Giftliste zum Verkauf freigegeben. Zur besseren Unterscheidung müssen die verschiedenen Handelspräparate mit unterschiedlich farbiger Kennzeichnung versehen werden. Die Präparate der Giftklassen 1 und 2 (schwarz) brauchen zum Bezug einen Giftschein der Gemeindebehörde, Mittel der Giftklasse 3 (gelb) brauchen eine Empfangsbestätigung durch den Käufer, diejenigen der Giftklassen 4 und 5 (rot) können ohne weiteres in einem Geschäft bezogen werden. Mittel der Giftklasse 5 S dürfen auch in Selbstbedienungsgeschäften verkauft werden.

Die Bewertung der Giftigkeit, die durch Versuche an Ratten ermittelt wird, bezieht sich aber leider nur auf die direkte, sofortige Wirkung auf den Menschen, der solche Stoffe durch Atmungsorgane, Haut oder Mund aufnehmen könnte. Die Beurteilung bezieht sich weder auf die Menge, noch auf die Gefährlichkeit von entsprechenden Rückständen in Boden und Pflanzen, noch auf die Schädigung von Nützlingen.

Die Einteilung in Giftklassen bezieht sich vor allem auf die Konzentration, in der ein Mittel in den Handel kommt, aber auch auf die Art der Verpackung. Ist ein Mittel sogenannt «kindersicher» verpackt, so kann es in eine andere Giftklasse eingeteilt werden.

Die *Bedenken über den Einsatz* von amtlich bewilligten chemisch synthetisierten Pflanzenschutzmitteln werden im Kap. 1.2 festgehalten. Es ist aber auch an dieser Stelle darauf hinzuweisen, dass trotz der Vorschriften die Anreicherung von chemischen Rückständen aller Art in den Organen und Geweben von Pflanze,

Tier und Mensch besteht. Der Mensch als letztes Glied in der Ernährungskette ist besonders gefährdet. Eine sichere Kontrolle aller Lebensmittel ist unmöglich. Um diese Gefahren zu vermeiden, werden im biologischen Anbau im allgemeinen keine chemisch-synthetischen Mittel eingesetzt. Das will nicht heissen, dass bei den verwendeten pflanzlichen und mineralischen Mitteln keine Vorsicht geboten ist. Es geht aber um eine bewusste Risikoverminderung, da diese Mittel weniger giftig und zugleich schneller abbaubar sind.

Im biologischen Erwerbsanbau besteht ein Kontrolldienst, um den Konsumenten die Garantie zu geben, dass die Anbaurichtlinien eingehalten werden. Besonders die biologisch-dynamische Wirtschaftsweise ist bezüglich der Anwendung von giftigen Pflanzenschutzmitteln sehr zurückhaltend.

5.10 Vorsichtsmassregeln im Umgang mit Pflanzenschutzmitteln

Obwohl hier zur Hauptsache von ungiftigen Mitteln zur Schädlingsabwehr die Rede ist, sei doch auf einige Vorsichtsmassregeln, insbesondere beim Einsatz direkter Bekämpfungsmittel, hingewiesen.

Konzentration, Aufwandmenge: Die genaue Bemessung der Konzentration gilt auch für Pflanzenpräparate. Die Vorschriften auf den Handelspackungen sind zu beachten. Eine zu hohe Konzentration bei den Pflegemitteln kann zu Verbrennungen bei den Pflanzen führen. Man rechnet mit einer Aufwandmenge von 6 l/100 m^2 im Gemüsebau. Im Zwergobst- und Beerenanbau beträgt die Spritzmenge 20–30 l/100 m^2.

Zeitpunkt: Der Zeitpunkt des Einsatzes sollte aufgrund genauer Kenntnisse der Lebensweise der Schädlinge und der Krankheiten erfolgen. Ein zu später Einsatz von Mitteln kurz vor der Ernte führt zu Qualitäts- und Geschmacksbeeinflussungen der Ernteprodukte. Bei Handelsmitteln ist diese Wartefrist auf den Packungen angegeben, bei Kräuterpräparaten beträgt sie etwa 7 Tage.

Lagerung: Nach dem Giftgesetz dürfen giftige Stoffe nur in der Originalpackung und nicht bei Nahrungsmitteln gelagert werden.

Spritzmittelreste: Reste von Pflanzenschutzmitteln dürfen nicht in offene Gewässer oder in die Kanalisation geschüttet werden. Der Spritzmittel-Verkäufer ist verpflichtet, solche Reste unentgeltlich zurückzunehmen. Am besten ist es, die nötige Brühemenge schon im voraus möglichst genau zu berechnen, damit diese in den Kulturen aufgebraucht werden kann.

6. Herstellung und Anwendung von Mitteln

6.1 Kräutermittel

Sammeln von Kräutern

Beim Kräutersammeln finden nur kräftige, nicht aber welkende oder kranke Pflanzen Verwendung. Sie sollen weder regen- noch taunass sein. Die Bestände wildwachsender Pflanzen dürfen durch unvernünftiges Sammeln nicht dezimiert oder ausgerottet werden. Die Kräuter werden am besten auf einem grossen Papier oder Tuch an einem luftigen warmen Ort (z.B. Dachboden), aber niemals an der Sonne ausgebreitet. Im Backofen getrocknet gehen die Wirkstoffe verloren, da die Temperatur 25–30 °C nicht übersteigen darf. Die getrockneten Kräuter sollten an einem trockenen Ort in Stoffsäcken, Papiersäcken oder Kartonschachteln aufbewahrt werden.

Der Gehalt an Wirkstoffen bei Kräutern ist je nach Standort, Jahreszeit und Witterung recht unterschiedlich. Die in den Rezepten angegebenen Masse sind deshalb nur Richtwerte.

Kräuterjauchen

Vergorene Jauche: Die grünen Pflanzenteile werden in einen durchlässigen Sack gefüllt, mit einem Gewicht beschwert und in einem Fass oder sonstigen Behälter mit Regenwasser angesetzt. Das Fass muss mit einem Brett so abgedeckt werden, dass Luft zirkulieren kann. Die Jauche sollte täglich umgerührt werden, wobei man anfänglich jedes Mal eine Handvoll Steinmehl und evtl. einige Tropfen Baldrianextrakt und Kamille zur Geruchsbindung hineingibt. Wenn die Jauche dunkel wird und nicht mehr schäumt (nach 1 bis 2 Wochen), kann sie verwendet werden. Jauchen müssen verdünnt werden und sind in den meisten Fällen über den Wurzelbereich und nicht über die Pflanzen auszubringen.

Gärende Jauche: Die Pflanzenteile, besonders jene der Brennessel, werden ungefähr 4 Tage an der Sonne in Regenwasser eingeweicht. Diese beissende Jauche wird gegen verschiedene Schadinsekten verwendet. (S. Kap. 6.4 Anwendungstabellen.)

Tees, Brühen, Auszüge und Extrakte

Tee: Frische oder getrocknete Kräuter in heissem Wasser einweichen, ca. 24 Stunden stehen lassen. («Schachtelhalmtee» muss wie Brühe zubereitet werden.)

Brühen: Frische oder getrocknete Kräuter 24 Stunden einweichen, dann auf kleinem Feuer 20 Minuten kochen und zugedeckt abkühlen lassen.

Kräuterauszüge: Die frischen oder getrockneten Kräuter dürfen nicht vergären; maximal 3 Tage stehen lassen und dann durchseihen.

Blütenextrakte: Verwendet werden die sich gerade öffnenden Blüten. Diese werden ganz kurz abgeschnitten, befeuchtet und mit einer Hackmaschine (Fleischwolf, Mixer) zerkleinert. Der Blütenbrei wird dann durch ein feines Stoff-

säcklein ausgepresst. Der Extrakt ist gut verkorkt und kühl in Fläschchen aufzubewahren.
Den Spritzmitteln ist etwas Lehmwasser beizugeben, damit sie besser haften. Die Kräuter sind zu zerkleinern. Spritzungen mit Jauche, Tee etc. sind bei Regenwetter oder starkem Sonnenschein zu unterlassen. Die Ausnahme bilden die Schachtelhalmpräparate, die nur bei Sonnenschein gespritzt werden sollten. Alle Reste dieser Mittel, auch wenn sie sauer oder vergoren sind, können noch verwendet werden. Man schütte sie unter die behandelten Pflanzen und brauche das Kraut als Bodenbedeckung und Kompostbeigabe.

Saatbäder (Saatbeize)
Zur Vorbeugung gegen Schädlingsbefall und Pilzkrankheiten sowie zur Förderung der Keimung empfehlen sich Saatbäder (Saatbeizen). Einige Tropfen (1–2 ccm) Kräuterextrakt in 1 Liter Wasser so lange rühren, bis es gut vermischt ist. Nach etwa 24 Stunden, während denen man gelegentlich umgerührt hat, hängt man das Saatgut in einem kleinen Stoffsäcklein 10–15 Minuten in die Lösung. Darauf breitet man den Samen an einem schattigen Ort zum Trocknen aus und sät diesen am selben oder am darauffolgenden Tag.
Gute Erfolge sollen die folgenden Saatbäder zeigen: Kamillentee oder -extrakt bei Erbsen, Bohnen, Rettich, Radieschen. Baldrianblütenextrakt bei Sellerie, Tomaten, Zwiebeln, Lauch und Kartoffeln.

Wurzelbad
Es bewährt sich, die Wurzeln von Setzlingen und Pflanzen beim Versetzen in stark verdünnte Brennesseljauche oder in Algenextraktwasser zu tauchen oder sie in den Setzlöchern damit anzugiessen, um ein rasches Jugendwachstum zu fördern. Auch Lehmwasser eignet sich für Wurzelbäder.

6.2 Baumanstrich

Der Baumanstrich dient als Frostschutz und zur Rindenpflege. Er regt das Wachstum des Kambiums an, hemmt die Bildung von Moos und Flechten und hilft Schildläuse zu bekämpfen. Zur Herstellung des Baumanstrichs (nach V. Lust) werden

5 kg Lehm
3 kg Kuhfladen
500 g Stein- oder Algenmehl
0,5 l Schachtelhalmbrühe oder Wasserglas
500 g Holzasche (oder 50%iges Kali)

in 10 l warmem Regenwasser gut angerührt, dann mit grobem Pinsel auf Baumstämme und starke Äste aufgetragen. Vorgängig sind die Bäume vom Moos zu reinigen. Der Anstrich sollte im November und im Februar an frostfreien Tagen angebracht werden (s. Kap. 6.4 und Farbbild 90).
Handelsnamen: Ledax-stamm (Preicobact).

6.3 Wundverschlussmittel

Bei Obstbaumkrebs und Bakterienbrand ist nach dem Entfernen kranker Pflanzenteile ein Wundverschlussmittel zu empfehlen. Auch beim Baumschnitt sollte zum Schutze grösserer Schnittstellen ein Verschlussmittel angebracht werden.

Handelsnamen: Baumteer, Baumwachs, Lac Balsam; gegen Obstbaumkrebs und Bakterienbrand Carcinex.

Notizen:

6.4 Anwendungstabellen: Rezepte, Anwendung und Wirkung von pflanzlichen Mitteln

Name	Rezept	Anwendung Zeitpunkt	Ort	Konzentration	Wirkung
Acker-schachtelhalm *(Equisetum arvense)*	ganze Pflanze ohne Wurzel				
	1 kg/10 l Wasser (frisch) 150 g/10 l Wasser (getrocknet) bei Sonne, vormittags, 3 x an sich folgenden Tagen	ganzjährig regelmässig	Boden	5 x verdünnt	gegen Bodenpilzkrankheiten
Brühe	evtl. mit 0,5–1 % Wasserglas	Vorknospen-spritzung und mehrmals im Sommer und Frühling	auf Pflanze	5 x verdünnt	gegen Echten und Falschen Mehltau, Monilia, Rost, Schorf, Kräuselkrankheit bei Pfirsich, Blattfleckenkrankheit der Tomate
Jauche	mit 0,3 % Schmierseife	ganzjährig	auf Pflanze	5 x verdünnt	gegen Blattläuse, Spinnmilben (Rote Spinne)
	mit Brennesseljauche	ganzjährig	Boden	5 x verdünnt	als Pflanzenstärkung
Baldrian *(Valeriana officinalis)*	Blüte zu Saft gepresst	Frühjahr	auf Obst-blüten, Blumen	unverdünnt	fördert Blüten- und Fruchtbildung, Frostschutz (fein versprühen am Nachmittag vor erwarteter Frostnacht)
Extrakt	1 Tropfen Extrakt/ 1 l Wasser 5 Min. rühren				
Beinwell Comfrey *(Symphytum officinalis)*	ganze Pflanze ohne Wurzel		siehe Brennessel		bei Kalimangel als Kompostbeigabe
Jauche Brühe Tee	1 kg/10 l Wasser (frisch) 100–150 g/10 l Wasser (getrocknet)				

Name	Rezept	Anwendung Zeitpunkt	Ort	Konzentration	Wirkung
Brennessel (*Urtica dioica, U. urens*)	ganze Pflanze ohne Wurzel ungefähr 1 kg/10 l Wasser (frisch) 200 g/10 l Wasser (getrocknet)	ganzjährig	auf Pflanze	20× verdünnt	Wachstumsförderung, Setzlinge angiessen, Wurzelbad, Saatrillen ausgiessen, gegen Krautfäule
vergorene Jauche		ganzjährig	Boden	10× verdünnt	Wachstumsförderung
		vor Knospenaufbruch	Triebe	20× verdünnt	gegen Blattchlorose
			Topfpflanzen Wurzelbad (samt Topf)	10× verdünnt	gegen Welken
		ganzjährig	Kompost	unverdünnt	fördert Verrottung
gärende Jauche	auf 1 l Jauche 1/2 l Schachtelhalmbrühe	vor Blatt- und Blütenbildung	auf Triebe und Blätter	50× verdünnt	Pflanzenstärkung; gegen Blattläuse, Spinnmilbe (Rote Spinne)
Kaltwasserauszug	1 kg/10 l Wasser 12 Std. stehen lassen	ganzjährig	auf Triebe und Blätter	unverdünnt	gegen Blattläuse
Farnkraut	Blätter	Winterspritzung	auf Pflanze	unverdünnt	gegen Schild-, Schmier- und Blutläuse
Wurmfarn (*Dryopteris filix-mas*)	1 kg/10 l Wasser (frisch) 100 g/10 l Wasser (getrocknet)				
Adlerfarn (*Pterilium aquilinum*)		Vorfrühling	auf Pflanze	10× verdünnt	gegen Blattläuse
Jauche		ganzjährig	auf Pflanze, Boden	unverdünnt	gegen Schnecken; bei Kalimangel als Kompostbeigabe
Extrakt	5 g grobpulvrig/ 1/2 l Regenwasser in Flasche ansetzen und verkorken	ganzjährig	Stamm, Äste, Triebe	unverdünnt	gegen Blutlaus (Herde abbürsten)

Name	Rezept	Anwendung Zeitpunkt	Ort	Konzentration	Wirkung
Kamille (*Matricaria chamomilla*) Tee, Brühe	Blüte 50 g getrocknet/ 10 l Wasser	Sommer	auf Pflanze	unverdünnt	Pflanzenstärkung, Saatbeize, Kompostbeigabe
Knoblauch (auch Zwiebel) Tee, Auszug	Knollen gehackt 75 g / 10 l Wasser	Anfang Mai 3 x im Abstand von 3 Tagen; nach Ernte wiederholen	auf Pflanze, Boden	unverdünnt	gegen Erdbeermilben, Milben, Blattläuse, Pilzkrankheiten
Spritzmittel	150 g Knoblauch feingehackt, 2 Teelöffel Paraffin, 24 Std. einweichen 100 g Schmierseife in 10 l Wasser auflösen, alles gut mischen, filtrieren	bei Befall	auf Pflanze, Wurzel	unverdünnt	gegen Bakterienkrankheiten und als Insektenbekämpfungsmittel
Löwenzahn (*Taraxacum officinale*) Jauche	blühende Pflanze samt Wurzel trocknen 1,5–2 kg / 10 l Wasser (frisch) 150–200 g / 10 l Wasser (getrocknet)	Frühjahr Herbst	auf Pflanze Boden	unverdünnt unverdünnt	Wachstumsförderung, Kompostbeigabe
Meerrettich Tee	Blätter und Wurzeln 300 g / 10 l Wasser	während der Blüte	in die Blüte	unverdünnt	gegen Monilia
Quassia Brühe	150 g Quassia / 2 l Wasser evtl. mit 250 g Schmierseife in 10 l Wasser verdünnt	Frühjahr bis Herbst	auf Pflanze	unverdünnt	gegen Blattläuse und andere Insekten

Name	Rezept	Anwendung Zeitpunkt	Ort	Konzentration	Wirkung
Rainfarn *(Tanacetum vulgare)*	Kraut und Blüte	ganzjährig	auf Pflanze	unverdünnt	gegen Insekten, Ameisen, Erdraupen, Blatt- und Wurzelläuse
Tee	300 g / 10 l Wasser (frisch)	Frühjahr, Herbst	auf Pflanze	unverdünnt	gegen Brombeer- und Erdbeermilbe
Brühe	30 g / 10 l Wasser (getrocknet)	zur Flugzeit	auf Pflanze	unverdünnt	gegen Kohlweissling, Apfelwickler
Rhabarber	Blätter		auf Pflanze	unverdünnt	gegen Lauchmotte, Bohnenblattlaus
Tee	500 g / 3 l Wasser				
Tomate	Sprosse / Blätter	zur Flugzeit	auf Pflanze	unverdünnt	gegen Kohlweissling
Auszug	2 Handvoll gut zerstampfen, in 2 l Wasser 2 Std. ziehen lassen				
Wermut *(Artemesia absinthum)*	Kraut und Blüte	Frühjahr	auf Pflanze	unverdünnt	gegen Ameisen, Raupen, Blattläuse, Säulchenrost an Johannisbeere
Jauche	300 g / 10 l Wasser (frisch) 30 g / 10 l Wasser (getrocknet) evtl. 1 % Wasserglas beimischen				
Tee		Frühjahr Herbst	auf Pflanze	unverdünnt	gegen Brombeer- und Erdbeermilbe
Brühe		zur Flugzeit	auf Pflanze	unverdünnt	gegen Kohlweissling, Apfelwickler

Name	Rezept	Anwendung Zeitpunkt	Ort	Konzentration	Wirkung
Zwiebel, Knoblauch einzeln oder gemischt	Schalen / Blätter ungefähr 500 g / 10 l Wasser (frisch) 200 g / 10 l Wasser (getrocknet)	bei Befall	Boden, Baumscheiben	10 x verdünnt	wirkt kräftigend, gegen Pilzkrankheiten z. B. bei Erdbeere und Kartoffel
vergorene Jauche		Flugzeit	auf Pflanze	unverdünnt	gegen Möhrenfliege

Notizen:

Anwendungstabellen: Rezepte, Anwendung und Wirkung von nicht-pflanzlichen Mitteln

Name	Rezept	Anwendung Zeitpunkt	Ort	Konzentration	Wirkung
Alaun	40 g Alaun in kochendem Wasser auflösen, mit 10 l Wasser verdünnen	ganzjährig, bei starkem Befall	auf Boden, auf Pflanze	unverdünnt	gegen Schnecken, Blattläuse und Raupen
Kalium-Permanganat	3 g/10 l Wasser	ganzjährig	Wurzeln von Topfpflanzen, Samen	unverdünnt	desinfizierende Beize; pilzhemmend
Lehm Anstrich (s. Farbbild 90)	in Schachtelhalm-Farnkrautbrühe Lehm einbröckeln, etwas Kuhdung, eine Handvoll Steinmehl oder Kiesmehl gut durchrühren bis flüssig aber glatt, 24 Std. stehen lassen, vor Gebrauch gut aufrühren	Herbst, noch besser im Frühling	Baumstamm und Äste	unverdünnt	heilt Wunden, macht gesunde Rinde; gegen Baumkrebs, steigert Fruchtbarkeit
Magermilch Molke Spritzung	1 l/1 l Wasser gut mischen frisch, unpasteurisiert	jede Woche 1x, in 1. Wachstumshälfte	auf Pflanze	unverdünnt	gegen Pilzkrankheiten, gewisse Viruskrankheiten der Tomate, Blattläuse
Schmierseifen Lösungen	150–300 g Schmierseife/ 10 l Wasser in heissem Wasser auflösen	ganzjährig	auf Pflanze	unverdünnt	gegen Blattläuse
	40 g Schmierseife mit 1/8 l Petrol in heissem Wasser gut vermischen (milchige Farbe) 25 l kaltes Wasser beigeben, gut mischen	vor Fruchtbildung	auf Pflanze	unverdünnt	gegen Blattläuse, Schildläuse, Spinnmilben (Rote Spinne)
	100–300 g Schmierseife, 1/2 l denaturierter Spiritus, 1 Essl. Kalk 1 Essl. Salz 10 l Wasser, gut verrühren	bei starkem Befall	auf Pflanze	unverdünnt	gegen Raupen

Name	Rezept	Anwendung Zeitpunkt	Ort	Konzentration	Wirkung
Schwefelleber Hepar sulfuris	20–40 g / 10 l Wasser evtl. Seife als Haftmittel beigeben dann nur 20 g / 10 l	Winterspritzung	auf Pflanze	unverdünnt	gegen Pilzkrankheiten; Vorsicht bei schwefelempfindlichen Obstsorten; nicht bei praller Sonne spritzen!
Schwefelsaure Tonerde	200 g Schwefelsaure Tonerde pulverisiert in 1 l Wasser gelöst vor Gebrauch mit Reisigbesen in 9 l Wasser einrühren	bei Befall	Bäume und Sträucher	unverdünnt	gegen Schildläuse, Weisse Fliege
Theobald'sche Lösung	5 kg 60 % Kali in 40 l Wasser lösen 10 kg gebrannten Kalk in 40 l Wasser lösen 0,5–1 l Wasserglas in 20 l Wasser lösen Kalkmilch durch Siebtuch in die Kalilösung geben, dann Wasserglas dazu mischen	im Nachwinter bis zum Schwellen der Knospen	auf Bäume	unverdünnt	gegen überwinternde Larven, Insekten, Eigelege, auch Flechten und Moos

Notizen:

6.5 Spritz- und Pflegepläne für den Obstbau

Die hier angeführten Spritz- und Pflegepläne sollen vor allem den Befall durch Schorf bei Kernobst und von Schrotschuss bei Steinobst vermindern helfen. Die Abwehr einzelner tierischer Schädlingsarten wird im Kap. 4.6 erläutert. Nur bei anfälligen Sorten und bei feuchter Witterung sind im Gartenobstbau regelmässige vorbeugende Spritzungen notwendig. Voraussetzung ist selbstverständlich eine entsprechende Bodenpflege und ein guter Baumschnitt. Während der Blüte sind keinerlei Spritzungen ausser derjenigen gegen Monilia durchzuführen.
Bei geringer Schorfgefahr genügen Schachtelhalmbrühespritzungen vor und nach der Blüte auf den Baum. Bei Vegetationsbeginn und im Herbst nach dem Blattfall auf den Boden ausgebracht, dienen diese Spritzungen der Laubrotteförderung. Als weitere Pflegemittel eignen sich auch Algenextrakte oder gut verdünnte Brennesseljauche zur Nachblütenspritzung.
Im biologisch-dynamischen Anbau wird bei Vegetationsbeginn und nach erfolgtem Mulchen das Hornmist-Präparat nachmittags zur Förderung des Wurzelwachstums und des Bodenlebens auf den Boden gespritzt. Zur Förderung der Stoffwechsel- und Reifeprozesse wird das Hornkiesel-Präparat ab haselnussgrosser Frucht vormittags und ab beginnender Fruchtreife nachmittags auf den Baum ausgespritzt. Zur Stamm- und Rindenpflege dient der Stammanstrich, dem das Hornmist-Präparat zugegeben werden kann.
Für Gärtner, die hohe Ansprüche an die Schorffreiheit der Produkte stellen, dienen die nachfolgenden Spritz- und Pflegevarianten aus dem Erwerbsanbau als Anregung.

Spritzplan-Varianten
Die 1. Variante ist eine reine Netzschwefel-Spritzfolge. Variante 2 und 3 enthalten neben Netzschwefel auch Pflegemittel. Die Spritzungen erfolgen im Abstand von 2 bis 3 Wochen. Die Konzentrationen sind in % angegeben, z. B. 1 % = 1 Liter Mittel pro 100 Liter Wasser.

Zeitpunkt	Produkte	Variante 1 %	Variante 2 %	Variante 3 %
Winter (ab Ende Febr.)	Ledax-san (Bio-S)			0,6
	Bentonit		2	2
	Wasserglas		2	2
1. Vorblüte	Netzschwefel	0,7	0,4	
	Wasserglas		0,5	1
	Ledax-san (Bio-S)		0,4	0,8
2. Vorblüte	Netzschwefel	0,7	0,4	
	Wasserglas		0,5	0,5
	Ledax-san (Bio-S)			0,6
1. Nachblüte	Netzschwefel	0,5–0,4	0,3–0,4	
	Ledax-san (Bio-S)		0,4	0,6

Herstellung und Anwendung Spritz- und Pflegepläne Obstbau

Zeitpunkt	Produkte	Variante 1 %	Variante 2 %	Variante 3 %
2. Nachblüte	Netzschwefel	0,3–0,2	0,2–0,3	
	Wasserglas		0,4	0,4
	Ledax-san (Bio-S)			0,5
Sommer	Netzschwefel	0,15–0,2	0,2	
(für Lagerobst)	Wasserglas		0,4	0,4
	Ledax-san (Bio-S)			0,5
Spätherbst	Ledax-san (Bio-S)			0,3
	Wasserglas		1	1
	Bentonit		1	1

Zur Vorblütenspritzung werden von einzelnen Richtungen des biologischen Landbaus bei starkem Schorfdruck Kupfermittel (z. B. Kupferoxychlorid 0,05 %) zugesetzt (v. a. bei kühler Witterung). Beim Steinobst fallen die 2. Vorblüten- und die 2. Sommerspritzung weg.

Guten Erfolg bringt auch die Verwendung der N–A–B-Mischung (nach V. Lust). Diese Mischung, die aus 1/3 Netzschwefel, 1/3 feingemahlenem Algenkalk und 1/3 Bentonit zusammengesetzt ist, wird zu Nachblütenspritzungen gegen Schorf in fallender Konzentration eingesetzt.

Variante 4 (nach V. Lust)

Zeitpunkt	Produkte	Konzentration (%)
Winter	Kaolin oder Bentonit	5
(Februar)	50%iges Kali	3
	Netzschwefel	0,5
	Wasserglas	1
1. Vorblüte	Netzschwefel	1
	Wasserglas	0,5
2. Vorblüte	Netzschwefel	0,8–1
	Wasserglas	0,4–0,5
1. Nachblüte	Netzschwefel	1
	Wasserglas	0,5–1
2. Nachblüte	N–A–B-Mischung	1
Sommer	N–A–B-Mischung	0,4–0,5
November	Kaolin oder Bentonit	5
	50%iges Kali	3
	Netzschwefel	0,5
	Wasserglas	1

Bei schwefelempfindlichen Apfelsorten (Berlepsch, Berner Rosen, Cox Orange) ist mit der Anwendung von Netzschwefel und Ledax-san (Bio-S) Vorsicht geboten (Fleckenbildung).

6.6 Spritz-, Sprüh- und Stäubemethoden

Spritz- und Pflegemittel sollten möglichst gleichmässig auf die ganze Oberfläche der Pflanze verteilt werden, sofern nicht ein bestimmter Schädling ganz gezielt bekämpft wird.

Zum *Spritzen* wird das Mittel in der entsprechenden Konzentration mit Wasser gut vermischt. Durch die Art der Düsen und den Pumpendruck der Spritzgeräte wird der Spritznebel erzeugt. Es ist zu beachten, dass ein zu feiner Nebel sich schlecht auf den Pflanzen absetzt und leicht vom Wind abgetrieben wird.

Beim *Sprühen* werden die Mittel durch Luftstrom ausgebracht, der mit einem durch Benzinmotor angetriebenen Ventilator erzeugt wird. Dies erlaubt es, mit einer geringeren Wassermenge auszukommen; die Mittelkonzentration ist aber 5–10mal zu erhöhen.

Um *Stäubemittel* (z.B. Gesteinsmehl u.a.) auszubringen, können im Garten Kleingeräte mit handgetriebenem Luftrad oder Blasebalg eingesetzt werden. Das Stäuben ist einfacher, erfordert aber eine grössere Mittelmenge. Der Staubbelag bleibt weniger lang auf der Pflanze haften als ein Spritzbelag.

Notizen:

Literatur:
Könemann, E.: Biologischer Obstbau und Beerenanbau
Lust, V.: Naturgesteigerter Intensiv-Apfelanbau auf biologisch-dynamischer Grundlage

Herstellung und Anwendung Spritz-, Sprüh- und Stäubemethoden

Notizen:

7. Farbbilder

Bildquellen

Für das freundlicherweise zur Verfügung gestellte Bildmaterial danken wir bestens.

Farbbilder	18, 23, 25, 28, 30, 33, 34, 40, 41, 42, 49, 50, 53–61, 63, 65, 66, 67, 71, 72, 74
	Eidg. Forschungsanstalt für Obst-, Wein- und Gartenbau, Wädenswil ZH
Farbbilder	19, 21, 22, 24, 26, 32, 35, 36, 38, 82
	E. Keller, Kant. Zentralstelle für Pflanzenschutz, Arenenberg TG
Farbbilder	1, 4, 5, 8, 11, 12
	E. Mahler, Eichberg, Seengen AG
Farbbilder	13–17, 20, 27, 29, 31, 37, 39, 43–48, 51, 52, 62, 64, 68, 69, 70, 73, 75, 84–90
	O. Schmid, Forschungsinstitut für biologischen Landbau, Bernhardsberg, Oberwil BL
Farbbilder	2, 3, 6, 7, 10
	Dr. H. Suter, Forschungsinstitut für biologischen Landbau, Bernhardsberg, Oberwil BL
Farbbilder	76–81, 83
	Kant. Zentralstelle für Obstbau, Strickhof, Lindau ZH

Farbbilder　　　　　　　　　　　　　　　　　　　　　　　　　　　　Nützlinge

1. Marienkäfer

2. Eier des Marienkäfers

3. Larve des Marienkäfers

4. Florfliege

6. Larve der Florfliege

5. Ausschlüpfende Florfliegen-larve

7. Schwebfliege

173

Farbbilder   Nützlinge

8. Schwebfliegenei in Blattlauskolonie

9. Schwebfliegenlarve

10. Schlupfwespe bei der Eiablage

11. Parasitierte Blattlaus-Mumien

12. Verpilzte, abgetötete Blattläuse (Entomophthora)

13. Laufkäfer

14. Meisen-Nistkasten und Ohrwurm-Behausung

15. Amphibien-Teich im Garten

Farbbilder | Mangelerscheinungen/Allgemeine Schädlinge

16. Nährstoffmangel (v. a. Stickstoff)

17. Chlorose an Blättern

18. Drahtwurm

19. Schnakenlarven

20. Schnecken-Eier

21. Spinnmilben (Rote Spinne)

22. Thrips (Blasenfuss)

23. Weisse Fliege

Farbbilder Schädlinge und Krankheiten an Gemüse

24. Keimlingskrankheit

25. Falscher Mehltau an Zwiebel

26. Fusskrankheit an Erbse

27. Brennfleckenkrankheit an Keimlingen

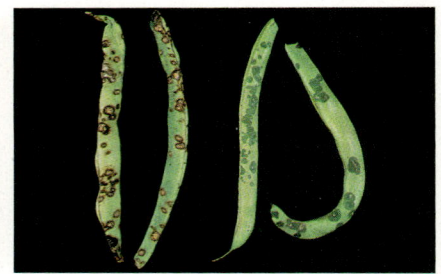

28. Brennflecken- und Fettfleckenkrankheit (rechts) an Bohne

29. Blattrandkäfer-Schaden an Erbse

30. Thripse (Blasenfuss) an Erbse

Farbbilder   Schädlinge und Krankheiten an Gemüse

31. Spinnmilben-Schaden an Gewächshausgurke

32. Kartoffelkäfer

33. Kartoffelkäferlarve

34. Krautfäule an Kartoffel

35. Kraut- bzw. Knollenfäule an Kartoffel

36. Rhizoctonia an Kartoffel (Dry Cor)

37. Alternaria-Krankheit an Karotte (Schwarzfäule)

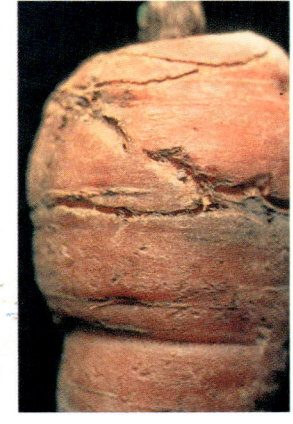

38. Frassgänge der Möhrenfliegenlarve

Farbbilder — Schädlinge und Krankheiten an Gemüse

39. Erdraupen (der Kohleule)

40. Kohlweissling

41. Kohlweisslingsraupen

42. Kohlgallenrüssler-Schaden

43. Kohlhernie

44. Thrips-Schaden an Lauch

45. Lauchmottenraupe

Farbbilder Schädlinge und Krankheiten an Gemüse

46. Schaden durch Erdflöhe an Radies

47. Madengänge der Kohl- oder Rettichfliege

48. Blattfleckenkrankheit an Sellerie

49. Falscher Mehltau an Spinat

50. Krautfäule an Tomate

51. Blattrollen an Tomate

52. Russtaupilz an Treibhaustomate (Weisse Fliege)

Farbbilder   Schädlinge an Kernobst

53. Einbohrstelle der Obstmade (Apfelwickler)

54. Mehlige Apfelblattläuse

55. Apfelfaltenläuse

56. Apfelgrasläuse

57. Frostspannerraupe

58. Gespinstmotten-Schaden

59. Larven des Apfelblattsaugers

60. Miniermotten-Gänge

Farbbilder Krankheiten an Kernobst

61. Echter Mehltau

62. Monilia an Trieben

63. Monilia an Apfel

64. Stippigkeit

65. Gitterrost an Birne

66. Obstbaumkrebs

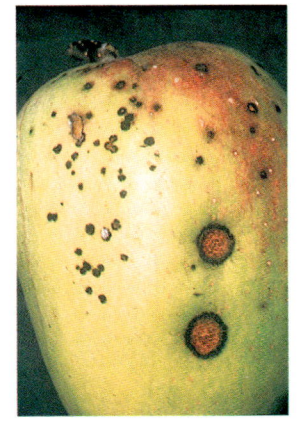

67. Schorf

181

Farbbilder   Schädlinge und Krankheiten an Steinobst

68. Blattlaus-Schaden    69. Frostspanner-Schaden    70. Kirschenfliegenfalle

71. Kirschenfliege    72. Schaden der Pflaumensägewespe

73. Schrotschusskrankheit   74. Zwetschgenrost (rechts)    75. Kräuselkrankheit an
    an Kirsche   Pfirsich

Farbbilder — Schädlinge und Krankheiten an Beeren und Rebe

76. Grauschimmel an Erdbeere

77. Brombeermilben-Schaden

78. Himbeerrutenkrankheit

79. Blattfallkrankheit an Johannisbeere

80. Stachelbeermehltau

81. Johannisbeerrost

82. Falscher Mehltau an Rebe

83. Grauschimmel an Rebe

183

Farbbilder   Mittel und Massnahmen

84. Mischkultur Erdbeeren/Knoblauch

85. Kapuziner unter Obstbaum

86. Rainfarn

87. Schneckenfalle mit Bier

88. Obstmaden-Fanggürtel

89. Leimring

90. Baumanstrich

Literaturverzeichnis

Benützte Literatur für den Beschrieb der Nützlinge, Schädlinge und Mittel:

Bovey, R., u.a.: La défense des plantes cultivées. Edition Payot, Lausanne, 1979.
Bühler, W.: Kennst Du mich? Amphibien und Reptilien. Verlag Sauerländer, Aarau, 1966.
Bundesanstalt für Pflanzenschutz: Nützlinge, Helfer im Kampf gegen Schädlinge der Kulturpflanzen. Wien, 1955. – Schädlinge und Krankheiten im Zierpflanzenanbau. Wien, 1957. – Wichtige Krankheiten und Schädlinge im Obstbau. Wien, 1976.
Crüger, G.: Pflanzenschutz im Gemüsebau. Verlag Eugen Ulmer, Stuttgart, 1972.
Dempster, J.P./Coaker, T.H.: Diversification of crop ecosystems as a means of controlling pests. 1972, Symp. Brit. Ecol. Soc. 13, 106–114.
Dunger, W.: Tiere im Boden. A. Ziemsen Verlag, Wittenberg Lutherstadt, 1974.
Eidg. Drucksachen- und Materialzentrale: Pflanzenschutzmittel-Verzeichnis. Bern, 1980.
Frömming, E.: Biologie der mitteleuropäischen Landgastropoden. Verlag Duncker & Humblot, Berlin, 1953.
Godan, D.: Schadschnecken. Verlag Eugen Ulmer, Stuttgart, 1979.
Gull, T.: Waldameisenschutz. WWF Schweiz, 1977.
Heusser, H.: Biologischer Gartenweiher. Erhältlich beim Verfasser: Aeschstr. 770, CH-8127 Forch ZH.
Jasser, H.: Untersuchungen der Anthropodenfauna der Baumkronen einer langjährig biologisch-dynamisch bewirtschafteten Apfelanlage. Diplomarbeit. Bonn, 1978.
Keilbach, R.: Die tierischen Schädlinge Mitteleuropas. Gustav Fischer Verlag, Jena, 1966.
Keller, E.: Krankheiten und Schädlinge der Kulturpflanzen. Bestimmungsbüchlein. Landw. Lehrmittelzentrale, Zollikofen, 1977.
Keller, E.: Einführung in den Pflanzenschutz. Landw. Lehrmittelzentrale, Zollikofen, 1976.
Kotte, W.: Krankheiten und Schädlinge im Gemüsebau und ihre Bekämpfung. Verlag Paul Parey, Hamburg/Berlin, 1960.
Kotte, W.: Krankheiten und Schädlinge im Obstbau und ihre Bekämpfung. Verlag Paul Parey, Hamburg/Berlin, 1958.
Nägeli, H.: Farne und Schachtelhalme. Verschönerungsverein, Zürich.
Naturhistorisches Museum: Die Amphibien der Schweiz. Basel, 1971.
Naturhistorisches Museum: Die Reptilien der Schweiz. Basel, 1971.
Nyffeler, M.: Beutespektrum und Beutemenge der Radnetzspinnen, Araneus diadematus (L) und A. umbraticus Cl. in einem Garten in Höngg-Zürich. Mitt. Schweiz. ent. Ges. 50, 340.
OILB (Int. Organisation für biologische Bekämpfung schädlicher Tiere und Pflanzen): Nützlinge in Apfelanlagen. Wageningen, 1976.
Peterson, R./Mountfort, G./Hollom, P.: Die Vögel Europas. Verlag Paul Parey, Hamburg/Berlin, 1965.
Schärffenberg, B.: Der Einfluss der Edelkompostdüngung auf das Auftreten des Kartoffelkäfers. 1968, Zs. f. angew. Entomologie 62, S. 90–97.
Schweiz. Bund für Naturschutz SBN – Schweiz. Vogelwarte Sempach: Vögel im Garten.
Schweiz. Landeskomitee für Vogelschutz SLKV: Merkblatt Hecken. Adresse: c/o EAFV, CH-8903 Birmensdorf.
Schweiz. Zentralstelle für Obstbau: Merkblätter über einzelne Schädlinge und Krankheiten im Obstbau. Oeschberg-Koppigen.
Stiegler, D.: Wirkung einiger Pflanzenpflegemittel auf verschiedene Mykosen. Diplomarbeit Universität Hohenheim, 1975/76.

Literaturverzeichnis

Suter, H./Keller, S.: Blattlausfeinde. Eidg. Forschungsanstalt für Landw. Pflanzenbau, Zürich-Reckenholz, 1976.
Woessner, D.: Buch der Rosen. Verlag Huber, Frauenfeld, 1951.
Zahradnik, J.: Der Kosmos Insektenführer. Franckh'sche Verlagshandlung, Stuttgart, 1976.
Zimmerli, E.: Freilandlabor Natur. WWF Schweiz, 1975.
Zimmerli, E.: Wohnungsnot – auch bei Gefiederten. Eine Anleitung zum Schaffen von Nisthilfen für Vögel. Vogelwarte, Sempach, 1975.

Literatur über biologischen Land- und Gartenbau:

Abtei Fulda: Beerenobst. Für den Garten dies und das. Gemüsebau auf naturgemässer Grundlage. Obstbaukalender. (4 Bändchen.) Herausgeber: Abtei Fulda, D-6400 Fulda.
Arbeitsgruppe für biologischen Land- und Gartenbau: Wegleitung zum biologischen Gartenbau.
  *Heft 1: Für Anfänger. CH-2076 Gals, 1978.
  Heft 2: Für Fortgeschrittene. CH-2076 Gals, 1980.
Brauner, H. u. a.: Gesunder Boden – Leistungsstarker Betrieb. Leopold Stocker Verlag, Graz, 1977.
Caspari, F.: Fruchtbarer Garten. Wirtschaftsverlag M. Klug, München, 1964.
Cohrs, E.-O.: Informationsblätter über biologischen Pflanzenschutz im Obst- und Gemüsebau. Rotenburg (Wümme), 1977.
Fischer, H. U.: Garten-Manual. Eichmann AG, Sigigen, 1978.
*Frank, G.: Gesundheit durch Mischkultur. Verlag Boden und Gesundheit, Langenburg.
Frank, G.: Gesunder Garten durch Mischkultur. Südwest-Verlag, München, 1980.
Franz, J. M./Krieg, A.: Biologische Schädlingsbekämpfung. Verlag Paul Parey, Hamburg/Berlin, 1976.
Haller, A. v.: Lebenswichtig aber unerkannt. Phytonzide schützen das Leben. Verlag Boden und Gesundheit, Langenburg, 1977.
Helbach, J.: Schädlingsbekämpfung ohne Gift in Gärten. Vaterland Verlag, Neuwied, 1967.
v. Heynitz, K./Merckens, G.: Das biologische Gartenbuch (auf biolog.-dynam. Grundlage). Verlag Eugen Ulmer, Stuttgart, 1980.
Hitschfeld, O.: Naturgemässe Schädlingsabwehr. Heinrich Schwab Verlag, Schopfheim, 1976.
*Howard, M.: Naturgemässer Gartenbau. Desertina Verlag, Disentis, 1978.
Kabisch, H.: Grundzüge eines biologisch-dynamischen Land- und Gartenbaues. Forschungsring für biologisch-dynamische Wirtschaftsweise, Darmstadt.
Koepf, H./Pettersson, B. D./Schaumann, W.: Biologische Landwirtschaft. Eine Einführung in die biologisch-dynamische Wirtschaftsweise. Verlag E. Ulmer, Stuttgart, 1976.
Könemann, E.: Biologischer Obstbau und Beerenanbau. Verlag W. Braumüller, Wien, 1977.
Lust, V.: Naturgesteigerter Intensiv-Apfelanbau auf biologisch-dynamischer Grundlage. Balingen, 1976.
Merckens, G.: Obstpflege im Jahresablauf. In: Gartenrundbrief aus der biologisch-dynamischen Arbeit. Pforzheim, 1975.
*Müller, M.: Praktische Anleitung zum organisch-biologischen Gartenbau. Schweiz. Bauern-Heimatschule, Grosshöchstetten, 1979.
Pfeiffer, E./Riese, E.: Der erfreuliche Pflanzgarten. Rudolf Geering-Verlag, Dornach, 1977.
Schoch, A.: Bio-Garten-Tips. Gals, 1977.

* Einführende Literatur für Anfänger

Zeitschriften / Organisationen

Steiner, R.: Geisteswissenschaftliche Grundlagen zum Gedeihen der Landwirtschaft. Landwirtschaftlicher Kursus. Verlag der Rudolf Steiner-Nachlassverwaltung, Dornach, 1963.
Thun, M.: Aussaattage. (Erscheint jährlich.) Biedenkopf/Lahn.
Thun, M.: Hinweise aus der Konstellationsforschung. Biedenkopf/Lahn, 1977.
Welten, F.: Biologischer Gartenbau-Ratgeber. Lichtquellverlag, Oberwil, 1978.

Zeitschriften für den biologischen Land- und Gartenbau

Schweiz:

Der biologische Land- und Gartenbau, 6 Ausgaben.
 Bezug: Frau E. Hitz, Kapellstr. 10, 5610 Wohlen.
Beiträge der biologisch-dynamischen Wirtschaftsweise, 12 Ausgaben.
 Bezug: W. Bachofner, Sprengelenstr., 9499 Frümsen.
Mitteilungen der Schweiz. Stiftung zur Förderung des biologischen Landbaus, Förderbeitrag, ca. 3 Ausgaben.
 Bezug: Sekretariat, Bernhardsberg, 4104 Oberwil BL.

Deutschland und Österreich:

Boden und Gesundheit, 4 Ausgaben.
 Bezug: Verlag Boden und Gesundheit, D-7183 Langenburg.
Das Manifest, 6 Ausgaben.
 Bezug: Servitengasse 5, A-1092 Wien.
Garten Organisch, 4 Ausgaben.
 Bezug: Organischer Landbau Verlag, Postfach 3645, D-7900 Ulm.
Gartenrundbrief, 6 Ausgaben.
 Bezug: K. von Heynitz, Mathysstr. 34, D-7530 Pforzheim.
IFOAM, 4 Ausgaben.
 Bezug: Stiftung ökologischer Landbau, Postfach 3048, D-6750 Kaiserslautern.
Lebendige Erde (mit Gartenrundbrief), 6 Ausgaben.
 Bezug: Baumschulweg 19, D-6100 Darmstadt-Land 3.
Naturgemässer Land- und Gartenbau, 6 Ausgaben.
 Bezug: O. Hitschfeld, Postfach 1160, D-5912 Hillbach/Siegerland.

Organisationen für den biologischen Land- und Gartenbau

Schweiz:

Schweizerische Stiftung zur Förderung des biologischen Landbaus.
Präsident: Dr. H. Zumstein, Bernhardsberg, CH-4104 Oberwil BL.

Schweizerische Gesellschaft für biologischen Landbau (SGBL).
Präsident: Dr. H. Bertschinger, Chriesbaumwaid, CH-8302 Fehraltorf ZH.

Arbeitsgruppe für biologischen Gartenbau.
Leiterin: Frau Anita Schoch, CH-2076 Gals BE.

Biofarm Genossenschaft.
Präsident: W. Scheidegger, CH-4936 Kleindietwil BE.

Organisationen / Auskunftsstellen

Produzentenverein für biologisch-dynamische Wirtschaftsweise.
Präsident: F. Baumgartner, Bruderholzhof, CH-4104 Oberwil BL.

Organisch-biologischer Landbau.
Präsident: Dr. H. Müller, CH-3506 Grosshöchstetten BE.

Deutschland:
Fördergemeinschaft organisch-biologischer Landbau.
Geschäftsführer: P. Grosch, Bahnhofstr. 1, D-7326 Heiningen b. Göppingen.

Forschungsring zur Förderung der biologisch-dynamischen Wirtschaftsweise.
Baumschulweg 19, D-6100 Darmstadt.

Boden und Gesundheit.
D-7183 Langenburg.

Arbeitsgemeinschaft Bodenfruchtbarkeit und Qualität (abq).
Postfach 1112, D-7900 Ulm.

Stiftung Ökologischer Landbau.
Postfach 3048, D-6750 Kaiserslautern.

Österreich:
Boltzmann-Institut für biologischen Landbau, Rinnböckstr. 15, A-1010 Wien.

Verband organisch-biologisch wirtschaftender Bauern Österreichs.
Obmann: W. Eiböck, A-5771 Leogang, Salzburg.

Österreichischer Demeterbund.
Geschäftsstelle: Gauermanngasse, A-1010 Wien.

Fernschule der Landwirtschaft.
Brixnerstr. 1, A-6021 Innsbruck.

Dachverband für ökologische Lebenssicherung und zukunftsorientierte Umwelt.
Präsident: Prof. Dr. G. Preuschen, Thal Eck 436, A-8051 Graz.

Auskunftsstellen

Schweiz:
Forschungsinstitut für biologischen Landbau, Bernhardsberg, Postfach, CH-4104 Oberwil BL.

Eidg. Forschungsanstalt für Obst-, Wein- und Gartenbau, CH-8820 Wädenswil ZH.

Kantonale Zentralstellen für Pflanzenschutz.

Schweizerische Vogelwarte, CH-6204 Sempach LU.

Auskunftsstelle für biologisch-dynamische Wirtschaftsweise, Goetheanum, CH-4143 Dornach BL.

Schweiz. Landeskomitee für Vogelschutz (SLKV), CH-8903 Birmensdorf ZH.

WWF-Zentrum für Umwelterziehung, CH-4800 Zofingen AG.

Büro für Naturschutz und Umweltfragen, Postfach 1, CH-8335 Hittnau ZH.

Auskunftsstellen / Bodenanalysen

Deutschland:
(siehe Organisationen)
Deutsche Naturschutzakademie e. V., Ulrichstr. 5a, D-8700 Würzburg.
Institut für biologische Schädlingsbekämpfung, Bundesanstalt für Land- und Forstwirtschaft, D-6100 Darmstadt.
Pflanzenschutzstellen und Vogelwarten der Länder.

Österreich:
(siehe Organisationen)
Bundesanstalt für Pflanzenschutz, Trunnerstr. 5, A-1021 Wien.

Bodenanalysen

Eidg. Forschungsanstalt für Obst-, Wein- und Gartenbau, CH-8820 Wädenswil ZH.

Labor für Bodenuntersuchungen und Spurenmetalle-Analytik, Dr. F. Balzer, Oberer Ellenberg 5, D-3551 Amönau/Hessen.

Centraal bodemkundig Bureau Rispens, Singelstraat 19–21, Deventer (Holland).

CBB, W. Felderer, Speckbacherstr. 5, 39012 Meran, Südtirol (Italien).

Definitionen von Fachausdrücken

Abbaubarkeit:	Abnahme der Giftigkeit eines Wirkstoffes durch chemische Umwandlung.
Absud:	Durch Absieden gewonnene Flüssigkeit, entspricht der Brühe.
Alkalisch:	Chemisch laugenartig wirkend, im Gegensatz zu sauer; pH-Wert über 7 (z.B. Kalk).
Antibiotika:	Stoffwechselprodukte von Bakterien oder Pilzarten, die wachstumshemmend oder abtötend auf Krankheitserreger wirken.
Atemgift:	Mittel, welches über die Atemwege giftig wirkt.
Auflaufen:	Heranwachsende Saat, bzw. Jungpflanzen.
Bastgewebe (Kambium):	Teilungsfähiges Pflanzengewebe, wichtig für das Dickenwachstum.
Baumscheibe:	Mulchschicht auf dem Wurzelbereich der Bäume.
Bestockung:	Entwicklung von Seitentrieben aus tiefliegenden Knospen.
Biologisch:	Lebensgesetzlich, naturgemäss.
Biologisch-dynamisch:	Biologische Landbaumethode auf anthroposophischer Grundlage (Rudolf Steiner).
Blattgrün (Chlorophyll):	In den Pflanzenzellen enthaltener grüner Farbstoff; dient der Ausnutzung des Lichtes für chemische Prozesse (Photosynthese).
Bodenbedeckung:	Der Boden wird mit verrottbarem Pflanzenmaterial bedeckt (Mulchen).
Bodenverdichtung:	Schlecht durchlüfteter, nicht krümeliger Boden.
Chlorophyll:	Siehe Blattgrün.
Deformation:	Verformung, Verkrüppelung.
Drainage:	Entwässerung.
Fangpflanzen:	Pflanzen, z.B. Salat, die als Köder für Schädlinge gesetzt oder gesät werden.
Frassgift:	Mittel, das durch die Verdauungsorgane giftig auf Lebewesen wirkt.
Fruchtfolge:	Anbaufolge verschiedener Pflanzenarten.
Fruchtholz:	Obstbaumtriebe, welche Früchte bilden.
Fruchtwechsel:	Wechsel der Pflanzenart im Anbau.
Fungizid:	Pilzbekämpfungsmittel.
Gallen:	Durch Ausscheidungen von Schädlingen verursachte runde Wucherungen an Pflanzenteilen.
Gründüngung:	Der Anbau von Pflanzen zum alleinigen Zweck der Düngung und Bodenverbesserung.
Hauptwirt:	Siehe Wirtspflanze.
Herbizid:	Chemisches Unkrautbekämpfungsmittel.

Definitionen von Fachausdrücken

Humus:	Nährstoffreicher Bestandteil der obersten Bodenschicht, der durch die Zersetzung pflanzlicher und tierischer Stoffe entstanden ist.
Insektizid:	Insektenbekämpfungsmittel.
Kambium:	Siehe Bastgewebe.
Kieselgehalt:	Gehalt an Kieselsäure im Pflanzengewebe.
Kieselgur:	Weissliche, lockere Masse aus den Skeletten der Kieselalgen aus dem Tertiär (Bergmehl).
Kokon:	Hülle der Insektenpuppe.
Kompost:	(lateinisch: componere = zusammensetzen). Durch die natürliche Zersetzung pflanzlicher und tierischer Abfälle entsteht neue Erde; die in ihnen enthaltenen Nährstoffe werden für die Pflanzen wieder verfügbar.
Konidie:	Ungeschlechtliches Verbreitungsorgan bei Pilzen; entsteht durch Abschnürung an besonders ausgebildeten Trägerorganen.
Kontaktgift:	Berührungsgift.
Kreuzblütler:	Kruziferen, Brassicaceae. Grosse Pflanzenfamilie, z.B. Kohlgewächse, Senf, Kresse, Rettich, Levkoje.
Leguminosen:	Schmetterlingsblütler. Pflanzenfamilie, welche die Fähigkeit hat, Stickstoff mit Hilfe von Knöllchenbakterien an den Wurzeln aus der Luft zu binden.
Leitbündel:	Die Leitgewebe für Wasser und Nährstoffe der Pflanzen sind zu Bündeln vereinigt.
Lentizellen:	Dem Gasaustausch dienende Gewebeöffnungen der Pflanzen.
Lurche:	Amphibien.
Mineraldünger:	Dünger, welche aus anorganischem, mineralischem Rohmaterial hergestellt werden. Durch chemische Verfahren können darin enthaltene Mineralstoffe leichter löslich gemacht werden.
Mischkulturen:	Der gleichzeitige Anbau verschiedener Pflanzenarten im gleichen Pflanzbeet.
Mulchen:	(englisch: to mulch): Bodenbedeckung mit verrottbarem Pflanzenmaterial.
Myzel:	Pilzgewebe.
Nachtschattengewächs:	Pflanzenfamilie, z. B. Kartoffel, Tomate, Peperoni, Tollkirsche.
Nekrose:	Abgestorbenes Gewebe.
Nervengift:	Wirkt auf das Nervensystem.
Notreif:	Vorzeitige, unvollständige Reife-Entwicklung.
Ökologie:	Die Lehre von den Beziehungen zwischen Lebewesen und Umwelt.
Organisch:	Zur belebten Natur gehörend.
Organisch-biologisch:	Landbaumethode nach Dr. H. Müller und Dr. H. P. Rusch.

Definitionen von Fachausdrücken

Organismus:	Einheitliches, gegliedertes, lebendiges Ganzes; Lebewesen.
Parthenogenese:	Fortpflanzung durch unbefruchtete Eier.
Pestizid:	Überbegriff für chemische Pflanzenschutzmittel.
pH-Wert:	Gibt den Säuregrad, d.h. die Wasserstoffionenkonzentration einer Lösung an.
Phytonzide:	Von höheren Pflanzen gebildete Stoffe, die krankheitsabwehrend oder heilend wirken.
Population:	Art- oder rassengleiche Lebewesen eines begrenzten Raumes.
Pustel:	Kleiner Höcker, Bläschen.
Resistenz:	Widerstandsfähigkeit.
Schmetterlingsblütler:	Leguminosen, Hülsenfrüchte. Grosse Pflanzenfamilie, z.B. Bohne, Erbse, Klee, Lupine, Wicke.
Skelettierfrass:	Frass, der nur Blattadern übrig lässt.
Sommerwirt:	Siehe Wirtspflanze.
sp., ssp.:	(lateinisch: species): Art, ssp. (Mehrzahl) Arten.
Spurenelemente:	Elemente, z.B. Mangan, Bor, Kupfer.
Stoffwechsel:	Die Umsetzung im Organismus zwischen Nahrungsaufnahme und Ausscheidung. Die damit verbundene Energiefreisetzung ist für alle Lebensvorgänge unerlässlich.
Tönnchen:	Siehe Kokon.
Toxikologie:	Die Lehre von den Giften und Vergiftungen.
Toxisch:	Giftig.
Triebstauchung:	Im Wachstum gehemmter Trieb.
Wirtspflanze:	Pflanze, auf der sich gewisse Lebewesen entwickeln.
Wirtswechsel:	Schädlinge und Krankheiten wechseln im Laufe ihrer Entwicklung die Pflanzenart (Wirtspflanze).
Zeigerpflanze:	Wildwachsende Pflanzen, die auf Bodenbeschaffenheit und Düngezustand hinweisen.
Zwischenwirt:	Siehe Wirtswechsel.

Verzeichnis der lateinischen Namen

A

Acrolepiopsis assectella 87
Actinomyces 41
Acyrthosiphon pisum 70
Aleurodes prodetella 59
Alternaria dauci, A. radicina u. a. 76
Amphimallon solstitiale 52
Anguis fragilis 31
Anthocoridae 40
Anthonomus rubi 122
Aphanomyces raphani 90
Aphelenchoides ritzemabosi 54
Aphelinus mali 102
Aphidina 48
Aphis fabae 66
Aphis pomi 99
Aphis schneideri 128
Araneae 40
Araneus diadematus 40
Arionidae 55
Arion subfuscus 55
Artemesia absinthum 153, 164
Arvicola terrestris 60
Ascophyllum ssp. 143
Ascophyta sp. 68

B

Bacillus thuringiensis 149
Begonia semperflorens 56
Bombina variegata 33
Botrytis sp. 89
Botrytis cinerea 132
Brachycaudus helichrysi 116
Bremia lactucae 63
Bufo bufo 32
Byturus tomentosus 125

C

Caliroa aethiops 136
Carabidae 35
Carabus sp. 35
Ceuthorrhynchus pleurostigma 83
Chiropterae 22

Chrysanthemum vulgare 152
Chrysopa ssp. 34
Clasterosporium carpophilum 115
Coccinelidae 36
Coccoidae 104
Colletotrichum lindemuthianum 68
Contarinia pisi 71
Corvus corone 29
Corynebacterium michiganense 94
Crocidura leucodon 24
Crocidura russula 24
Cronartium ribicola 129
Cylindrosporium padi 115
Cynoglossum vughave 140

D

Decoreceras agreste 55
Decoreceras reticulatum 55
Dendrocopos major 28
Didymella applanata 126
Diplocarpon earliana 123
Ditylenchus sp. 54
Drepanopeziza ribis 128
Dryopteris filix-mas 162
Dysaphis plantaginea 99
Dysaphis ssp. 100

E

Eisenia foetida 42
Elateridae 50
Encarsia 60
Entomophthora sp. 20, 41
Equisetum arvense 141, 161
Erinaceus europaeus 23
Eriophyes essigi 126
Eriosoma lanigerum 101
Erithacus rubecula 28
Erwinia amylovora 105
Erysiphe cichoracearum 63
Eulecanium corni 104
Euphorbia enthyrus 61
Eupoecilia ambiguella 131

Verzeichnis der lateinischen Namen

F
Forficula auricularia 37
Formica sp. 39
Fritilaria imperialis 140
Fucum sp. 143
Fusarium sp. 73

G
Gloeodes pomigena 109
Gloeosporia sp. 108
Grapholita funebrana 118
Gryllotalpa gryllotalpa 53
Gymnosporangium sabinae 106

H
Helicidae 57
Helix pomatia 57
Hepar sulfuris 151, 167
Hoplocampa flava 117
Hoplocampa minuta 117
Hyalopterus pruni 116
Hylemya antiqua 88
Hylemya brassicae 82
Hylemya floralis 82
Hylemya platura 67
Hymenoptera ssp. 37
Hyponomeuta malinellus 103
Hyponomeuta padellus 103

J
Juniperus communis 106

L
Lacerta agilis 31
Laminaria sp. 143
Lasius flavus 47
Lasius niger 47
Laspeyresia nigricana 72
Laspeyresia pomonella 98
Lepidosaphes ulmi 104
Leptinotarsa decemlineata 77
Leptosphaeria coniothyrium 126
Limacidae 55
Lobesia botrana 131

Lumbricus terrestris 42
Lyonetia clerkella 105

M
Macrosiphum rosae 136
Marssonina rosae 138
Matricaria chamomilla 163
Melolontha melolontha 52
Microtidae 60
Miridae 40
Monilia fructigena 108
Monilia laxa 108
Mustela erminea 25
Mustela nivalis 25
Mustelidae 25
Mycosphaerella fragariae 123
Myzus cerasi 113
Myzus persicae 120

N
Nectria sp. 108
Noctuidae 51

O
Operophthera brumata 102
Opiliones 56
Otiorhynchus sulcatus 49

P
Panonychus ulmi 58
Parus caeruleus 27
Parus major 27
Passer domesticus 29
Pemphigus sp. 61
Peronospera brassicae 63
Peronospera destructor 63
Peronospera schleideni 63
Peronospera spinaciae 63
Phoenicurus ochruros 26
Phoma apiicola 93
Phragmidium subcorticium 137
Phyllopertha horticula 52
Phyllotreta ssp. 82
Phytophthora infestans 63, 78

Verzeichnis der lateinischen Namen

Picus viridis 28
Pieris brassicae 84
Plasmodiophora brassicae 85
Plasmopara viticola 63, 133
Podosphaera leucotricha 63, 107
Podosphaera tridactyla 63
Pratylenchus sp. 54
Pseudomonas lacrimans 74
Psila rosae 75
Psylla mali 101
Psylla piricula 101
Psylla pirisuga 101
Pterilium aquilinum 162
Pythium debaryanum 64

R

Rana temporaria 33
Rhagoletis cerasi 113
Rhizoctonia 80
Rhopalosiphum insertum 100

S

Sclerotinia minor 91
Sclerotinia sclerotiorum 91
Scotia segetum 51
Septoria apii 92
Septoria chrysanthemella 92
Septoria lycopersici 92
Sitona lineatus 71
Soricidae 24
Sphaerotheca macularis 63
Sphaerotheca mors-uvae 63, 129
Sphaerotheca pannosa 63
Sphaerotheca pannosa var. rosae 63, 137
Streptomyces scabies 79

Sturnus vulgaris 30
Symphytum officinalis 161
Syrphidae 38

T

Talpa europaea 24
Tanacetum vulgare 152, 164
Taphrina deformans 121
Taraxacum officinale 163
Tarsonemus pallidus 123
Terebrantes 37
Tetranychus urticae 58
Thrips ssp. 59
Tipula ssp. 54
Tranzschelia discolor 118
Trichogramma 149
Triturus alpestris 32
Turdus merula 29
Turdus pilaris 30
Typhlocyba rosae 137
Typhlodromus ssp. 40

U

Uncinula necator 63, 133
Uromyces ssp. 67
Urtica dioica 142, 162
Urtica urens 142, 162

V

Valeriana officinalis 161
Venturia inaequalis 110
Venturia pirina 110
Verbena officinalis 85

X

Xanthomonas campestris 86

Sachregister

Bei mehreren Seitenangaben verweisen **fette** Seitenzahlen auf ausführliche Behandlung des Stichwortes.

A

Abbaubarkeit 190
Absinth 153
Absud 190
Ackerschachtelhalm 141
 -brühe 161, **162,** 166, 168
 -jauche 161
Ackerschnecken 55
Actiglene 143
Actinomyceten 41
Adlerfarn 162
Alaun 166
Älchen 20, **53**
Algen 41
 -extrakt **143,** 168
 -flüssigdünger 143
 -kalkstaub 143
Algifert 143
Algomin 143
Algozit 154
Alkalisch 190
Amalgerol 154
Ameisen 39, 47
 -löwen 39
 Waldameise 39
 Wegameise 47
 Wiesenameise 47
Amerikanischer Mehltau 129
Aminosäuren 15
Ampfer, Stumpfblätteriger 100
Amphibien 32
Amsel 29
Anbaumethoden 14
Anemone 118
Antibiotika 15, **190**
Apfel 95
Apfelblattlaus, Grüne 95, **99**
 -blattlaus, Mehlige 95, **99**
 -blattsauger (Blattfloh) 95, 96, **101**
 -faltenlaus 96, **100**

Apfelgraslaus 95, **100**
 -wickler (Made) 96, **98,** 120
Aprikose 120
Aril 153
Artanax 144
Artischoke 61, 136
Asche 57, 135, 159
Assel 42
Aster 116
Atemgift 152, **190**
Ätzkalk 57
Auflaufen 190
Aufwandmenge 157
Auspuffgas 61
Auszüge (Kräuter) 158

B

Bacillus thuringiensis 149
Bactospeine 149
Bactucide 149
Bakterien **21,** 149
 -brand 112, **114,** 116
 -präparat 149
 -welke 94
Baldrian 100, 136, **161**
 -extrakt 46, 158, **161**
Basaltmehl 142
Bastgewebe 190
Baumanstrich 159
 -läufer 26
 -scheibe 190
 -teer 160
 -wachs 160
Bazillen 21
Begonie 56
Beinwell 161
Beizemittel 159
Bentonit **143,** 168, 169
Beregnung 46
Bergmolch 32

Sachregister

Berostung 150
Besenwuchs **65**, 95
Bestockung 190
Betrillern 39, **47**
Bier 57, 147
Bilsenkraut 78
Biocid 153
Bioco 154
Biologisch 13, 144, **190**
Biologisch-dynamisch 139, **144**, 190
Biologisch-dynamische Präparate 145
Bio-S **150**, 168, 169
Biotechnische Schädlingsbekämpfung 139, **148**
Biotril 149
Birke 107
Birne 95
Birnblattsauger (Floh) 95, **101**
-schorf 96, **110**
Bitterfäule 112, **114**
Blacke: siehe Ampfer
Blasenfuss: siehe Thrips
Blattfallkrankheit 128
Blattfleckenkrankheit
 an Erdbeere 122, **123**
 an Kürbisgewächsen 73
 an Sellerie, Tomate **92**, 94
Blattgrün 190
Blattläuse **48**, 91, 94, **99**, 138
 Apfelblattlaus, Grüne 95, **99**
 Apfelblattlaus, Mehlige 95, **99**
 Apfelfaltenlaus 96, **100**
 Apfelgraslaus 95, **100**
 Bohnenblattlaus 66
 Erbsenblattlaus, Grüne 70
 Kirschenblattlaus 112, **113**
 Kohlblattlaus, Mehlige 81
 Pfirsichblattlaus, Grüne 77, **120**
 Rindenblattlaus 38
 Rosenblattlaus 135, **136**
 Zwetschgenblattlaus, Grüne 116
 Zwetschgenblattlaus, Mehlige 116
Blattnematoden (Älchen) 53
Blattrandkäfer 66, 70, **71**
Blattrollkrankheit **65**, 77
Blattsauger 95, 96, **101**
Blattwespe 135, **136**
Blaumeise 27
Blei 46
Blindschleiche 31
Blindwanze 40
Blumenkohl 59, 81
Blumenwanze 40
Blütenextrakt 159
Blütenstecher
 Erdbeerblütenstecher 122
 Himbeerblütenstecher **122**, 125
Blutlaus 95, **101**
-krebs 101
Bodenanalyse 45
-bedeckung 14, **190**
-müdigkeit 135
-organismen 15, **41**
-probe 14, **41**
-verdichtung 190
Bohne 66
Bohnenblattlaus 66
-fliege 66, **67**
-rost 66, **67**
Borax 48
Bordeaux-Brühe 151
Borkenkäfer 28
Bormangel **45**, 92, 95, 97
Borstenwürmer 41
Braunalgen 143
Brennessel 142
-jauche 161, **162**, 168
-kaltwasserauszug 162
Brennfleckenkrankheit 66, **68**, 70
Brennsprit 155
Brombeere 125
Brombeermilbe 125, **126**
Bronzekrankheit 59
Brühe 158
Buntspecht 28

C

Calcium-Mangel 45
Carabidae 35

197

Sachregister

Carabus sp. 35
Carcinex 160
Chloriert 45
Chlorophyll 190
Chlorose 45
Chlorwasserstoff 46
Chrysantheme 92
Comfrey 161
Cotoneaster 99, 106
Cuberol 154

D

Dahlie 66
Deformation 190
Deril 154
Derris 154
Diabasmehl 142
Dickmaulrüssler **49**, 138
Dill 76
Dipel 149
Doldenblütler 34, 38
Dost, Echter 105
Drahtwürmer **50**, 75, 77, 91
Drainage 47, **190**
Dry Cor 80

E

Echolot 23
Echter Mehltau: siehe Mehltau
Ecomin 142
Edelfäule 132
Egelschnecken 55
Ehrenpreis 113
Eidechse 31
Einzeller 41
Eisenkraut 85
Eisenmadigkeit 76
Eiweissbausteine 15
Elosal-Supra 151
Endivie 91
Engerling **52**, 77, 91, 122, 135
Entomophthora 20, **41**
Erbse 70
Erbsenblattlaus, Grüne 70

Erbsenblattrandkäfer 66, 70, **71**
-gallmücke 70, **71**
-wickler 70, **72**
Erdbeere 51, **122**
Erdbeerblütenstecher **122**, 125
-milbe 122, **123**
Erdflöhe: siehe Kohlerdflöhe
Erdkrebs 53
Erdkröte 32
Erdraupen **51**, 81, 91
Erika 50
Erntezeit 16
Etermut 144
Eulenfalter 51
Extrakt (Kräuter) 158

F

Fadenmolch 32
Fadenwürmer 20, 41, **53**
Falscher Mehltau: siehe Mehltau
Fanggürtel 147
Fangpflanze 190
Farnkraut 140, **162**, 166
Feldmaus 60
Feldsalat: siehe Nüsslisalat
Feldspitzmaus 24
Fensterfrass 18
Fettfleckenkrankheit 66, **69**
Feuerbrand 95, 96, **105**
Fichtennadeln 56
Fingerkrankheit 85
Finken 26
Fischabfälle 61
-gift 153, 154
Fliegen
 Bohnenfliege 66, **67**
 Florfliege 34
 Kirschenfliege 112, **113**
 Kohlfliege 81, **82**, 90
 Möhren(Rüebli)fliege 75
 Rettichfliege 90
 Weisse Fliege **59**, 73, 94
 Zwiebelfliege 87, **88**
Fliegenschnäpper 26

Sachregister

Florfliegen **34,** 148
Fluor 45
Flüssigverrotter 154
Folie 29
Frassgift 152, **190**
Frassschäden 18
Frosch 33
Frost **46,** 97
Frostblase 46
Frostring 46
Frostspanner 96, 97, **102,** 112
Fruchtfolge 15, **190**
 -holz 190
 -wechsel 15, **190**
Fundatrix 48
Fungizid 13, **150,** 190
Fusskrankheiten 70, **73**

G
Gallen 190
Gallmilbe 19
Gallmücken
 Erbsengallmücke 70, **71**
Gartenkresse 84, 135, 140
Gartenkreuzspinne 40
Gartenlaubkäfer 52
Geburtshelferkröte 32
Gehäuseschnecken 57
Gelbbauchunke 33
Gemeine Spinnmilbe 19, **57,** 66, 73, 135
Geranie 62
Gerstenspreu 56
Gespinstmotten 96, **103,** 116
Gesteinsmehl 15, **142**
Gift
 Atemgift 152, **190**
 Fischgift 153, 154
 Frassgift 152, 154, **190**
 Kontaktgift 152, 153, **191**
 Nervengift 152, **191**
Giftgesetz 156
 -klasse 156
 -köder 61

Giftliste 156
 -schein 156
Gitter 146
Gitterrost 96, **106**
Gladiole 59, 62
Glenactin 143
Glenan 143
Goldlack 85
Goldschmied 35
Grasfrosch 33
Graslaus 95, **100**
Grasmücke 26
Graufäule 62
Graurüssler 71
Grauschimmel **62,** 73, 91, 122, 125
Grauschimmel Rebe 131, **132**
Greifvögel 26
Grosslaufkäfer 35
Grünalgen 143
Gründüngung 14, **190**
Grünspecht 28
Gummifluss 112, **114, 115,** 116, 120, **121**
Gurke 73

H
Hainbuche 103
Hanf 79, 85
Hase 146
Hasel 103
Hasoglen 143
Hauptwirt: siehe Wirtspflanze
Hausrotschwanz 26
Hausspatz, Haussperling 29
Hefe 48
Heilkräuter-Kompost-Präparate 145
Heilwurz 152
Heisswasserspritzung 148
Hepar sulfuris **151,** 167
Herbizid 13, **190**
Herbstschnake 54
Hermelin 25
Herzlosigkeit 59
Heuwurm 131

Sachregister

Himbeere 125
Himbeerkäfer 125
  -wurzelsterben 125, **127**
Hirtentäschel 85
Hitze 46
Höhlenbrüter 26
Hollunderjauche 61
Holzteer 148
Honig 48
Honigtau 47, **49, 60**
Hornkiesel-Präparat (P 501) 145
Hornmist-Präparat (P 500) 145
Hortensie 58
Humus 41, **191**
Hundszunge 61, 140
Hyphen 20

I
Igel 23
Insekten 17, 34
Insektenbestimmung 18
Insektizid 13, **152,** 191
Integrierter Pflanzenschutz 155

J
Jauche 158
Johannisbeere 128
Johannisbeerblattläuse 128
  -rost 128, **129**
Junikäfer 52

K
Käfer
  Blattrandkäfer, Erbse 66, 70, **71**
  Gartenlaubkäfer 52
  Grosslaufkäfer 35
  Himbeerkäfer 125
  Junikäfer 52
  Kartoffel-, Koloradokäfer 77
  Laufkäfer 35
  Maikäfer 52
  Marien-, Kugelkäfer 36
  Rüsselkäfer 49, 71
  Schnellkäfer 50

Kaiserkrone 61, 140
Kalimangel 44
Kalisalz 167, 169
Kaliumkarbonat 151
Kaliumpermanganat **151,** 166
Kalk 166
Kalkalgenmehl 143
Kälte 46
Kaltwasserspritzung 148
Kambium: siehe Bastgewebe
Kamille 141, 158, 159, **163**
Kaolin **143,** 169
Kapuzinerkresse 102, 121, 135, 140
Kardengewächse 61, 136
Karotte (Möhre) 75
Kartoffel 77
Kartoffelkäfer 77
  -pocken 77, **80**
  -schalenbrühe 49
  -schorf 77, **79**
Katzenschwanz 141
Keimlingskrankheit **64,** 73, 81, 91
Kellerschnecken 55
Kerbel 76, 100
Kernobst 95
Kiefer 129
Kieselgehalt 191
Kieselgur 191
Kiessand (Mehl) 166
Kirsche 112
Kirschenblattlaus 112, **113**
  -fliegenfalle 113, **149**
  -fruchtfliege 112, **113**
Klee 71
Kleiber 26
Kleie 52, 55
Klimaeinflüsse 46
Knallapparat 30
Knoblauch 61, **87,** 135, 140
  -jauche 165
  -spritzmittel 163
  -tee 163
Knollenfäule 77, **78**
Kohlgewächse 81
  -blattlaus, Mehlige **48,** 81

Sachregister

Kohlerdflöhe 81, **82**, 90
  -eulenraupe **51**, 81
  -fliege 81, **82**, 90
  -gallenrüssler 81, **83**, 90
  -hernie 81, **85**, 90
  -mottenschildlaus **59**, 73, 81, 94
  -schnake 54
  -weissling 81, **84**
Kohlenmonoxid 61
Kohlmeise 27
Kokken 21
Kokon 191
Kolophonium 148
Koloradokäfer 77
Kommaschildlaus 95, **104**
Kompost 191
  -wurm 42
Konidien 191
Konstellationen 16, **145**
Kontaktgift 152, 153, **191**
Kontrapilz 150
Konzentration 156, **157**
Kornblume 116
Kosmische Rhythmen 144
KPM 151
Kräuselkrankheit 120, **121**
Kräuselmilbe 19
Kräuterauszug 158
  -brühe 158
  -extrakt 158
  -jauche 158
  -sammeln 158
  -tee 158
  -trocknen 158
Krautfäule 77, **78**, 94
Kresse: siehe Gartenkresse
Kreuzblütler 191
Kreuzkraut, Gemeines 85
Kreuzspinne 40
Kriechtiere 32
Kropfkrankheit 85
Kröte 32
Kugelkäfer 36
Kuhdung 159, 166
Kümmel 76

Kupfer 150, **151**, 168
Kupferkalkbrühe 151
Kupferoxychlorid 151, 169
Kupfersulfat 151
Kürbisgewächse 74

L

Labkraut 113
Lac Balsam 160
Lagerschorf 110
Lagerung 16, 157
Laich 32
  -gewässer 32
  -platztreu 32
Larve 17
Laubsänger 26
Lauch 87
Lauchmotte 87
Laufkäfer 35
Lavendel 48, 76, 135, 140
Ledax-al 143
  -humin 142
  -it 143
  -microb 144
  -rosal 143
  -san **150**, 168, 169
  -stamm 159
  -wg 153
Lederbeeren 133
Leguminosen 191
Lehm 143
  -anstrich 166
Leimrezepte 147
  -ring 147
Leitbündel 191
Lentizellen 191
Levkojen 84, 85
Lichtfalle 18
Lichtmangel 47
Liguster 85
Lithothamne 143
Lochfrass 18
Lockfalle 18

Sachregister

Lonchocarpus 154
Löwenzahn 116, 163
Lurche 32, **191**
Luzerne 71

M

Made 17, 98, 113
Maerl 143
Magermilch 65, 79, 166
Magnesiummangel 44
Maikäfer **52,** 125
Majoran 48, 140
Mangelerscheinungen 44
Marienkäfer 36
Markttoleranz 156
Maulwurf 24
Maulwurfsgrille **53,** 91
Mäuse 91, 122
   Feldmaus 60
   Feldspitzmaus 24
   Hausspitzmaus 24
   Schermaus 60
   Wühlmäuse 60
Mäusebussard 26
Mäusefallen 61, 146
Mauswiesel 25
Mechanische Abwehrmittel 146
Meerrettich 84, 108, **163**
Mehltau, Echter 63
   an Erdbeere **63,** 122
   an Gemüse **63,** 70, 73
   an Obst **63,** 95, 96, **107,** 120
   an Rebe **63,** 131, **133**
   an Rose **63,** 135, 136, **137**
   an Stachelbeere **63,** 128, **129**
Mehltau, Falscher **63,** 70, 81, 87, 90, 91
   an Rebe **63,** 131, **133**
Meisen 27
Melone 73
Metamorphose 17
Mikroorganismen 41, 149
Milben 19, 40, 57
   Brombeermilbe 125, **126**

Erdbeermilbe 122, **123**
Gallmilbe 19
Gemeine Spinnmilbe 19, **58,** 66, 73
Kräuselmilbe 19
Obstbaumspinnmilbe (Rote Spinne) 19, **58,** 96, 131
Raubmilben 19, **58**
Weichhautmilben 19
Milchwasser: siehe Magermilch
Mineraldünger 14, **191**
Mineralölemulsion 154
Minierfrass 18
Miniermotten, Obstbaum- 96, **105,** 112
Mirabelle 117
Mischkultur 14, 140, **191**
Mistwurm 42
Mohn 66
Möhre (Karotte) 75
Möhrenfliege **75,** 92
   -schwärze 75, **76**
Molch 32
Molke: siehe Magermilch
Monilia 95, 97, **108,** 112, 116, 120
Mosaikkrankheit **65,** 66, 77, 81
Motten
   Gespinstmotte 96, **103,** 116
   Lauchmotte 87
   Obstbaumminiermotte 96, **105,** 112
Mulchen 14, **191**
Mykoplasmen **65,** 95
Myzel 20, **191**

N

N-A-B Mischung 169
Nachbarschaftswirkung 139
Nacktschnecken 55
Napfschildlaus 104
Nässe 47
Natasan 154
Natriumsilikat 151
Nekrose 114, **191**
Nematoden 20, **53,** 75, 122

Sachregister

Nervengift 154, **191**
Netz 29, 146
Netzschwefel **151,** 168, 169
Niederschläge 47
Nistgelegenheiten 25
Notreif 98, **191**
Nussbaumblätter 61
Nüsslisalat (Feldsalat) 48, 140
Nützling 13, 22

O

Obstbaumkrebs 95, **108**
 -miniermotte 96, **105,** 112
 -schildlaus, Grosse 95, **104**
 -spinnmilbe **57,** 96, 116, 131
Obstmade 96, **98**
Obstmadenfalle 147
Ohrwurm 37
Ökologie 191
Öle, ätherische 154
 mineralische 154
 pflanzliche 154
Opalit 143
Organisch 191
Organisch-biologisch 191
Organismus 192
Origanotee 105

P

Paraffin 163
Parasit 34
Parexan 154
Parthenogenese, parthenogenetisch **48,** 50, **192**
Pastinake 76, 93
Peperoni 94
Pestizid 13, **192**
Petersilie 76, 93
Pfaffenhütchenstrauch 66
Pfirsich 120
Pfirsichblattlaus, Grüne 77, 91, 94, **120**
Pflanzenpflegemittel 141
Pflanzenschutzmittelverzeichnis 156

Pflaume 116
Pflaumensägewespe, Gelbe und Schwarze 116, **117**
 -wickler 116, **118**
Pflegepläne 168
Phacelia 34
Pheromonfalle 18, 148
Phosphormangel 44
pH-Wert 192
Phytonzide 140, **192**
Phytotoxität 150
Plastikfolie 46
Pockenmilbe 19
Polymaris 143
Population 192
Pottasche 151
Präparat 500, 501, 502–507 145
Preicobact 160
Primel 62
Promanal 154
Puppe 17
Pustel 192
Pyderpin 154
Pyrethrum 153

Q

Quarzitstaub 142
Quassia **154,** 163
Quiritox 61
Quirlschnitt 25
Quitte 95

R

Rabenkrähe 29
Rädertierchen 41
Radies 90
Rainfarn **152,** 164
Raingut 152
Raps 82, 83
Rapsöl 148
Räuber 34
Raubmilben 19, **40,** 148
 -wanzen **40,** 101
Raupe 17

Sachregister

Raupenleim 147
Rebe 50, **131**
Regenfleckenkrankheit 97, 109
Regenwurm, Gewöhnlicher 42
Reh 146
Repellentpflanzen 140
Reptilien 31
Resistenz, resistent 14, 150, **192**
Rettich 90
Rettichfliege **82,** 90
  -schwärze 90
Rhabarbertee 49, 66, 164
Rhizinusschrot 110
Rhododendron 50
Rindenblattlaus 39
Rose 50, 135
Rosenblattlaus 135, **136**
  -blattwespe 135, **136**
  -rost 135, **137**
  -zikade 135, 136, 137
Rost
  an Bohne 66, **67**
  an Johannisbeere 128, **129**
  an Rose 135, **137**
  an Zwetschge 116, **118**
Rotalgen 143
Rotdorn 106
Rötel 112
Rotenon 154
Rotenoide 154
Rote Spinne 19, **57,** 96, 131
Rotfleckenkrankheit 123
Rotkehlchen 28
Rotschwanz 26
Rübe 82, 83
Rübenweissling 84
Rüeblifliege (Möhren-) 75
Rückstände 13, **156**
Russ 57
Russtau **49,** 60, 94, 97, 99, 100, 101, 112, 113, 116, 135
Rutenkrankheit 125, **126**

S
Saatbad (Beize) 159
Saateule 51
Saatwicke 71
Saatzeiten 15
Sägewespen 97, 116, **117**
Salat 91
Salz 166
Saubohne 66
Sauerwurm 131
Säugetiere 22
Saugschaden 18
Säulchenrost 129
Schachtelhalm: siehe Ackerschachtelhalm
Schadensschwelle 34, **155**
Schädlinge 13, **44**
Schädlingsbekämpfungsmittel 152
Schafgarbe 116
Schalotte 88
Schattenfrucht 47
Schermaus 60
Schildläuse
  Kohlmottenschildlaus 59
  Kommaschildlaus 95, **104,** 120, 128, 131
  Napfschildlaus 104
  Obstbaumschildlaus, Grosse 104
Schilfgräser 116
Schleiereule 26
Schlupfwespen **37,** 148
Schmarotzer 34
Schmetterlingsblütler 192
Schmetterlingsnetz 18
Schmierseife 148, **155,** 161, 163, **166**
Schnaken **54,** 136
  Herbst-, Kohl- und Sumpfschnaken 54
Schnecken **55,** 66, 73, 77, 81, 90, 91, 122, 138
  Ackerschnecken 55
  Egelschnecken 55
  Gehäuseschnecken 57
  Nacktschnecken 55
  Weg-, Waldwegschnecken 55

Sachregister

Weinbergschnecke 57
Schneckenfalle **57,** 147
-jauche 56
-zaun 56, 146
Schneeball, Gemeiner 66
Schnellkäfer 50
Schnittlauch 110, **140**
Schorf 96, 97, **110,** 120
Kartoffelschorf 79
Lagerschorf 110
Sellerieschorf 93
Schrotschuss 112, **115,** 120
Schwalbe 26
Schwarzadrigkeit 81, **86**
Schwarzbeinigkeit **64,** 81, 91
Schwarzfäule **75,** 76, 90, 91, 94, 108
Schwebfliegen 38
Schwefel 150
Schwefeldioxyd 46
-leber 167
-sauretonerde 167
Schweineschmalz 148
Schwermetalle 46
Sclerotien 91
Sclerotiniafäule 75, **91,** 92, 94
Seetang 143
Sellerie 92
Sellerieschorf 92, **93**
Seife: siehe Schmierseife
Senf 83, 85
Sexualduftstoffe **18,** 99, 148
Sicide 154
Sitzstangen 26
Skelettierfrass 18, 192
Sofril 151
Sommersporen 20
Sommerwirt: siehe Wirtspflanze
Sonnenbrand 46
-flecken 46
Sortenwahl 15
sp. ssp. 192
SPS 144
Spatz 29
Spinat 91

Spinnentiere **19,** 40
Erdbeermilbe 122, **123**
Gallmilbe 19
Gartenkreuzspinne 40
Kräuselmilbe 19
Obstbaumspinnmilbe (Rote Spinne) 19, **57,** 96, 116, 131
Pockenmilbe 19
Raubmilben 19, **40,** 148
Spinnmilben 19, **57**
Spinnmilbe, Gemeine 19, **57,** 66, 73, 135, 136
Weichhautmilben 19
Spirillen 21
Spiritus 166
Spitzendürre 95, **108,** 109, 112, 120
Spitzmäuse 24
Sporen 20
-kapsel 20
-schleim 106
-träger 20
Springschwänze 41
Spritzmethoden 170
-mittelreste 157
-pläne 168, 169
Sprühfleckenkrankheit 112, **115**
Sprühmethode 170
Spruzit 153
Spruzit-nova 154
Spurenelemente 44, **192**
Stachelbeere 128
Stachelbeermehltau (Amerikanischer) 128, **129**
Stammanstrich 159
Stammutter 48
Standorttreu 32
-wahl 15
Star 30
Stäubemethode 170
Steinklee 61, **140**
Steinmehl **142,** 158
Steinobst 112, 116, 120
Stengelälchen 54
Sterilisation 99
Sternrusstau **117,** 136, **138**

Sachregister

Stickstoffdünger 15
Stickstoffmangel 44
Stippe, Stippigkeit **45,** 97
Stoffwechsel 14, **192**
  -störung 45, 99
Strahlenpilze 41
Streusalz 46
Sufralo 151
Sumpfschnake 54
Systemisch 152

T
Tagetes 54, 140
Tausendfüssler 42
Tee (Kräuter) 158
Terpentin 148
Theobald'sche Lösung 167
Thiovit 151
Thripse **59,** 70, 73, 87, 138
Thuricide 149
Tierkreise 16, 145
Toleranzgrenze 155
Tollkirsche 78
Tomate **94,** 164
Tonerdemehl 143
Tönnchen: siehe Kokon
Toxikologie, toxisch 192
Tran 148
Traubenwickler
  Einbindiger und Bekreuzter 131
Trichogramma 149
Triebstauchung 192
Trockenheit 47
Tulpe 62
Turmfalke 26

U
Unke 33
Unkrautbekämpfungsmittel 14, 45
Urgesteinsmehl 142

V
Veraschung 145
Vergasung 61

Vergissmeinnicht 126
Viren 21, **65,** 149
Viruskrankheiten **65,** 81, 94, 125, 128
Viviparie 48
Vögel 25
Vogelabwehrbänder 146
  -abwehrnetz 146
  -schäden 26, 29, 128
  -schutz 25
Vorschriften, Amtliche 156

W
Wacholder 106
Wacholderdrossel 30
Wachstumsriss 47
Wachstumsstörung 94, 112
Waldameisen 39
Waldwegschnecke 61
Walnuss 98
Walnussblätter 61
Wanzen
  Blindwanzen 40
  Blumenwanzen 40
  Raubwanzen **40,** 101
Warndienst 155
Wartefrist 156, 157
Wasserfrosch 32
Wasserglas **151,** 159, 161, 164, 167, 168, 169
Weberknecht 56
Wegameise 47
Wegerich 100
Wegschnecken 55
Weichhautmilben 19
Weichtiere 17
Weinbergschnecke 57
Weissdorn 99, 103, 106
Weisse Fliege **59,** 73, 81, 94
Weissfleckenkrankheit 123
Weisshosigkeit 80
Welkekrankheiten 70, **73**
Wermut 140, **153,** 164
Werre 53

Sachregister

Wespen
  Sägewespen 96, 116, **117**
  Schlupfwespen **37**, 148
  Zehrwespen 60, 102, **148**
Wickler
  Apfelwickler 96, **98**
  Erbsenwickler 70, **72**
  Pflaumenwickler 116, **118**
Wiesel, Grosse und Kleine 25
Wiesenameise 47
Wildschaden 146
Winterfütterung 26
Wintersporen 20
Wirtspflanze 49, 192
Wirtswechsel 49, 192
Wolfsmilch 61
Wollaus 95
Wühl-ex 61
Wühlmäuse 60
Wundverschlussmittel 160
Würmer
  Drahtwürmer **50**, 75, 77, 91
  Heu-, Sauerwurm 131
  Kompost-, Mistwurm 42
  Regenwurm 42
Wurmfarn 162
Wurmtod 152
Wurzelbad 159
Wurzelbart 54
Wurzelfliege 67
Wurzelläuse **61**, 75, 91
Wurzelnematoden 54
Wurzelsterben 125, **127**
Wurzeltöterkrankheit 77, **80**

Z

Zauneidechse 31
Zaunkönig 26
Zehrwespe 60, 102, **148**
Zeigerpflanzen 15, **192**
Zeitpunkt (Mitteleinsatz) 157
Zierpflanzen 138
Zikade, Rosen- 135, 136, **137**
Zinnkraut 141
Zucchetti 73
Zwergwuchs 65
Zwetschge 116
Zwetschgenblattlaus, Grüne 116
  -blattlaus, Mehlige 116
  -rost 116, **118**
Zwiebel 87
Zwiebelblasenfuss 87
  -fliege 87, **88**
  -halsfäule 87, **89**
  -jauche 165
  -tee 163
Zwischenwirt: siehe Wirtspflanze
Zyklame 58, 62

Freie Forschung
Unabhängige Beratung
Für eine umweltschonende, nachhaltige Landwirtschaft

Die **Schweiz. Stiftung zur Förderung des biologischen Landbaus** finanziert das **Forschungsinstitut für biologischen Landbau** aus privaten Mitteln. Eine kleine Gruppe von Mitarbeitern arbeitet an:
- Vergleichenden Untersuchungen konventioneller und biologischer Wirtschaftsweisen.
- Umweltgerechte Aufbereitung von Hofdüngern und deren Anwendung.
- Erarbeitung neuer Methoden zur Qualitätserfassung.
- Versuch mit Leguminosen-Untersaaten im Mais.
- Beratung für Landwirte und Gärtner.

Die Anforderungen sind gross, die Finanzierung mühsam. Darum:

Werden auch Sie Förderer des biologischen Landbaus

Treten Sie der Stiftung bei, helfen Sie dem biologischen Landbau zum Durchbruch.
Weitere Informationen: Bernhardsberg, CH-4104 Oberwil BL.

Schweizerische Gesellschaft für biologischen Landbau (SGBL)

Seit 1947 bemüht sich die SGBL, das Verständnis zur Förderung des naturgemässen Land- und Gartenbaues zu vertiefen. Die Mitglieder sind zur Hauptsache Klein- und Selbstversorgergärtner, aber auch Produzenten und kritische Konsumenten. Unser Hauptanliegen ist es, das Gedankengut über den lebendigen, fruchtbaren Boden – unsere Existenzgrundlage – umweltbewussten Menschen nahe zu bringen. Wir pflegen überzeugt die Vielfalt, und die Kreisläufe der Natur sind für uns wegweisend. Unsere regionalen Arbeits-Gemeinschaften vermitteln Ihnen Kontakte zu Gleichgesinnten, aber auch Vorträge, Exkursionen und praktische Vorführungen. Eine Bücherverkaufsstelle samt Bibliothek steht zu Ihrer Verfügung. Unsere Anbau-Richtlinien sind für unsere Mitglieder verbindlich.

Auskunft erhalten Sie im Sekretariat CH-8320 Fehraltorf

Ein gesunder Garten durch

Gärtnern ohne Gift!

Wir sagen Ihnen wie man das macht!

Sie erhalten ausführliche Unterlagen gegen Voreinsendung von DM 2,50 in Briefmarken.

Keine kranken Tomaten
Möhren ohne Möhrenfliegen
Äpfel ohne Schorf
Qualitätskartoffeln aus eigenem Garten
Obst und Gemüse von feinstem Aroma
Rosen ohne Mehltau
und vieles andere mehr

Gleichzeitig empfehlen wir Ihnen das hervorragende Fachbuch:
„Gärtnern, Ackern — ohne Gift" von Prof. Alwin Seifert
mit vielen Abbildungen, – 210 Seiten
Unsere Bücherliste „Biologischer Garten" erhalten Sie gratis.

Ernst-Otto Cohrs

Lebenfördernde Pflegemittel
für Boden, Pflanze und Tier

**D-2720 Rotenburg/Wümme, Postfach 1165, Am Bahnhof,
Ruf (04261) 31 06**

Ökologische Fachbücherei und Beratung
Naturschutz, Naturgarten-Anlage, Weiherbiotope, Alternativenergie-Belange

Für den naturnahen Garten
Samen für Magerwiesen, Gründüngung
Schneckenzaun (4,5 Volt)
Nistkästen, Fledermauskästen
Folien für Gartenweiher
SZ-Wühler, Ledax-Sortiment usw.

Sonnenenergieartikel
Solarzellen, Generatoren
Kollektormatten, Kocher usw.

Umweltschonende Wasch- und Reinigungsmittel
Verkaufsstelle WWF

**Kurt Meisterhans, Ökologe
CH-8006 Zürich**
Haldenbachstrasse 3
(bei ETHZ)
Telefon 01 251 06 77

Meeresalgen

**Kalkalgen
Grünalgen
Futterzusätze
Flüssige Algen**

Wir garantieren für Ursprung und Qualität der St.-Nicolas-Produkte.

Unsere Vertreter beraten Sie gerne, nehmen Sie mit uns Kontakt auf!

Beratung und Verkauf:

**Wytor AG
CH-1628 Vuadens**
Telefon 029 2 82 80

Biolog. Pflanzenschutz- und Pflegemittel
Sämereien – Setzlinge
Gartengeräte

Gartenhäcksler
(Schredder) folgender
Hersteller bzw. Fabrikate:
Chipper-Diadem,
Häckselmax,
Kompowolf Neudorff,
Samix, Ventzki, Wolf
Pfau-Handhäcksler

Getreidemühlen
Gärtöpfe

Bücher für Gartenfreunde,
Umweltbewusstsein,
Gesundheit und Ernährung

**BIO +
GARTENMARKT
KELLER**
Konradstraße 17
7800 Freiburg/Breisgau
Telefon: 0761/7 03 13

Schneckenzaun (Ing. Pfau)

Versand In- und Ausland

Sempacher Vogelschutz- geräte
sind einsatzerprobt,
von hoher Qualität
und preisgünstig!

Unser Programm umfasst:

Künstliche Schwalbennester
(Mehl- und Rauchschwalben)

Holzbetonnisthöhlen
für diverse Kleinvogelarten

Holznistkästen
in verschiedenen Grössen

Steinkauzniströhren,
runde und eckige Variante

Futtersilo «Antispatz»
(für die Winterfütterung)

Bitte verlangen Sie unsere Unterlagen!

Schweizerische Vogelwarte
Abteilung Nisthöhlenfabrikation
CH-6204 Sempach, Tel. 041 99 13 59

Ihr Partner für biologische Landwirtschaft

Wir liefern für den Biogarten:
– Urgesteinsmehl
– verschiedene organische Dünger
– Pflanzenpflegemittel
– Abfallzerkleinerungs-Maschinen
  usw.

für den gesundheitsbewussten Haushalt:
– Getreidemühlen
– Getreide, Mehl, Lagergemüse,
  Trockenfrüchte, alles aus bio-
  logischem Anbau

Kurse:
– Biologischer Land- und Gartenbau
– Kochen und backen mit Vollkorn
– Natürliche Konservierungs-
  methoden

**BIOFARM-Genossenschaft
CH-4936 Kleindietwil**

4936 KLEINDIETWIL
Tel. 063/56 20 10

BIOFARM

Boden- und Pflanzenpflege, der neue Weg, naturgerecht zu gärtnern

Mittel für Pflanzenschutz, Pflanzenpflege, Bodenverbesserung, Düngung und Kompostbereitung. Aus Kräutern und natürlichen Rohstoffen hergestellt!

Erhältlich im Fachgeschäft.

Ledona AG, CH-6030 Ebikon, Tel. 041 33 10 01
Gebr. Schaette KG., D-7967 Bad Waldsee, Tel. 07524 8015/16
Bioga W. Lutz, A-3400 Klosterneuburg, Tel. 02243 5865

Herrliche Pracht aus natürlicher Kraft

STEINMEHL
mit Magnesium
Versorgt Boden und Pflanzen mit natürlichen Spurenelementen und Mineralien.

STEINMEHL
siliziumreich aus dem Gotthardgebiet
Speziell für kalküberschüssige Böden.

POROLIT
Nähr- und Lockerungsmittel für Rasen und den Obstbau.

GALLITOS
Organischer, rein biologischer Mehrnährstoffdünger für alle Pflanzen.

PERLIT
Gekörnter, vulkanischer Leichtstoff zur dauerhaften Lockerung schwerer Böden.

CARTALIT
Bodenbedeckungsmittel aus natürlichem, organischem Fasermaterial.

GLENACTIN
Meeresalgendünger aus lebend geernteten Kalkalgen und Braunalgen.

HASOGLEN
Mehrnährstoffdünger aus lebend geernteten Meeresalgen und Rohphosphat.

Unsere natürlichen Gartenbauprodukte fügen sich harmonisch ein in den Kreislauf der Natur, gewähren die dauernde Fruchtbarkeit der Erde und verbessern die Qualität sowie die Lagerfähigkeit aller pflanzlichen Nahrungsmittel.

ZIMMERLI MINERALWERK AG
Hohlstrasse 500
CH-8048 Zürich

Schneckenabwehr ohne Gift

Der **BIO-FIX-Schneckenzaun** hat sich 1000fach bewährt. Wird 5–10 cm in die Erde gesteckt. Solide Garteneinfassung, die Jahre hält.

Schneckenzaunstellriemen
Fr. 7.20 bis 11.20 pro Meter

Treibbeetfenster zum Schneckenzaun
Fr. 95.– bis 115.–

Herstellung und Versand:
Thomas Pfau, Juchstrasse 27, CH-8116 Würenlos, Tel. 056 74 19 14

Bio-Gartenmarkt Keller, Konradstr. 17, D-7800 Freiburg i. Br.

In unserer Spezialabteilung

Biologischer Land- und Gartenbau

führen wir alle wichtigen Bücher und Schriften dieses Literaturgebietes.

Verlangen Sie unsere kostenlose Bücherliste «Biologischer Land- und Gartenbau».

Postversand – Ansichtssendungen

WIRZ AG Graben 32 **CH-5000 AARAU**
Buchhandlung und Verlag
Tel. 064/22 21 71